U0905269

珍藏本
纪念版

汉译世界学术名著丛书

# 巴黎高等法院史

〔法〕伏尔泰 著

吴模信 译

商务印书馆
SINCE 1897 The Commercial Press

2017年·北京

Voltaire
**Histoire du Parlement de Paris**
中译本根据巴黎加尼埃兄弟出版社 1878 年版译出

# 汉译世界学术名著丛书
# （120 年纪念版·珍藏本）
# 出 版 说 明

2017 年 2 月 11 日，商务印书馆迎来 120 岁的生日。120 年前，商务印书馆前贤怀揣文化救国的理想，抱持"昌明教育，开启民智"的使命，立足本土，放眼寰宇，以出版为津梁，沟通中西，为中国、为世界提供最富智慧的思想文化成果。无论世事白云苍狗，潮流左右激荡，甚至战火硝烟弥漫，始终践行学术报国之志，无改初心。

迻译世界各国学术名著，即其一端。早在 20 世纪初年便出版《原富》《天演论》等影响至今的代表性著作，1950 年代后更致力于外国哲学和社会科学经典的译介，及至 1980 年代，辑为"汉译世界学术名著丛书"，汇涓为流，蔚为大观。丛书自 1981 年开始出版，历时三十余年，迄今已推出七百种，是我国现代出版史上规模最大、最为重要的学术翻译工程。

丛书所选之书，立场观点不囿于一派，学科领域不限于一门，皆为文明开启以来，各时代、各国家、各民族的思想与文化精粹，代表着人类已经到达过的精神境界。丛书系统译介世界学术经典，引领时代思想，为本土原创学术的发展提供丰富的文化滋养，为推动中国现代学术和现代化进程做出了突出的贡献。

为纪念商务印书馆成立120周年，我们整体推出“汉译世界学术名著丛书”120年纪念版的珍藏本，寄望既利于文化积累，又便于研读查考，同时向长期支持丛书出版的译者、编者和读者致以敬意。

两甲子后的今天，商务印书馆又站在了一个新的历史时间节点上。我们不仅要铭记先辈的身影和足迹，更须让我们的步伐充满新的时代精神。这是商务人代代相传的事业，更是与国家和民族的命运始终紧密相连的事业。我们责无旁贷，必须做好我们这代人的传承与创造，让我们的努力和成果不仅凝聚成民族文化的记忆，还能成为后来人可以接续的事业。唯此，才能不负前贤，无愧来者。

商务印书馆编辑部

2017年10月

# 中译本序言

1769年《巴黎高等法院史》出版。这是继《查理十二传》、《路易十四时代》、《风俗论》、《路易十五时代简史》以及《彼得大帝在位时期的俄罗斯帝国史》等书之后，伏尔泰以其如椽之笔撰写的又一部历史著作。是年伏翁已年高七十有五。

本书法文原名 Histoire du Parlement de Paris 中的 parlement 一词，我国出版的法汉词典中有的将其译为：1）国会，议会（总称）；2）法国大革命前封建时代的高等法院。法国出版的《法兰西学院词典》对此词的释义为：1）法国早期的国王在位时期为商讨重要国务而召开的有大领主等重要人物参加的大会；2）此后的对送交它的案件以及对来自裁判管辖区、伯爵领地－贵卿领地和它管辖的下级法院的案件向它上诉的进行终审，并具有登记国王的敕令和向国王谏诤两种职能的法院。由此可见，法国历史上的 parlement 作为法院，并不是一个单纯的“独立行使审判权的国家机关”（第五版《现代汉语词典》对“法院”一词的释义）；它作为议会，也有别于英国的 parliament（议会、国会）、德意志帝国的 Diet（帝国议会）和西班牙的 Cortes（议会）。明乎此，对本书所叙述的一些史实就比较容易理解了。

法国历史悠久长远、曲折多变、内容丰富。本书以法国大革命前的法国历史为框架，紧紧围绕这段历史中的法国王位传承和朝代更替这根主轴，叙述巴黎高等法院的源起、发展、演变和消亡。在这个历史时期，在法兰西的国家大舞台上，或先后，或同时上演了治乱交替、兴衰起伏、王位争夺、宫廷变故、内战外战、政教斗争、金融丑闻等剧目。在这个大舞台上，巴黎高等法院在不同的时期、不同的场合，扮演不同的角色，起着正面或者反面的作用。在较长的时期，它只作为配角，置身舞台的边角，入戏较浅，但也曾在短时期内作为主角置身于舞台的中央，入戏较深。一般说来，当国势鼎盛，王权处于强势地位时，它对国王俯首听命、顺从驯服；当国势衰落，王权处于弱势地位时，它凭恃其具有的登记国王敕令和对国王谏诤的职能抵制王命，与宫廷分庭抗礼，大唱对台戏。投石党之战就是它与宫廷之间的冲突达到顶点的表现。在王权与教权的博弈中，巴黎高等法院通常力挺王权，抗衡教会，矛头指向罗马教廷。本书对上述种种情况进行了相当详细的、生动的叙述。作者行文走笔夹叙夹议，不时对帝王专制、宗教迷信、宗教狂热痛加挞伐。可以认为，在某种程度上，本书不啻法国大革命之前历史的缩影。巴黎高等法院这个机构所起的作用是极其复杂的。认为非白即黑，并因此简单地为它贴上一个这样的或者那样的政治标签，显然远非恰当之举。

本书根据巴黎加尼埃兄弟出版社 1878 年版本译出。原书有作者自注和编者注。这些注释多属考据或驳伪性质，量大而繁琐，于我国读者似无多大助益，因此全部略译。译者根据我国读者情况另加注释。译事难。求“信”已属不易，遑论“达”“雅”。译者虽已勉力为之，毕竟限于水平，误译、漏译、拙译在所难免。敬盼读者有以教之。

本书的翻译和出版蒙商务印书馆副总编辑陈小文先生大力支持，承该馆文史室编辑张艳丽女士积极操作，得乐眉云、吴煜幽、张新木三位教授热情帮助，谨在此向他们深致谢忱。

译者

2013年1月

# 目　录

# 第一章　古代的议会

几乎所有的民族都曾经有过自己的全体大会(assemblées générales)。希腊人有过他们的埃格里斯(église)[①]。基督教的会社就以这个组织作为它的名称——教会。罗马平民有过他们的科米斯(comices)。鞑靼人有过他们的古尔-伊里德(cour-ilité)。成吉思汗就是在他的这些古尔-伊里德中筹划和准备征服亚洲和欧洲。北方的各个民族有过他们的维特那热摩特(Vittenage-moth)。当法兰克人(或者西坎布尔人)成为高卢人的主人的时候,他们的首领有过他们的巴力门(parliaments)。这个词源出于parler 或者 parlier(说话)。能读会写的人把拉丁文的词尾附加到这个词后。由此产生了我们法国古代传记中的 parlamentum 这个词。这个词既粗俗又不纯正,如同当时各个民族一样。

前来出席这些全体大会的人都披坚持锐,全副武装,与今天的波兰贵族的情况如出一辙。几乎一切重大事情都在刀光剑影中决定。必须承认,这些粗野的古代武士的全体大会与我们今天的法院风马牛不相及,两者毫无共同之处,只不过全体大会这个名称保存了下来。

---

① 意为公民大会。(本书页下注均为译者注。)

在克洛维[1]的西坎布尔族所处的可怕的无政府状态中，只有手执刀剑，以议会（parlement）的形式聚集起来的武士。绰号皮皮努斯（Pipinus），我们今天称之为矮子丕平[2]的主管（或称宫相），让主教获准进入这些巴力门，以便利用这些主教篡夺王位。他让一个名叫卜尼法斯的人为他加冕。此前他已把美因茨大主教教区授予此人。他接受此人加冕后，又接受教皇埃蒂安纳加冕。根据查理曼的御前秘书埃甘亚尔的说法，这位教皇本人废黜了合法国王希尔德里克三世，并命令法兰克人永远承认丕平的后裔为他们的国王。

透过这些投机冒险行动，法兰克人的法律究系何物、民众陷于何种愚昧无知之中，就一目了然了。

丕平的儿子查理曼[3]主持过多次有名的也被称为宗教评议会（conciles）的议会。城市的大会采取了议会这个名称。最后各个大学也以议会的形式聚集起来。



至今还存留一项在"迪康日"中报道过的图卢兹的雷蒙的古老的公约。它的结尾用拉丁文这样写道："以公众议会形式制订于图卢兹的公共场馆。"

多菲内的另一项公约载明，大学在响起钟声时以议会形式集合。

同一个词就这样被用来表示千差万别、各不相同的事物。就

① 克洛维（466—511），法兰克国王。曾将墨洛温王朝版图扩展到西欧大部分地区。

② 丕平（714—768），法兰克国王，加洛林王朝的创立者。

③ 查理曼（742—814），即查理大帝，法兰克国王。

这样，原义仅为神圣罗马帝国的省份的这个词 diocèse 从此以后就用来指称由一个主教管理的教区。就这样，原义仅为将领的这个词 empereur（或 imperator）从此以后就用来指称欧洲、亚洲和非洲的某一部分的某个统治者的显职高位。就这样，rex（国王）这个词就有好几个各不相同的含义。名称和事物经历过同样的千变万化、兴衰更替。

尽管历届教皇三令五申，于格・卡佩[①]仍然我行我素。他废黜了丕平家族后，国境内沧海横流，局势之乱较之前两个朝代[②]有过之无不及。每个领主都以与于格家族所抢夺和霸占国王这个显职高位的权利相同的权利，抢夺和霸占他能够抢夺和霸占的一切。整个法兰西瓜剖豆分，分裂为好些领地。势盛力强的领主使大多数城市沦落到受奴役的境地。有产者不再是某个城市的有产者。他们成了领主的有产者。赎买了自身自由的有产者称为自由有产者。进入城市会议的有产者称为大有产者。仍然身为农奴，正如农奴依附采邑一样依附城市的，称为小有产者。

法兰西的历代国王长时期只不过是领主们的势单力孤的，并无多大权势的首领而已。这些领主的权势与他们不相上下。每块主要封地（或采邑）的所有者为人行事都随自己兴之所至，反复无常，在自己的领地内制定法律。由此而产生不胜枚举、各不相同，而又荒唐可笑的习惯法。一个领主自我授权身着教士白色宽袖法衣，足穿长统靴，握紧拳头，拳头上放着一只鸟，在教堂中就座，置

① 于格・卡佩（938—996），法兰西卡佩王朝的创立者。

② 指墨洛温王朝及加洛林王朝。

身议事司铎中间。另外一个领主命令他的全体仆从在他妻子产褥期间拍打池塘的水，让附近的青蛙停止鸣叫。另外一个领主自我授予“完好蜡饼”权、初夜权，亦即在他的女仆的新婚之夜同她过夜的权利。

在这种极端朴野无文的状态中，国王们仍然召集议会。议会由想跻身其中的大贵族、主教以及修道院长组成。说实话，眼见修道士们和僧侣们违反他们的安贫乐道、听天由命的誓愿前来同国家的首要人物出席会议，真是会感到滑稽可笑。但是，这种情况在德意志更是等而下之。那里的修道士和僧侣自立为享有主权的王侯。民众越粗野，教士越有权势。

法兰西的这些议会，是国家的等级会议，只不过国家的主体并没有参与这个会议而已，因为大部分城市和全部村庄无一例外，都处于奴隶地位。



除希腊人的帝国外，整个欧洲长时期就按照这个模式统治管理。有人问，在将近六十个或者八十个本身又统治着其他僭主，并共同形成最令人憎恶的、混乱不堪的、毫无秩序可言的状态的僭主的统治之下，不胜枚举、千差万别、各不相同的民族怎么会似乎和睦相处，生活在这种令人感到羞辱的受奴役的状态中呢？除了以下这一点外，笔者就不知道还有什么其他答案了：大部分人愚昧无知，对征服者——伦巴第人、汪达尔人、法兰克人、匈奴人、勃艮第人——的继承者来说，既然身为城堡所有者，既然全副武装，既然骑着披着铠甲的高头大马，就轻而易举把既无马匹，又手无寸铁，只顾着活命谋生，自认为生来就是为了服侍别人的城乡居民套上枷锁了。

因此，每个封建领主都在自己的领地内随心所欲，进行判决。德意志的法律规定，人们有权就对他们做出的判决向德意志皇帝的宫廷上诉。但是，大地主们不久以后就获得进行终审判决的权利。所有的选帝侯[①]时至今日仍然享有这种权利。这就最终使历届德意志帝国皇帝被贬降为只不过是一个诸侯共和国的首领而已。

这就是菲利普·奥古斯都[②]以前法国各个国王的情况。他们在他们统治的地域内进行终审判决。然而，这种最高审判，他们只在他们大权在握之时才能对大封臣行使。看看胖子路易[③]仅仅为了降伏一个皮塞的领主、一个蒙莱里的领主，就殚精竭虑，花了九牛二虎之力。

当时整个欧洲深陷无政府状态之中。西班牙仍然被一些穆斯林国王、基督教国王和伯爵瓜分。德意志和意大利局势混乱不堪。亨利四世[④]和罗马教皇格利高利七世之间的多次争端开启了一种新的法律原则和五百年内战。这种新的法律原则就是教皇的法律原则。他们把基督教国家搞得天翻地覆、混乱不堪以便进行统治。

教皇利用民众的愚昧无知和局势的动荡不安，使自己成为国王和皇帝的纠纷的仲裁者。这些帝王经年累月，同他们的封臣刀枪相向，大动干戈，往往迫不得已让教皇出面仲裁。在这种朴野无



① 德意志有权选举神圣罗马帝国皇帝的诸侯和高级教会人士。

② 菲利普·奥古斯都(1165—1223)，即菲利普二世，法国卡佩王朝国王。

③ 胖子路易(1081—1137)，法兰西国王。在位时期曾抗击英国国王亨利一世，抗击神圣罗马帝国皇帝亨利五世入侵，恢复王国秩序。

④ 亨利四世(1050—1106)，德意志国王，神圣罗马帝国皇帝(1084—1106)。

文的环境中，主教们建立了一种庞大怪异的司法机构。他们的教士官员是唯一能读会写的人，因而在基督教国家主宰一切。

婚姻被视为一种圣事[1]，于是所有婚姻诉讼案件都交由教士官员审理。他们审理几乎全部民事诉讼，借口是这些争端都附有誓约。所有遗嘱纠纷的审理，都属于他们的职权范围，因为这种文书中都载有对教会的遗赠。任何忘记在遗嘱中立下被称为出自虔诚之心的遗赠中的某一项的立遗嘱人，都被宣布为未办神功[2]者，亦即几乎无宗教信仰者。此人死后将被剥夺葬身墓地权。其所立遗嘱即被废除。教会为其另立遗嘱，并把可能因此人死亡而归属教会的东西判归教会所有。

如果有人反对这些粗暴过火的行为，就得前往罗马打官司。在罗马，想打官司的人会被定罪判刑。



汹涌而来，遍布各地的蛮族，毫无疑问带来可怕的灾祸。但是，必须承认，教会的侵吞行为造成的苦难更多。

这里不是对史不绝书的灾祸进行探究的场合。让我们只审视一下法国的议会是什么，法院又是什么？

---

① 圣事又称圣礼，是由耶稣所立，并要后世信徒组成的教会按所定程序举行的仪式。天主教承认七件圣事，即：圣洗、坚振、告解、圣体、终傅、神品和婚配。

② 此词中的神功即天主教的圣事（或圣礼）中的告解，一般也称为“忏悔”。

# 第二章　美男子菲利普[①]登基以前的议会

议会(parlements)始终是高等大贵族的大会(assemblées)。这种统治管理体制是除罗马之外的,从维斯杜拉河到直布罗陀海峡的整个欧洲的统治管理体制。罗马当时处于另外一种无政府状态之中,因为历代德意志帝国皇帝都自称是罗马的君王。历代教皇都在那里争夺俗间权力。民众在那里经常为争取自由而进行斗争。当罗马的主教利用其他民族的动乱和迷信,颁布诏书为国王加冕,自称国王的主子的时候,他们实际上连一个罗马的郊区的主子都不是。

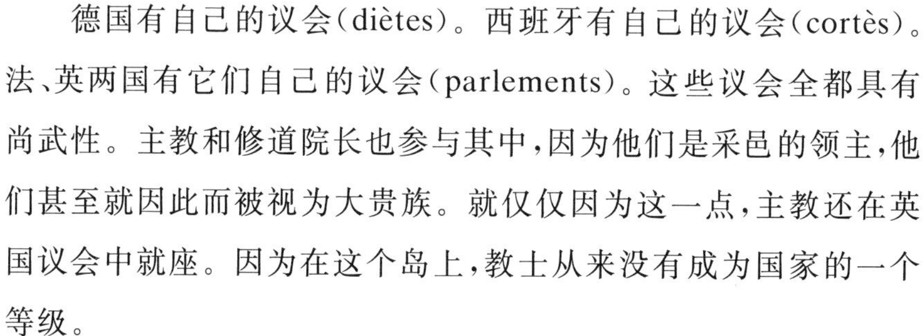

德国有自己的议会(diètes)。西班牙有自己的议会(cortès)。法、英两国有它们自己的议会(parlements)。这些议会全都具有尚武性。主教和修道院长也参与其中,因为他们是采邑的领主,他们甚至就因此而被视为大贵族。就仅仅因为这一点,主教还在英国议会中就座。因为在这个岛上,教士从来没有成为国家的一个等级。

在这些主要为了决定战争与和平问题而召开的大会中,也审



① 美男子菲利普(1268—1314),即菲利普四世,法国卡佩王朝国王。

理案件。但是，不应该想象这些案件是关于个人的一笔年金或一幢房屋的，是关于我们今天在法庭中的那些乱乱哄哄、吵吵嚷嚷的、有关个人的鸡毛蒜皮琐事的案件。这些案件是关于高等大贵族的和所有直属王家管辖的采邑的案件。尼古拉·吉尔叙述说，1241 年，因德拉马什伯爵于格·德·吕西尼昂拒绝向国王圣路易[①]行臣仆宣誓礼，于是就在巴黎召开了一次议会。议会开会期间甚至城市的代表也进入会场。

这件事叙述得语焉不详、晦涩难懂，没有提及城市代表发表他们的意见。这些代表不可能是属于高等大贵族的城市的代表。高等大贵族不会容忍这一点。当时这些城市的居民几乎只由有产者，或者领主的农奴，或者不久前才获得自由的人组成，很可能不会和他们的主子同时发言。毫无疑问，这些代表是巴黎的和直属国王的城市的代表。国王想把他们召集到这些大会中。这些城市的大有产者已经获得自由。市政府的机构已经组成。圣路易能够把他们召来以听取以议会的形式集合起来的大贵族的商议评审。

在德意志，城市的代表有时应召参加德意志帝国皇帝的选举。有人声称，在选举捕鸟者亨利[②]为德意志帝国皇帝的选举中，德意志城市的代表获准进入选举场地。但是，一个孤单的例子并不足以形成一项惯例。只有出于需要，通过武力，随后通过运用，权利才能确立起来。这个时期的城市既不足够富裕，也不足够强大，也没有较好管理以便脱离封建政府使之深陷其中的卑微无势状态。

① 圣路易(1214—1270)，即路易九世，法国卡佩王朝国王。

② 亨利一世(876—936)，萨克森王朝创建者。

我们十分了解，自从最初几次十字军东征以来，国王和高等大贵族曾经让好些他们的有产者以金钱为代价获得自由，以便向这些怪诞奇特的旅行[①]提供钱款。使人获得自由，就意味着宣布免除他纳税，给予他一个受到监控的高卢人法兰克人享有的特权。时至今日，还为我们保存着的一个年代最古老的有关获得自由行动的用拉丁文书就的套语是1185年的："我让我的家臣、本村的让·比通和他的合法儿子成为自由人，今后不再听命于我的手和口，我解除撒利克法典[②]对他们的约束，使他的女儿也能成为他的继承人。我恢复他们的公正判断能力。我使他们成为不受束缚的、免交税费的、完全自由的人。我为这一举动收受足足十八维恩利弗。"

积攒了一些钱财的农奴，就这样从他们的国王或者领主那里购买来他们的自由。大部分城市逐渐恢复了它们的天赋权利，恢复了它们的理性和良知。的确，理性和良知同奴役是大相径庭，水火不相容的。

圣路易在位时期是个伟大的时代，几乎法国的高等大贵族全都已经或者死亡，或者在不幸的十字军东征中破产。圣路易本人率军东征返回法国后尽管万分不幸、一贫如洗，但却更加专制独裁。他设置了维芒多瓦、桑斯、圣彼埃尔-勒-穆蒂埃、和马孔等四个代表国王执法的大法官管辖区，以对那些力量不足以反对判决的领主的上诉进行终审判决。过去大贵族们在他们自己的土地

① 指十字军东征。

② 海滨法兰克人的一部习惯法，约编纂于507—511年间。该法典禁止女子继承遗产和王位。

进行终审判决。现在取而代之的是，这些大贵族大部分被迫容忍人们就他们作出的判决向代表国王执法的大法官管辖区上诉。

不错，这类上诉案件为数寥寥、屈指可数，因为敢于就直接统治他们的顶头领主的行为向封建君主领主申诉告状的人很可能遭到打击报复。

圣路易在议会会议方面还进行了另外一项革新。他有时召集一些小型议会会议。在这些会议中他召集那些研习过基督教教会法的教士。但是，只在审理牵涉高级神职人员的权益的特别案件时才这样做。在议会的一次会议中，对圣伯努瓦－絮－卢瓦尔的修道院院长的案件进行了审理。让·德·特鲁瓦导师和于连·德·帕罗内导师这两位教士同都统蓬蒂安伯爵以及弓弩部队的大统领等人发表了意见。

这些小型议会丝毫没有被视为国家的古代议会。它们被称为国王的接待室(parloirs du roi)或接待国王室(parlois au roi)。这是国王举行的御前会议。这种会议是国王为了审理那些代表国王执法的大法官觉得困难重重、力不胜任的案件时，想召开的。

圣路易的孙子、外号美男子的菲利普四世在位时期，事事都改弦易辙。由于国王的这些接待室，这些不涉及国家利益的御前会议曾经被人称为议会，真正的议会，亦即国家的大会，以后就只以全国三级会议(états généraux)这个名称为人所知。既然这个名称既表示全国的代表，又表示公众利益，因此更加合适。菲利普第一次把第三等级召来参加这种大会(1302 年)。的确，抑制竟然胆敢威胁要废黜法国国王的教皇卜尼法斯八世，乃是国家最重大的利益攸关的事，特别是钱财攸关的事。

自从好些有产者购买了他们的自由以来，自从他们不再是领主对其财产享有永久管业权的农奴以来，自从当他们死时孑然一身，身后无嗣时君王不再没收他们的遗产以来，城市开始变得富有。上行下效，少数领主效法国王，也让他们的臣民获得自由，让臣民付钱向他们购买自身的自由。

（1302 年 3 月 28 日）市镇因此用第三等级这个名称以派遣代表的方式参加在巴黎圣母院教堂举行的大议会或者全国三级会议。会场内已经为国王修建了御座。在国王身旁就座的有他的兄弟埃夫勒伯爵、他的侄子阿图瓦伯爵、勃艮第公爵、布列塔尼公爵、洛林公爵、埃诺公爵、奥朗德公爵、卢森堡公爵、圣波尔公爵、德勒公爵、拉马什公爵、布洛涅公爵和内维尔公爵。这是一次最高官级的会议。主教们的姓名未被告知。他们为数寥寥，这或许是因为他们仍然对教皇心存畏惧，或许是因为他们是教皇党人。

民众代表大群大群占据教堂的四边。这些代表的姓名没有为我们保存下来。这真令人感到郁闷。我们只知道他们跪着向国王呈上一份陈情书。他们在这份陈情书中说："顷悉这个卜尼法斯行同恶棍，恶意曲解这句精神格言：'你将在尘世捆绑的东西也将在上天被捆绑起来。'似乎这意味着如果他将某人关进俗间监狱，上帝也会为此将此人关进天上监狱。"

此外，只有第三等级才会让某个教士文书写出这些话来。这些话用拉丁文书就，送往罗马，因为当时在罗马，人们不懂法国粗俗的行话。毫无疑问，正如我们现在所看到的那样，此后这些话被译成蒂瓦法语，即条顿人的法语。

在英国市镇代表自那时起就进入英国的议会。这样，法国国王只不过模仿一种已经在邻国确立的习俗惯例而已。英国的国家大会始终以议会这个名称延续,而法国议会则以全国三级会议这个名称延续。①

1305年,同一个美男子菲利普确定他已于1302年打算进行的事项,即:接待国王室(正如当时这样称呼)每年在巴黎进行两次审判,日期靠近复活节或诸圣节。这就是最高法院,正如英国的国王最高法院、德国的帝国法院,以及卡斯蒂利亚的法院一样。这是古代具有王权的法院的革新。

以下是美男子菲利普在他1302年的敕令中用拉丁文进行的表述:“朕为造福臣民及快速处理诉讼案件,拟颁令仿古制每年于巴黎举行议会会议两次,于鲁昂举行最高审判会议两次,于特鲁瓦举行大审判日活动数次,于图卢兹举行议会会议一次,如同古时曾举行过的一样。”

显然,通过以上陈述,可以看出所有这些法庭是为审理诉讼事件而设,它们拥有平等的审判权,它们彼此独立。

主持巴黎高等法院的王家法庭以及拥有具有王权地位的伯爵地位的是布洛涅伯爵,由德勒伯爵担任助理。纳尔榜大主教和雷恩主教和他们同为主席。在法官中有都统戈歇·德·夏蒂翁。

正好在同一时期,并在同一宫殿内,菲利普国王创设了审计法院。这个法院,或者法庭,或者接待室,或者议会,也由高等大贵

① 自此段起原书中 parlement 一词的“议会”和“高等法院”两义开始混用,并逐渐只指“高等法院”。

族、主教等担任主席。在菲利普·德·瓦卢瓦[①]在位时期，这个机构享有高等法院法庭不享有的颁发特赦证的王家特权。但是，这个机构从来没有声称或企图代表国家的大会、三月校场[②]和五月校场[③]。巴黎高等法院从来没有代表过国家的大会，但它却享有很大的特权。

① 菲利普·德·瓦卢瓦，即菲利普六世(1293—1350)，法国瓦卢瓦王朝第一代国王。因与英国国王爱德华三世争夺法国王位及其他争端引起英法百年战争(1337)。

② 在法兰克国家的墨洛温王朝时期，每年三月举行一次民兵检阅，称为“三月校场”。

③ 在法兰克国家的加洛林王朝查理大帝在位时期，军事大检阅在五月举行，称为“五月校场”。

# 第三章　出席高等法院的和可撤换的大贵族　助理文书他们的薪俸　审判

高等法院[①]每年开庭期约六周或两月。法官全部是高等大贵族。国家不会蒙受由其他人审理之苦。绝对没有农奴、获得自由者、平民、有产者出席法庭审判案件的例子，只在有产者贵卿[②]在刑事案件中审理他们的同类人时除外。



因此，正如当时人们所说，只有大贵族才是法官-审理员[③]。他们按照古代习俗出席审判时，腰挎刀剑。在某种程度上可以把他们比拟为古罗马元老。这些元老在元老院中履行了法官职责后，转而在军队中服役或指挥。

但是，法国大贵族在法律和习惯法两方面都孤陋寡闻，一无所知。他们之中大多数几乎连自己的名字都不会签。有两个高等法院预审庭。文书或被称为导师或法学士的世俗人员获准进入这两

---

① 本书所述高等法院凡未冠地名者均指巴黎高等法院。

② 贵卿的原文为 pair。本书第八章对此有较为详细的叙述。这个词在不同的历史时期指称不同的人物。在查理大帝时期，此词指称查理大帝卫队的 12 个领主。后来此词作为荣誉头衔赐给王国中 12 个领主。拥有此头衔的人后增至 18 人，能出席御前会议。在法国旧制度时期，此词指为君主的宫廷或法院服务的封臣。

③ 原文 jugeur，一译为妄加评论的人，指不具有法律知识的参与审理案件的人。

个机构。他们是法官-推事。他们并非法官，但他们预审案件，准备案件，然后在大贵族法官-审理员面前宣读这些案件。后者只凭天赋的理智良心和公正精神书写他们的意见，有时也率性行事。这些法官-推事、这些导师与大贵族们混同为一。就是这样，在德国的帝国法院和德国的枢密院中，佩剑的人和博士混在一起。同样，在宗教评议会中，第二等级几乎总是被视最博学多才的人。几乎各个国家都既有拥有权力的大人物，也有自己奋发努力，终于能与大人物分享权力的小人物。

高等法院预审庭也由领主和主教主持。教士文书和俗间文书操作整个诉讼程序。人们十分清楚，那些上过学的人被称为文书，虽然他们并不属于神职人员。国王的公证人称为国王的文书。国王的侍从人员中，有厨房文书，即那些擅长读、写，负责厨房账目的人。现在在英国国王那里还保存着很多在法国宫廷已经失传的古老习俗。

知识叫做 clergie。由此产生 mauclerc 这个词。这个词的词义为不学无术、愚昧无知者或滥用自己的知识的博学者。

预审庭推事并非全是教士文书。在民法和基督教教会法方面，有俗间学者，亦即在当时占主导地位的判例方面知识略微多于他人的人。

布兰维里埃伯爵和著名的费内隆[①]都声称他们从奴隶地位脱离。然而，当时在巴黎、奥尔良、兰斯等地有一些绝非农奴的有产

① 费内隆(1651—1715)，法国天主教大主教、作家、教育家。支持寂静主义，主张限制王权和教会脱离政府控制，因此被国王及教皇贬斥。著有《死人对话》等。

者。毫无疑问,他们数量最大。1302 年和 1355 年,的确可能有过一些奴隶获准进入全国三级会议、大议会或法国全国三级会议中吗?

这些不久以后就与新的高等法院结合为一的特派员-调查员凭借他们的优长和知识学问迫使君主把这个重要的政府部门交给他们,迫使大贵族-法官按照他们的看法形成自己的意见。

有人声称每年聚集两次进行审判的被称为议会的司法机关,其实是法国古代议会的继续。这些人似乎陷入一个明知故犯的错误中。这个错误只是建立在一种含糊不清的状态之上。

参加真正的议会和全国三级会议的贵卿-大贵族因他们的出生权利和采邑权利来到这些机构。国王无法阻止他们这样做。他们把自己的权利和国王的权利结合起来。他们远远没有收领薪俸以便前来三月校场和五月校场决定他们自身权益。但是,在这个新的司法议会中,在这个继承国王接待室,继承国王的御前会议的法院中,法官们每天收到五巴黎苏。他们行使暂时的委托。往往那些在复活节出席审判的,在诸圣节就不再是法官。

(1320 年)长人菲利普[①]不再愿意主教有权出席这个法院的审判。这证明新的议会除了名称之外,不再具有古代的议会的任何性质。如果这是国家真正的议会,至关重要的是国王不能把主教开除出议会。这些主教自从丕平登基以来就有权参加这些大会。

总而言之,一个为审理争执和纠纷而设的法院,并不比一个斯特拉斯堡的债主像罗马共和国的债主那样,或者比一个领事裁判

① 即菲利普五世(1292—1322),卡佩王朝第 14 任国王(1316—1322 年在位)。

机关的领事像罗马的执政官那样，更像全国三级会议，更像科米斯，更像整个国家的古代议会。

人所共知，同一个美男子菲利普，正如他为奥依语[①]地区设立了一个高等法院那样，也在图卢兹为奥克语[②]地区设立了一个高等法院。可以认为这些司法机关代表法国国家的主体吗？不错，图卢兹的高等法院存在时期不长。尽管国王颁发圣旨，仍然未能获得足够钱款付给法官。

图卢兹已经设有一个高等法院法庭或者在圣路易的兄弟普瓦提埃伯爵统领下的接待室。这再次证明同样的名称并不表示同样的事物。这些特别法庭同所有其他特别法庭一样，存续时期十分短暂。图卢兹伯爵-贵卿普瓦提埃伯爵的这个接待室也称为审计法院。图卢兹亲王身在巴黎时让人核查他在图卢兹的财务。然而，在一位图卢兹伯爵的某些官员和古代的法兰克议会之间可能存在什么样关系呢？只是在查理七世[③]在位时期图卢兹的高等法院才臻于完善。

也由美男子菲利普最后创设的特鲁瓦的大审判日拥有同巴黎高等法院同样充分的和完整的审判权，这就完成了对下述事实的证明：把被人称为议会的法院当成是法兰西国家的古代议会，是一种幼稚的误会、一种关于词义的争执、一种真正的文字游戏。

我们现在还保存着长人菲利普就宫廷的、就高等法院法庭的

---

① 奥依语为中世纪法国北方的方言。

② 奥克语为中世纪法国卢瓦尔河以南地区的方言。

③ 查理七世（1403—1461），法兰西国王。依靠女英雄贞德协助抗英，收复失地。1453年取得英法百年战争的最后胜利。

和就国库审计申请书等事项颁发的敕令。以下是在帕斯吉耶[①]的著作中的这项敕令的译文：

“法兰西及纳瓦尔国王菲利普蒙上帝恩泽通告全体子民：朕已自朕之大御前会议制定之法令中摘取下述文件。”但是，向高等法院如此颁布法律的、如此支配处理其管理事务的这个大御前会议的究系何种机构？是当时王国的贵卿和国王召集的高官。国王有他的大御前会议和小御前会议。高等法院法庭服从它们的命令。因此，既然它服从一个本身并非古代的、真正国家的议会的御前会议颁布的法律，它当然不能视为五月校场的古代大会。

① 帕斯吉耶(1529—1615)，法国法学家和法官。

# 第四章 圣殿骑士团骑士案

当美男子菲利普设置巴黎高等法院的最高审判权限时，似乎并没有授予这个机构刑事案件审理权。的确，最初没有任何这类案件由这个机构审理。圣殿骑士团[①]案这个永远疑窦丛生的、臭名远扬的事由，是当时最高法院根本不审理重罪的铁证。在这个机构内，教士多于世俗人。这个机构有骑士和法学家。这个机构要审判这些圣殿骑士团骑士所需人、物应有尽有。这些骑士既是国王的子民，又以一种教派著称于世。当时他们只受教皇克莱门五世的特派员审判。

(1307 年 10 月 13 日)首先法国国王让代表他的执法大法官和他派驻南方各省的司法总管逮捕圣殿骑士团骑士。教皇亲自在普瓦提埃城审讯这些骑士中的七十二人。必须指出，在这些骑士中间有神甫。这些骑士被以教皇和国王的名义加以监管。教皇向每个主教管辖区派去两名议事司铎、两名多明我会修士和两名方济各会修士[②]，

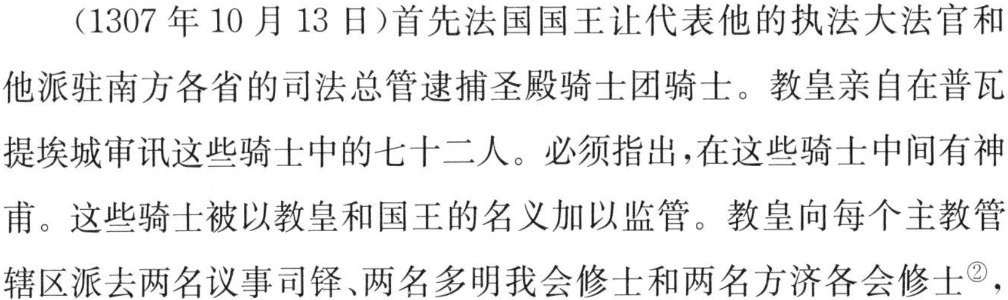



① 圣殿骑士团是第一次十字军东征时期建立的僧侣骑士组织。十字军东征期间，它在东方掠夺了大量财富。它开设银行，放高利贷，在西欧拥有大量地产和城堡。

② 多明我会和方济各会均为天主教的托钵僧修会。两会修士标榜赤贫，腰系草绳，脚穿草鞋，靠布施维持生活，混迹于下层民众中，一面传道，一面侦查异端，充当罗马教廷镇压异端的工具。

以便按照神圣的教规判处这些曾经为基督教抛头颅，洒热血，但却被控有淫乱、放荡、亵渎、玷污等行为的武士。法国国王本人想通过与教皇联手，采取一个回避教皇权威行动的权威行动，让他的御前会议向教皇在法国的宗教裁判所法官纪尧姆·帕里西乌斯修士派出一个特别法庭参与对圣殿骑士团骑士的审判，并任命诸如骑士贝尔特朗·德阿加萨以及博格尔和比戈尔两位司法总管等大贵族进入这个特别法庭。

(1308 年)法国国王在图尔召开大会，以便和教皇面对面决定被托管封存的圣殿骑士团骑士的财产的用途。好些高等大贵族交来委托书。时至今日，法国国王图书馆还保存着佛兰德伯爵罗贝尔、马伊里夫人伊斯尔的德·让娜、布列塔尼公爵的长子德·让、佩里戈尔伯爵德利·德·塔莱朗、此后具有布列塔尼公爵称号的里谢蒙伯爵阿蒂、一个名叫蒂波的罗什福尔领主，最后还有勃艮第公爵于格等人的委托书。

至于宣布的对圣殿骑士团骑士的判决，这项判决只由教皇的特派员贝尔纳、埃蒂安和朗迪尔普三位红衣主教、几位主教和几个宗教裁判所的僧侣法官宣布。死刑判决不是 1307 年，而是 1309 年作出。这一点有文件足资证明。圣德尼的编年史明确谈到这一点。据说，教会憎恶流血。表面上教会对火刑并不非常憎恶。九十九名圣殿骑士团骑士在巴黎圣安东门被活活烧死时，全都高喊自己清白无辜、冤枉无罪，全都对他们受刑讯逼供招认的罪行翻供。

显贵地位与帝王不相上下的圣殿骑士团大首领雅克·莫莱、

王太子奥弗涅的兄弟吉也在广场上被火刑处死。今天这个广场面对着亨利四世①的塑像。当这些被火刑处死的人还能开口讲话，并向上帝提及法国国王和教皇时，他们请求上帝作证。

高等法院丝毫没有介入审理这宗非常奇特的诉讼案件。时至今日这宗案件仍然是基督教国家身陷其中的暴行的铁证。（1312年）但是，正当教皇克莱门五世在维也纳的总宗教评议会中不顾全体宗教评议会成员要他收回成命的请求（在这次评议会上只有四个主教同意他的意见），只凭恃他的权力取缔圣殿骑士团时，正当需要处置圣殿骑士团骑士的不动产时，正当教皇已经把这些财产给予耶路撒冷的圣·让的看护病人或接待客人的修士或修女时，在法国国王同意教皇的这个赠予行动之后，最高法院于1312年从圣马丁节起第八天发布决定，让这些修士、修女拥有这些财产。在这项决定中只谈到法国国王敕令，丝毫没有谈到教皇谕旨。这个机构既没有参与执行肉刑的邪恶行动，也没有参与审理有关圣职的诉讼案件。它只介入一个修会的财产向另一个修会的移交事宜。可以看到，自这个时期起，高等法院就支持王权反对教皇的权力。这是它始终坚持不渝、从未中断遵循的准则。

① 亨利四世（1553—1610），法国波旁王朝第一代国王。其业绩见后文。

# 第五章　高等法院变为法律家大会，正如这些法律家在贵卿法院任陪审官一样

查理六世[①]在位时期，在使法国备受煎熬、民生凋敝的可怕的灾祸中，法国政府的各个行政部门都被束之高阁，弃置不顾。延长委任高等法院法官一事，也被人抛到脑后。这些法官忠于职守，自我继续担任他们所任职务，而不是弃离这些职务。就是在这方面，他们为国家效了大劳，至少为他们所辖省份效了大劳。没有他们，这些省份可能已经无法再要求司法裁判公正。

正是在这个时代，充任法官的领主不得不先后率领他们的附庸离开法院，奔赴前线保卫家园。那些在被指定接替这些领主法官的、初期只担任预审职务的法学家，接替这些领主，充任法官。当上法院院长的人穿上古代骑士的衣服。法官们仍然身着学士学位获得者的袍子。这种袍子穿在身上绷得很紧，与今天西班牙的情况一模一样。后来法官们让这种袍子改得稍较宽大。

不错，这些法官在取代在学识方面被他们超越的大贵族、骑

---

① 查理六世(1368—1422)，法兰西国王，通称疯子查理或可爱的查理。因患精神病，王权衰落。因英法战争法国战败签订的《英法特鲁瓦条约》(1420)规定其死后王位由英王亨利五世继承。

士、领主时，不能享有这些人的贵族地位。当时没有任何一种显职高位能够使人成为贵族。首批法院院长如西蒙·德·比西、布拉克、多维甚至纪尧姆·德·多芒以及阿尔诺·德·科比等骑士都不得不设法使自己被册封为贵族。

可以说，那些对贵族案件进行终审判决的人并不享有贵族的权利，这是一个很大的矛盾，极为荒谬不经。但是，归根结蒂，这就是这些人在一个原本具有军事性质的而笔者敢于名之为粗野的政府里的处境和地位。这些人仿效骑士和骑士的青年侍从获得法律骑士、法律业士称号，但这全都枉费心机。他们永远不被接纳进入贵族团体。他们的子女永远不会进入贵族的教士会议。他们不能列席全国三级会议。大贵族不愿接纳他们。他们不愿意同第三等级混同为一。（1355 年）甚至当全国三级会议在王宫大厅举行期间，正在相邻的房间开会的高等法院中没有任何成员在这个大厅拥有席位。如果有某个大贵族法官获准参与这次全国三级会议，这是以大贵族身份，而非以法官身份。巴黎市长是第三等级的首领。这再次证明，作为具有最高司法权的法院的高等法院（parlement）同古代法国的议会（parlement）风马牛不相及。

当爱德华三世[①]最初在同菲利普·德·瓦卢瓦争夺法国王位之前争夺法国摄政地位时，这两个竞对手中谁也没有向巴黎高等法院诉求。如果这个机构那时具有那些代表国家的古代议会的地位，它肯定会被当成裁判者、仲裁人。那个时期的编年史都告诉我

① 爱德华三世（1312—1377），英格兰国王。在位时降服英格兰，征战法国，挑起英法百年战争。

们，菲利普向授予他摄政地位的法国国家贵卿，向主要的大贵族诉求。在这个摄政期间，当美男子查理[①]的遗孀产下一个女儿的时候，菲利普·德·瓦卢瓦不同任何人商量就拥有王国。

爱德华十分庄重地向菲利普表示敬意时，高等法庭没有任何代表出席这个庄严盛大的典礼。

菲利普·德·瓦卢瓦意欲审判阿图瓦伯爵罗贝尔，亲自用盖上他的印章的信函召集贵卿“以使他们来到我面前。宫廷车水马龙，贵卿盈门”。

国王在卢浮宫召集廷臣会商。他把儿子让立为法国贵卿，让他能够参加这次大会。高等法院的法官作为精通法律的陪审官出席这次会议。他们获得与波西米亚国王、全体亲王和贵卿相同的审判案件的荣誉。国王的诉讼代理人提出责难。阿图瓦的罗贝尔不能在最高法院的法庭受审，这与惯例不合。如果国王不出席，阿图瓦的罗贝尔就不能被认为受到审判。

长人菲利普的妻子、勃艮第的让娜和阿朗松公爵路易·于坦的妻子、勃艮第的玛格丽特两人先前被控与人通奸，但没有受到最高法院审讯。龙格维尔伯爵昂格朗·德·马里尼被控在路易·于坦在位时期贪污渎职，也没有受到最高法院审讯。菲利普·德·瓦卢瓦在位时期，王室财务官皮埃尔·雷米受审，也没有以最高法院的法庭作为审判机构。判处马里尼死刑的是查理·德·瓦卢瓦，由王国的几位高级官员和忠于王国利益的几位领主襄助。(1315 年)他在万森被定罪判刑。(1328 年)皮埃尔·雷米同样受

① 美男子查理(1294—1328)，即法兰西国王查理四世，卡佩王朝嫡系末代国王。

到菲利普·德·瓦卢瓦任命的特派员审判。

（1409年）勃艮第公爵让人逮捕查理六世的宫廷侍从的大统领以及财政总监蒙泰古。编年史称，向他派去特派员-专制法官。这些特派员对他严刑拷问，但白费力气。他要求由高等法院审判。审判他的法官让他被斩首于菜场。就是这同一个蒙泰古埋葬在马尔古西斯的塞勒斯坦。一个修道士对弗朗索瓦一世[①]所作的答复众所周知。这位国王走进教堂时，看到蒙泰古的坟墓。国王说蒙泰古是司法机关判处的。这时，这位善良的修道士回答说："不，大人，他是特派员判处的。"

毫无疑问，当时巴黎高等法院还没有设置刑事审判庭。那个时期巴黎高等法院根本没有判处过谁死刑。由巴黎行政官和夏特莱[②]来判处为非作歹之徒。国王让命令巴黎行政官逮捕他的都统、法国国家贵卿厄伯爵。（1350年）这位行政官审讯都统，在三天内判处他一人。都统在国王自己的宫中当着整个宫廷所有官员的面被斩首示众。没有一个高等法院的法庭的法官被召进宫中。国王当时身在内斯勒府邸。

笔者在此并不把这个行为作为司法行为加以叙述。但是，这个行为有助于证明常驻巴黎的新的高等法院的权力当时并未牢固确立。

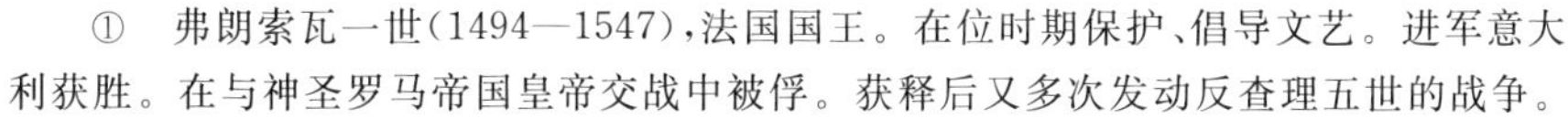

① 弗朗索瓦一世（1494—1547），法国国王。在位时期保护、倡导文艺。进军意大利获胜。在与神圣罗马帝国皇帝交战中被俘。获释后又多次发动反查理五世的战争。

② 巴黎的两座城堡，古时为刑事案件审讯处和监狱。

# 第六章　巴黎高等法院在单独审判任何贵卿以前怎样成了法国王太子的审判者

由于一种奇特的命定性，从来没有在它下属的法庭里审判过任何王国贵卿的巴黎高等法院成了王位继承人法国王太子的审判官(1420 年)。以下是这一奇特怪异的意外事件的详情：

不幸的国王查理六世的兄弟奥尔良公爵路易，在巴黎被人奉勃艮第公爵无畏的让之命暗杀。案发时勃艮第公爵本人在作案现场(1407 年)。这起国王唯一的兄弟被害事件，在巴黎高等法院没有经过任何诉讼程序。在高等法院大法庭中举行了一次御前审判会。但这时正值国王查理六世旧病复发。圣路易的王宫的房间被选作会议地点，因为有关人士不愿在国王的圣保罗府邸，在国王眼皮下开会讨论国王因病不能亲自理政期间应采取何种办法治国理政。国王病弱的身体受到悉心养护。全体在巴黎的贵卿、以都统为首的全体王室高级官员、全体主教、全体骑士、国王大御前会议的全体贵人、全体审计官员、几名助理、全体国库官员、夏特莱的官员等出席了会议。这是一次显贵大会。会议决定：如果国王患病或死亡，不设置摄政职位；国家一如既往由王后和血缘亲王统治，由都统阿尔玛尼亚克、大法官、掌玺大臣，以及御前会议中最贤明的人士襄助。

正如新《法国史》[①]一书的作者所指出，这一决定突然使得人们亟欲摆脱的动乱更加严重。这次大会对奥尔良公爵被暗杀一事只字未提。杀人凶手勃艮第公爵让巴黎人成了他的朋党。他不是前来巴黎高等法院，而是径直来到王宫，在圣保罗府邸面对全体血缘亲王，高级神职人员以及高级官员。审计法院的、大学的以及巴黎城的代表出席了这次会议。勃艮第公爵在他首席贵卿的席位就座。他带领一个名叫让·帕蒂的诺曼底的方济各会修士前来。此人为大学博士，他就奥尔良公爵被害一事为勃艮第公爵进行辩护，并作出结论称，国王应该仿效上帝因天使长[②]圣米歇尔大人杀死恶魔鬼以及因菲内埃斯杀死臧布里人酬劳他们的榜样奖赏勃艮第公爵。

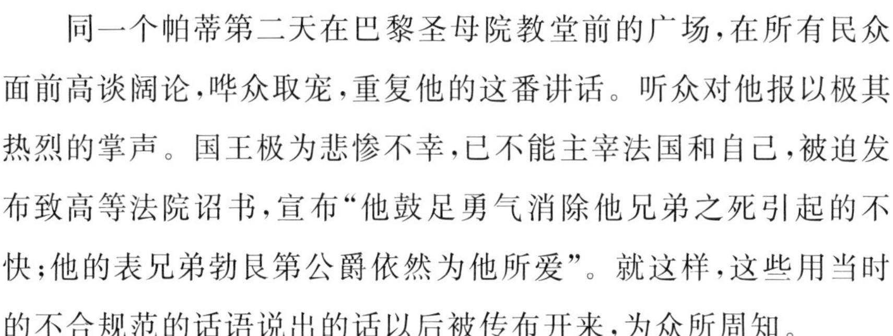

同一个帕蒂第二天在巴黎圣母院教堂前的广场，在所有民众面前高谈阔论，哗众取宠，重复他的这番讲话。听众对他报以极其热烈的掌声。国王极为悲惨不幸，已不能主宰法国和自己，被迫发布致高等法院诏书，宣布“他鼓足勇气消除他兄弟之死引起的不快；他的表兄弟勃艮第公爵依然为他所爱”。就这样，这些用当时的不合规范的话语说出的话以后被传布开来，为众所周知。

从这天起，巴黎城大受持异见党派、阴谋、凶杀之害。为非作歹之徒全都逍遥法外。

1419 年，十六岁半的遭到母后背叛，被父王抛弃，受到同一个

① 此书作者为维拉雷。

② 指基督教《圣经》中所说的天使长。

勃艮第公爵无畏的让迫害的年轻王太子查理的几个朋友为这位亲王以及他的叔父奥尔良公爵之死，向杀人凶手勃艮第公爵报仇。他们诱使这位公爵参加蒙特罗桥上的一次聚会，就在王太子的眼皮下杀死了这位公爵。从来没有证实王太子对这一共谋事先知情，更不用说这个行动由他主使。他的余生证明他并非心狠手辣、嗜杀成性之徒。自那时起，他容忍他的亲信遭到暗杀，但他从未下令杀害他人。只能责备他软弱无能。如果说塔内吉·杜·夏特尔和王太子的其他亲信滥用了王太子的年幼无知，让他允准这次杀害勃艮第公爵的行动的话，他年幼无知这个事实本身就可用来为他允准这次杀害行动进行辩护开脱。他的罪当然轻于勃艮第公爵。还可以说，他只准许对一个刚刚与英国国王签订了一项秘密条约的卖国贼[①]加以惩罚。根据这项条约，这个卖国贼承认亨利四世拥有对法国王位的权利。他还发誓“要对自称法国国王的查理六世和对他的儿子进行一场致命的战争”。因此，在这个时期的各次谋杀中，谋杀勃艮第公爵是最情有可原的一次。

自从这次暗杀事件在巴黎家喻户晓、无人不知以来，几乎所有的有产者和所有不是王太子的朋党的团体都在当天聚集起来。他们披着象征勃艮第地区的红色肩带。卢森堡家族的圣保罗伯爵让人在市政厅向有产者中的首要人物发誓要惩罚自称的王太子查理。掌玺大臣德·莱特尔、圣保罗伯爵以及好几个行政官员以巴



① 英法百年战争期间，1415年英王亨利五世趁法国两大封建派别——勃艮第公爵派与奥尔良公爵派——内讧之际，在诺曼底登陆，打败法军。与英国结盟的勃艮第公爵控制巴黎。1420年，在勃艮第公爵派的影响下，英法缔结《特鲁瓦条约》。这项密约指《特鲁瓦条约》；卖国贼指勃艮第公爵。

黎城的名义前往请求对当时正大肆蹂躏法国的英国国王亨利四世加以保护。

当时巴黎高等法院院长之一的莫尔维利埃奉派作为代表前往敦请勃艮第新公爵菲利普来到巴黎。法国王后[①]巴伐利亚的伊莎贝尔长期与他的儿子[②]为敌，朝思暮想要剥夺她儿子的王位继承权。她利用她丈夫的低能痴愚，让他签订了著名的《特鲁瓦条约》。根据这项条约，英国国王亨利五世通过娶法国的卡特琳[③]为妻被宣布以法国摄政王这个虚空名义与法国的查理六世共同为法国国王；在查理六世死后则为法国的唯一国王（查理六世只承认亨利五世为自己的儿子）。该约第二十九条规定，法国国王承诺未得法、英两个王国的三级会议的同意，永远不与所谓的维也纳的王太子查理缔结任何协定。

必须对这个条款稍加解释，以便了解：既然等级大会在英国绝没有任何其他名称，三级会议就是真正的议会。

这项条约缔结后，法、英两国国王和勃艮第新公爵菲利普于1420年11月1日抵达巴黎。在街头向他们演出了耶稣受难的神秘剧。有产者的所有首领都前来巴黎，宣誓承认英国国王，由莫尔维利埃院长监誓。召开了法国国王的御前会议，参加这次会议的有：王室高级官员、高等法院的法庭法官以及其他团体的代表，以便严正地审判王太子。有人甚至把这个大会称为全国三级会议以使之更加庄严。勃艮第的菲利普、他的母亲公爵夫人玛格丽特、吉

① 查理六世之妻。

② 指前述法国王太子。

③ 查理六世之女。

埃内公爵夫人以及各位女儿公主都是原告。

首先是此后成为勃艮第的掌玺大臣的辩护人罗兰控诉王太子。大学代表让·拉歇继他之后发言，言辞比前者激烈得多。查理六世的辩护人皮埃尔·马里尼作总结性发言。掌玺大臣让·勒克莱克承诺，在英国国王、法国摄政王以及上述国王继承人的协助下案件将得到公正处理。

尽管英国自身风雨飘摇，动乱不已，但由于英国人始终比我们法国人更加注意保存档案，因此他们在伦敦塔里找到这次大会的预备性决议的不完整的、残缺的原文。以下是这项决议的不完整的主要条款：

"……也听取了我们的检察长的发言。该检察长对案件作出结论。结论附有调查报告及请愿书。这些调查报告及请愿书由我们亲爱的女儿巴黎大学、我们的美好城市巴黎的亲爱的市政官员、有产者、居民、好些美好城市的三个等级的人……向我们提出。我们根据这次大规模的和成熟的讨论，考虑到我们的忠告以及我们已故表兄弟勃艮第公爵与自称王太子的查理之间的关于结盟的信函，仔细研读了……这个同盟是在上帝真正的十字架下和手放在圣福音书之上发誓签订的。尽管都属于法兰西家族，我们的已故勃艮第表兄弟作为我们的嫡亲的非常亲近的表兄弟、贵卿的老前辈、两度法国的贵卿……他曾经而且始终爱护我们的各个王国的福祉而且……他为了维护和平，应上述犯罪方面之邀，由好几个领主陪同前往蒙特罗。他在蒙特罗被他及其同谋凶狠地、阴险地、罪该万死地、该入地狱地杀害，尽管他及其同谋作出而且反复作出承诺和宣誓……根据我们的大御前会议的、我们高等法院的，以及大多数其他法官的讨论及意见，我们已经宣布，现在仍然宣布，所有犯上述罪不容诛的罪行的罪犯，他们之中每人犯有弑君罪，对我们的主体和财产犯有重大罪行，因而无资格，不配拥有任何直系（旁系的）继承及各种显贵地位、荣誉和特权。他们还应受弑君犯应受的其他惩罚……他们的世系和后代……如果我们通告形式……我们高等法院人员及我们其他的有审判权者……关于原告方以及我们的……并给予诉讼双方判决，并通过特别途径对上述罪犯进行起诉。如果情况需要……一切就如案件需求……恩典年 1420 年 12 月 23 日于巴黎，本国王在位 41 年。国王于其御前会议。”

显然是根据以国王的名义发布的决定，巴黎高等法院法庭几天以后发布它的判决，判处王太子流放。

国王的辩护人或代理人，此后即任兰斯大主教于尔森的让·朱维纳尔，身后留下关于这个不幸时期的回忆录。在这些回忆录里可以读到下述评注：

“1420 年 11 月 12 日开始的高等法院审判，自 1 月 3 日起延期短短三天。在流放的情况下，在喇叭声中，在大理石平台上，应检察长的要求，维安诺瓦王太子、国王的独子查理·德·瓦卢瓦大人，因谋杀勃艮第公爵，在为这样一起案件举行的一切庄重仪式之后，在被证实犯有对他指控的罪行之后，作为这样一个被判处放逐并被永远流放到王国之外的人，被宣布为不配继承已有的和将有的领地。上述瓦卢瓦为自身，同时也为他的追随者，用他的剑尖对上述判决提出上诉，并发誓既在法国，也在英国，在勃艮第公爵的所有地区，振兴并继续他的称号。”

时代的灾祸就这样使高等法院的法庭作出的第一项针对贵卿

的判决，是针对贵卿中的第一人，针对王位的必然继承者，针对国王的独子的。这项判决违反了王国和天然的所有法律，对外国和国家的敌人有利。这项判决废除了过去铭刻在每个人心中的撒利克法典。

学识渊博的布兰维利耶伯爵在其所著《法国政府论》一书中把这项判决称为巴黎高等法院的永恒的耻辱。不仅如此，这还是那些不能进行自卫，不能抵抗国王亨利四世的军队将领的耻辱，还是宫廷异见党派的耻辱，特别是一个为了进行报复而牺牲自己儿子的薄情寡义的母亲的耻辱。

王太子退隐到远于卢瓦尔河的地区。奥克语地区因奥依语地区同王太子势不两立，而更加积极热情拥戴他。当时法兰西王国的这两个部分彼此视若寇仇，不共戴天。他们不讲同一种语言，没有同样的法律。全部奥依语城市都按照法兰克人和封建领主引进的习俗和惯例管理，而全部奥克语城市却都遵循罗马法。它们都自以为大大优于其他城市。

已在父王卧病期间自己宣布为王国摄政王的王太子，在普瓦提埃设置了另一个由少数几个法学家组成的高等法院。但是，在使得整个法国满目疮痍、忧伤悲痛的战争当时正在进行，这个软弱无力的高等法院长时期没有丝毫权威可言。它除了徒劳地撤销巴黎高等法院的判决以外，除了宣布贞德[①]为圣女之外，别无其他职能。

---

① 圣女贞德(1412—1431)，法国民族英雄。英法百年战争期间率军解除英军对奥尔良之围。后被俘，受火刑处死。

# 第七章　判处阿朗松公爵

既然查理七世在他生命的最后几年询问过掌管注册登记的高等法院应该怎样起诉被控犯有叛国罪的阿朗松公爵让二世，看来当贵卿不幸深深陷入某种罪行之中时，对必须用何种方式来审判王国的这些贵卿这个问题，并未作出明确规定。(1458年)高等法院对这个问题的答复是，国王必须由法国贵卿、具有贵卿爵位的领主以及其他的显贵名流——高级教士及御前会议人员——陪同，亲自对他进行审判。

人们无法理解高等法院为何声称高级教士应当参加刑事审判会。显然，他们只应该作为证人参加以使审判更加严正。

国王在旺多姆召开审判会。在右边席位就座是年仅十二岁的王太子、奥尔良公爵、波旁公爵、昂古勒姆伯爵、曼恩伯爵、厄伯爵、弗瓦克斯伯爵、旺多姆伯爵及拉瓦尔伯爵。在这排座位之下就座是高等法院的三名院长、骑士团大首领夏巴内、四名高等法院诉状审理庭庭长、桑利斯的代表国王执法的大法官以及十名法官。

在左侧上边的长凳就座，面对王侯和在俗贵卿的是掌玺大臣特雷内尔、六名教士贵卿、内维尔主教、巴黎主教、阿格德主教以及圣德尼修道院长。在这些人士下面，在另一长凳上就座的是图尔-多维尼多尔西、沃维尔等地的领主、图雷内的代表国王执法的大法官、普利大人和布雷西尼大人、鲁昂的代表国王执法的大法官和艾斯卡尔大人。

在旁边的一张长凳上就座的是四名法国财务主管官、巴黎市长及王宫行政官。在他们后面就座的是四名高等法院法官。

必须指出，就是在这次大会上，掌玺大臣首次位居教士之前。自此以后，在好几年内，他们在排序方面不再向红衣主教让步。

我们法国没有任何不朽的著作告知人们，阿朗松公爵是否受到审判或对大会进行抗辩。人们只知道对他的死刑判决首先由高等法院院长多雷、法官让·布朗热以及法国的财务主管官让·比罗在狱中通知他。

之后特雷内尔男爵、法国掌玺大臣于尔森的纪尧姆当着法国国王的面宣读判决。兰斯大主教让·维纳尔劝谏国王宽大为怀，发慈悲之心。(1458 年 10 月 10 日)教士贵卿和其他高级教士参加这次决定。他们似乎都各抒己见，无人同意死刑。



国王饶了阿朗松一命，但让他在监狱度过余生。路易十一[①]登基后他获释出狱。但是，这个王侯以后却对路易十一心怀不满。他居心叵测，与英国结成同盟对抗这位法国国王。并非所有王侯都能结成这样的同盟。是勃艮第公爵、布列塔尼公爵，而非阿朗松公爵，势盛力强，敢于采取这类行动。

路易十一让他的宪兵司令特利斯唐·勒米特逮捕阿朗松公爵。对这位公爵的所作所为进行了调查，发现他在自己的领地上铸造假币；他曾下令杀害一个在查理七世在位时期泄露了他谋反

① 路易十一(1423—1483)，法国国王。在位时期奖励工商，加强王权，统一法国。

秘密的人中的一个。

1472 年阿朗松公爵被囚禁于洛什城堡，受到掌玺大臣于尔森的法朗士·纪尧姆审讯。迪诺瓦伯爵、国王侍从纪尧姆·库西诺、高等法院首席院长让·布朗热、这个机构的多名成员、大御前会议的两名成员等从旁协助。所有手续都专横独断。一个耶路撒冷的牧首巴耶主教、一个鲁昂的代表国王执法的大法官、一个审计法院的校审员等人甚至在审判阿朗松之前就没收了他的公爵领地以及这名罪犯的所有土地，收归国王所有。

对阿朗松的诉讼由特派员在卢浮宫继续进行。1474 年 7 月 18 日由合议法庭、当时还不是法国贵卿的迪诺瓦伯爵、一位普通国王侍从、大御前会议的参事进行终审判决。这些手续今天当然无人遵行。

就在这个时期，高等法院开始被人看作贵卿法院，因为它联合其他贵卿审判过一个王侯贵卿。

法国财务主管官也审讯了阿朗松公爵。然而却始终没有授予他们贵卿法院这个名称。他们只有四人，没有争端审判权。只有国王的个人意愿能够把他们召来出席这些大会。他们的式微衰落证明在何等程度上万事万物都会改变。一些团体崛起，另一些团体衰落，最后烟消云散，化为乌有。各种高位显职莫不如此。掌玺大臣这个显职高位长期位列第五，现在则跃居首位。御膳官、负责马厩和交通运输的管家(connétable)[①]等高位不复存在。

由于高等法院的法庭当时获得贵卿法院这个名称并非由于任



① 该官职的拉丁语头衔的意思是“马厩伯爵”。从 12 世纪起至 1627 年，该官职演变为法国陆军最高统帅。

何国王的特别让步，而是由于公众呼声和惯例，因此就在此处必须三言两语论述一下有关情况。

# 第八章　贵卿　判处无地王约翰死刑的贵卿是谁

法文 pair 一词不仅仅指在爵禄方面不相上下的领主（贵卿），还始终指职业相同、地位相同、状况相同的人（同等人）。我们今天还有巴吕兹转述的虔诚者、温厚者或者弱者路易[1]向名为阿尼左拉的修道院提出的公约。他说："你们的贵卿老奸巨猾，欺骗了我。"就这样僧侣也成了贵卿。

在教皇英诺森二世的一项向康布雷城颁发的教皇谕旨中谈到康布雷的所有居民同等人。

不需要列举其他例子。这是毋庸置疑的事实。受自己的同类审判的权利与人类的历史同样古老。一个雅典人受与其地位相同的雅典人的审判。一个罗马人受罗马百人法庭大法官审判时，往往还受聚集的民众的审判。任何受审判的人都能够在轮到自己时成为审判者。如果可以这样说的话，终生受他人审判而永远不能审判他人，乃是一种奴隶制度。就这样，时至今日，在英国，曾经在

① 即路易一世（778—840），法兰克皇帝查理大帝之子。将领土分给三个儿子，引起宗室内讧。其帝国数度分裂。

他的十二个被任命为陪审员的同等人面前到庭的人，此后不久自己也被任命为陪审员。因此波兰贵族由他们的贵族同等人审判。这个贵族本人也是这些人的审判者。在北方所有的民族中没有其他法律原则和案例。

在散居于多瑙河、易北河、维斯杜拉河、塔纳伊河以及波里斯特内河以远的这些民族入侵罗马帝国以前，它们经常举行公共大会。那些一无所有的人可能有的为数不多的诉讼案件都由同等人和陪审员审判。

但是，人们问法国的贵卿是何许人？查理大帝的十二个元勋贵卿经常被人提及。所有那些已经构成我们法国历史的一部分的古代传奇故事经常引证这十二个名不见经传的贵卿，以致关于他们的传说肯定有几分真实之处。极其可能这十二个元勋贵卿是查理大帝的十二个高级官员。查理大帝和他们共同审判主要案件。同样，在每个城市，公民受十二名陪审员审判。十二这个数字在古代的法兰克人中似乎被神圣化。一个公爵属下有十二个伯爵；一个伯爵统领十二个下级官员。大家知道，这些公爵和这些伯爵在查理家族衰落式微时归还了他们的管辖区和继承的显职爵位。这并非难事。奥通家族和腓特烈家族的高级官员在德意志也如此行事，甚至过之而无不及。他们为自己保留了选举德意志帝国皇帝的权利。是真正的贵卿把今天已经在法国废止的封建统治管理连同其他古代习俗延续下来，并加以巩固加强。

法国所有拥有土地的领主一旦确保了他们的采邑继承，所有那些直接隶属法国国王的领主也全都成了贵卿。其结果是，一个普通大贵族有时成了一个大省的统治者的审判者。（1203 年）这就是英国国王、菲利普·奥古斯都的封臣无地王约翰[①]被真正的法国高等法院，亦即被聚集起来的贵卿独一无二地判处死刑时发生的事。

奇怪的是，我们法国的历史竟然从来没有告诉我们这些敢于判处一个英国国王死刑的人究系何人。一起如此重大的事件理当受到更多关注。一般来说，我们法国人对本国的历史知之甚少。笔者记起一个认为无地王约翰曾经受到合议法庭审判的法官。

这些法官毫无困难就成了几个月后在维尔内夫-勒鲁瓦城举行的同样的高等法院大会的法官。(1204年5月2日)。他们是：勃艮第公爵厄德、内韦尔伯爵埃尔维、布洛涅伯爵雷诺、圣保罗伯爵戈歇、吉·德·当皮埃尔等人，并由大批大贵族襄助。没有任何文书、研究法律者或拥有大师称号的人与会。召开这个大会目的在于巩固加强封建权利的建立。毫无疑问，这个大会与曾经使这些封建法律为判处无地王约翰服务，并意欲使其判决合法的大会为同一个大会。

公爵贵卿、伯爵贵卿毫无疑问都是比大贵族贵卿更大的领主，因为他们拥有面积大得多的领地。所有的公爵和伯爵的确是隶属于国王的统治者。但他们在自己领地上却是绝对的统治者。

当诺曼底贵卿领地和香巴尼贵卿领地消失时，布列塔尼和阿图瓦伯爵领地被美男子菲利普在前两个贵卿领地的原址上建立起来。

---

① 无地王约翰(1166—1216)，英国国王亨利二世之子。与法国作战，丧失其大部分在法领土。1215年被迫签署大宪章。

美男子菲利普的继承人把埃夫勒、博蒙、埃当普、阿朗松、莫尔塔尼、克莱蒙、拉马什、波旁等地建立为贵卿领地，以利于他们的血缘亲王。这些王侯对其他贵卿并不享有在先权。他们遵循由法规定下的顺序、贵卿爵位的顺序。他们在举行典礼时全都根据自己的贵卿爵位的年资顺序而不是根据家族和世系顺序行进。

因此，今天在德意志，德意志帝国皇帝的表兄和兄弟，不向德意志帝国选帝侯和王侯争夺任何等级地位。

人们没有见到这些贵卿中的任何人先于弗朗索瓦一世前来巴黎高等法院出席过会议。与此相反，高等法院法庭的法官却去贵卿法院。

高等法院法官一直由国王任命，一直由国王付给薪俸，一直可以撤换，过去不能被视为属于王国的贵卿团体。一名由国王付给薪俸的、被任命的、并且会被随意撤职的法学家当然不可能与勃艮第公爵或者另一个血缘亲王有任何共同之处。路易十一把雅克·达尔马尼亚克伯爵、内穆尔公爵封立为贵卿和公爵之后，他不通过高等法院的普通判决，而是通过掌玺大臣和一些特派员判处此人死刑。这些特派员大多数是法官。

成为法国的公爵-贵卿的第一个外国人是克莱弗家族的领主。他被封立为内维尔公爵。第一个获得这种荣誉的法国贵族是都统蒙莫朗西（1551 年）。

此后一直有国家的一些贵族成为王国贵卿。他们的贵卿领地附接他们的土地，直接隶属国王宫廷。他们列席高等法院大法庭的会议。但是，除了举行御前审判会以及重大时机之外，他们几乎从不前往出席。贵卿在全国三级会议的会议中根本不形成贵族的一个分离的单独团体。

长期以来，在英国同法国一样，贵卿都是绅士。但是，英国的贵卿根本不拥有贵卿领地，不拥有这个贵卿称号附于其上的土地。他们还保存着比较大的特权，即：在他们代表从前隶属于王权的古代大贵族的群体这一点上，作为贵族的唯一团体，他们不仅是国家的法官，而且连同国王和下院是立法者。

# 第九章　为什么巴黎高等法院称为贵卿法院

预审庭和诉状审理庭书面向高等法院的法庭陈述诉讼案件。这个法庭既然在它的组织结构方面由大贵族组成，大贵卿、公爵和伯爵就能进入这个机构，并在他们身在巴黎期间享有表决权这一点就顺理成章，十分自然了。他们是国王御前会议的天生的当然成员。他们在大御前会议中居于首位。他们也必然是一个由贵族组成的法庭的天生的法官。因此，他们能够进入此后被称为高等法院大法庭的法庭，因为那里全体法官原来都是大贵族。正如他们拥有出席外省高等法院的权利一样，他们的确拥有这种权利，虽然他们并没有行使这种权利。但是，他们却从未出现在预审庭中。这些法庭的大部分官员曾经是没有尊贵称号、没有贵族身份的法学家。



当外省主教和修道院长被排除在高等法院的法庭之外时，贵卿之所以能够列席高等法院大法庭，是因为不能从勃艮第公爵、吉埃内公爵、阿图瓦伯爵之类的人那里褫夺一种人们能够轻而易举从无权无势的主教那里褫夺的特权；之所以这些主教被褫夺了这种特权，是因为在同教皇频繁的纠纷中要担心主教们有时会支持教皇损害国家的利益。六名教士贵卿连同巴黎主教和克吕尼修道院院长只保存着出席高等法院的权利。必须指出，这六名教士贵卿是自从青年路易①登基以来他们所属的那个等级仅有的几个拥有教士贵卿这个称号的人。他们拥有这个称号的唯一理由是，在这位帝王在位期间，他们是仅有的几个拥有直属国王的大采邑的主教。

在有关大贵卿领地案件的审理及起诉的方式方面，长期以来就既没有任何规定，也没有任何决定。但是，古时的习俗和惯例却是：一个王侯只受与他地位相同的人审判。国王可以在他想的地点——时而在一个城市，时而在另一个城市，在他自己家中，在另一个贵卿家中，在高等法院的法官－审理员聚集的房间，在教堂，一句话在国王想选择的某个地点——召集王国的贵卿。

法国习俗风尚的模仿者和保存者——英国的历届国王——就这样使用这些风俗习尚。他们把想要集合的英国贵卿集合起来。菲利普·德·瓦卢瓦首先在1341年在巴黎集合贵卿，以裁决争夺布列塔尼公爵领地的查理·德·布洛瓦和让·德·蒙福尔两人之间的争端。菲利普·德·瓦卢瓦袒护查理·德·布洛瓦。他为了装装门面，首先让一些贵卿、几个法官-骑士和几个法官-教士审理这起案件。在孔弗朗的一所乡村房屋由国王、贵卿、高等大贵族、高级官员在法官-骑士和法官-教士的协助下宣布了判决。

① 即路易七世(1120—1180)。

查理五世[1]国王采取政策弥补了几次战争[2]为法国造成的灾难和不幸，于1368年1月26日让人把绰号为黑王子的英国威尔士亲王传唤到贵卿法院。这位王子[3]曾经战胜过查理五世的父亲、祖先和此后成了卡斯蒂利亚国王的亨利·德·特朗斯塔马尔，最后战胜了贝特朗·杜·盖克兰[4]。查理五世在这位英雄王子开始受到致命的疾病的袭击时，抓住机会，命令此人如同去他的封建君主领主面前那样，去他面前进行抗辩。不错，他并不是这位英雄王子的封建君主领主。根据《布雷蒂尼条约》，吉埃内的全部财产所有权和绝对主权割让给英国国王爱德华三世。爱德华国王则把这块土地作为对他的儿子——黑王子——作战英勇、多次获胜的奖赏。

查理五世用这些他自己独有的话语写信给英雄王子："朕以王家威严和领主权力命令汝亲自前来朕之巴黎城，出席朕之的贵卿法庭以便直接听取汝激发起的民众之埋怨和不满。彼等大声疾呼要求听见朕之朝廷的力量和手段。"

这一召见书不是由巴黎高等法院的执达使送达，而是由国王本人送交贵族的法官和首领、国王派驻图卢兹的司法总管。后者让一个名叫让·德·夏蓬瓦尔的骑士由一名法官协助传达这一召



① 查理五世(1338—1380)，通称明智的查理。于英法百年战争第一阶段后即位。即位后大力改革，加强军事政治实力，使法国转败为胜，收复大片失地。

② 指英法百年战争的几次战争。

③ 指英格兰国王爱德华三世之子爱德华(1330—1376)。他曾在英法百年战争的两次重大战役中指挥英军，大败法军，战功卓著。

④ 贝特朗·杜·盖克兰(约1320—1380)，法国元帅。查理五世在位时期，曾多次战胜黑王子。

见通知。

查理五世国王为了掩饰这个奇怪的程序，通知奥克语地区，他的父王只把出让吉埃内的主权的义务承担到1361年以前。

弄虚作假，莫此为甚。《布雷蒂尼条约》缔结于1360年5月8日。国王让签约后获释出狱。查理五世作为法国的摄政王太子，在父王让[①]身陷囹圄期间本人起草、签署并缔结了这项条约。是这位王太子本人在国家主权方面把吉埃内、普瓦图、圣通日、利穆赞、佩里戈尔、格尔西、比戈尔、昂古莫瓦、鲁埃格等地割让给英国。

这项著名的条约的第一条载明，英国国王及其继承人将以与法国国王、他的长子、他的祖辈法国国王等曾经拥有这些地区的方式相同的方式拥有所有这些地区。

查理五世怎样能写他只把所有这些外省的主权让给他的战胜者一年呢？毫无疑问，他意欲让人相信他的事业是正义的，并借此激发法国的各个民族奋起捍卫他的事业。

不管怎样，肯定无疑的是：国王本人以他的王国的贵卿的名义表彰了威尔士亲王；是国王本人于1370年5月14日签字，把吉埃内归并入万森。当黑王子濒临死亡之际，都统盖克兰把决定付诸实施。

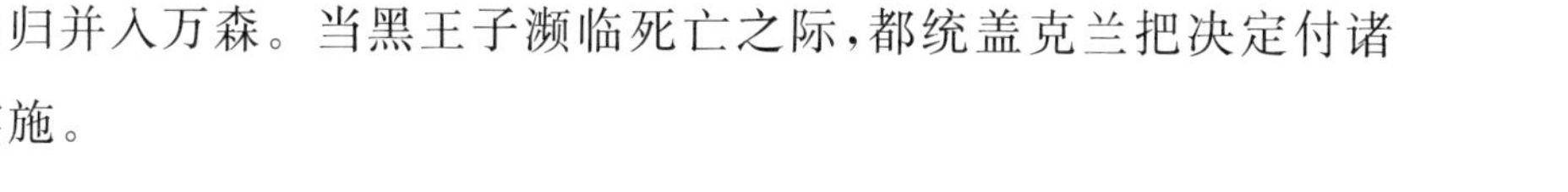

① 即好人让二世（1350—1364在位）。1356年英王长子黑太子在普瓦提埃附近击溃法军。让二世（一译约翰二世）及大批法国贵族被俘。

# 第十章　查理七世重建的巴黎高等法院

当查理七世利用王国贵族的几乎始终无偿的效劳，利用一个巴罗瓦的农女[①]的非凡独特的热情，尤其利用英国人和勃艮第公爵好人菲利普之间的分裂不和夺回他的王国时，一切都被人抛到脑后，事事都得到和解平定。他把普瓦提埃的小高等法院并入巴黎高等法院。这后者于是面貌一新。它的大法庭有法官三十名，全部为法学家，其中俗间人士十五人，教士十五人。查理七世把法官四十名安置到预审庭。图尔内尔的法庭为审理刑事案件而设。但是，这一机构当时不能判处死刑。当罪行应判处死刑时，这个案件必须移送高等法院大法庭审理。全部官员领取薪金。诉讼人仅仅赠送法官香料之类的菲薄礼品和酒若干瓶。这些薄礼不久以后即转变为缴付的税款。就这样，情随事迁，时移事易，事事都一改旧貌。



---

① 指圣女贞德。

# 第十一章　在高等法院登记敕令的惯例和最初的谏诤

高等法院的法庭只由精通法律的人士组成,日益成为更加有效用的机构。它拥有的重大权力之一,是长期以来对君王的敕令和法令进行登记。以下对这项权力如何确立和规定加以说明。

一个生活在美男子菲利普在位时期的名叫让·德·蒙吕克的高等法院法官制备了一本记事簿供自己使用,内容包括古代敕令、主要判决和一些他审理的某些值得记忆的事情。这个记事簿被人抄写了几份。在一个王国的习惯法甚至没有书写成文的蒙昧无知的时代,这个汇编的用途显得无比巨大。法国历代国王已经失去他们的公约保存处。他们感觉需要有一个易于查阅文件资料的文件档案保管室。宫廷不知不觉地养成了把敕令和法令保存于高等法院书记室的习惯。这种习惯逐渐成了一种不可或缺的手续。但是,无法得知第一次登记如何进行,因为高等法院大部分登记的文件已经毁于 1618 年的那场王宫大火。

高等法院对国王的最初几次谏诤,是就查理七世以及在布尔日聚集的法国教士宣布的著名的国事诏书向路易十一所作的进谏。这是一道对抗罗马教廷欺凌的堤坝。这道堤坝过于薄弱以致不久以后就被掀翻冲垮。在这次集会中,与会者和出席巴塞尔主教会议的代表一道，作出了主教会议高于教皇，能够罢黜教皇的决定。长期以来，罗马教廷把一个令人惊愕的、在基督教的初始的教会中找不到其根源的枷锁强加在民众、国王和教士身上。罗马教廷到处发放教士俸禄和授予有俸圣职。当自然的有俸圣职授予者授予一个圣职时，教皇声称他已经把这个秘密地储存于心。他把这个圣职授予付费最多者。这笔付款称为储备金。教皇也允诺授予并不空缺的圣职。这些圣职人们朝思暮想，热切期盼获得。如果有人终于获得一个有俸圣职，他必须付给教皇他任职第一年的收入。这种称为年金的弊端至今留存，贻害无穷。所有教会能够为自己招揽的案件立刻就被转给教皇。一个法国人为了使自己的婚姻有效，或者为了父亲的遗嘱，不得不奔波三五百里路，弄得倾家荡产。

这些无法想象的专制暴虐、横行霸道的行径中的一大部分，已被查理七世的国事诏书废除。路易十一想从教皇庇护二世那里为他的嫡亲堂兄弟、卡拉布里亚的拥有称号的公爵让·德·安茹取得那不勒斯王国。教皇性情比较沉稳，不轻易发火，比路易十一更加精明狡猾。他的第一招是要求路易十一废除上述国事诏书。路易十一二话不说，毫不犹豫就舍弃了这项国事诏书的原件。这个原件在罗马的大街小巷被人可耻地拖来拖去。这个文件就像罗马教廷的一个敌人被打垮一样。祝福、恩惠、感谢雪片似的向路易十一飞来，令他大感心满意足。把国事诏书带到罗马的阿拉斯主教当天就戴上红衣主教冠冕。庇护二世向法国国王送去一把圣剑。但是，他愚弄了这位国王，根本不把那不勒斯王国给予国王的嫡亲堂兄弟。

路易十一在掉下这个陷阱之前，曾经征求高等法院的法庭的意见。这个机构奏呈国王一份包含八十九条的、标题为《关于法国教会特权的谏诤》报告书。这些谏诤以下述语句开始："理智地服从国王陛下旨意。"必须指出，自这个报告书的第七十三条起到第八十条止，高等法院统计自从这些专营独占的职位创设以来，教廷对法国敲诈勒索多达四百六十四万五千八百埃居。这里让我们注意，约翰二十二世[①]避居阿维尼翁不到三十年就创设了这些横征暴敛的手段。横征暴敛所得，使这位教皇在历届教皇中堆金积玉、富冠同侪，虽然他在意大利并不拥有一处地产。

路易十一国王自从与教皇言归于好以来，还于 1469 年为教皇废弃了国事诏书。就在那时高等法院维护支持国家利益，主动对国王提出言辞十分激烈的谏诤，而国王对此却充耳不闻。但是，因这些谏诤是这个国家的意愿，而路易十一仍然与教皇相处不睦，国事诏书虽然在罗马被扔在污泥浊水中拖来拖去，但在法国全国却大受尊崇，并付诸实施。

行文至此，笔者应该观察到高等法院这个机构在任何时期都是法国对抗罗马教廷的侵害劫掠行径的盾牌。没有这个机构，法国会受尽屈辱，成为一个俯仰由人，听命他国的国家。对这个机构人们既把呼吁和上诉的办法手段，也把滥用和越权的办法手段归诸它。这些方法和手段仿自英国的蔑视王权罪法。1329 年，国王的辩护人比埃尔·德·居尼埃尔第一个建议服用这剂对抗教会的侵占僭越行动的良药。

① 约翰二十二世（约 1249—1334），驻阿维尼翁第二任教皇，法国人。

不论路易十一多么专制独裁，高等法院仍然对王家地产的丧失提出异议。但是，它对国王谏诤却不被人注意。1482 年，它就麦价高昂一事向国王进谏。这些谏诤目的只在于公共福祉。因此，它可以在最专制的国王在位时期陈情请愿。但它对公共管理、财政管理都没有陈述过任何意见。它就小麦的进谏只属于管理事务。

这个机构关于印刷术的决定被路易十一撤销。当为非作歹绝非他的利益所在时，这位国王颇善于行善造福。印刷术这种令人赞叹的技艺的发明者是德国人。1470 年，三个德国人把这种新生技术的几张校样带来法国。他们就在索邦神学院人员的目睹下发挥自己的才能。民众当时还十分朴野无文，并且长期以来就是如此，因而把这几个德国人当作巫师。以抄写法国为数不多的古代手稿为生的抄写人员上书高等法院反对德国印刷工人。这个法院让人查封并没收了这些工人的全部书籍。国王禁止高等法院受理这宗案件，把这起案件移送到他的御前会议。他让人为德国人取得的成果授予他们奖赏，但丝毫没有对古代习俗的保存和珍惜甚于对新生事物效用的学习和关心的这个团体表示愤怒。

# 第十二章　查理八世未成年不能执政时期的高等法院它怎样拒绝参与国务管理和财政事务

路易十一去世后，即将年满十四岁的查理八世[①]极其年轻稚嫩。这时高等法院没有进行任何活动以求扩大它的权力。在路易十一的女儿波旁-博热夫人、后来成为路易十二[②]的王储的奥尔良公爵以及波旁-博热亲王的长兄波旁公爵等人之间的分裂不和与密谋活动中，高等法院始终保持平静稳定，从不卷入。它只关注案件判决，为民众树立服从和忠诚的榜样。

博热夫人掌握主要权力。虽然这项权力被人质疑，遭到否认，她仍然于1484年召集全国三级会议。高等法院甚至没有要求获准与会。全国三级会议根据路易十一的遗嘱让国王的姊妹博热夫人照管国王。这时奥尔良公爵已在招兵买马，认为如果高等法院表态支持他，他将把巴黎城争取安置到他那一方面。1484年1月10日，他前往高等法院，并通过他的封邑的掌玺大臣德尼·勒梅

① 查理八世(1470—1498)，法兰西国王，路易十一的独子。十三岁即位。初由其姊安娜摄政，1494年率军入侵意大利，挑起意大利战争。

② 路易十二(1462—1515)，法兰西国王。在位期间对内励精图治。对外战争均告失败。

尔西耶之口向高等法院的合议庭表示，必须把当时身在默伦的国王领回巴黎，由国王本人连同各个亲王治国理政。

高等法院首席院长让·德·拉瓦格里代表合议庭用以下的话回答：“高等法院的职责为对民众诉讼案件作出判决。财政、战争以及对国王的照管等不属于其管辖范围。”他苦口婆心劝告奥尔良公爵把自己限定在自身职责之内，不要扰乱王国安宁。

奥尔良公爵书面保留他的要求。高等法院不做任何答复。首席院长由四名法官和国王的辩护人陪同前往默伦领受宫廷命令。宫廷对这位院长的表现给予适当表扬。

高等法院的这种无论在奥尔良公爵对他的君主进行战争期间，或者在此后查理八世在意大利进行战争期间都非常值得敬佩的行为从未中断。



查理八世在位时期，高等法院丝毫没有介入王国财政事务。王国政务的这个部分全都掌握在审计法院和王室财务官手中。只在查理八世于1496年对意大利进行的举世瞩目却又不幸的远征期间，这位国王才意欲向巴黎城借贷十万埃居。每个团体都被敦促出借这笔钱款的一部分。巴黎市政府出借五万埃居。行业团体也出借五万埃居。人们不知道审计法院官员出借数额。这个机构的账簿、登记表册已被焚毁。在焚毁王宫的一部分的另一场大火中幸免于难的账簿和登记表册载明，曼恩红衣主教阿尔贝大人、巴黎总督克莱利厄大人、法国海军上将德格维尔大人于8月6日来到高等法院，建议法院官员也借给国王若干德尼埃。查理八世和御前会议肯定因为在这场不幸的战争中举措不当，才不得不让一名法国海军上将、一名红衣主教、一名亲王充当交易联系人，向一个从来就并不富有的法官团体借贷。高等法院没有出借分文,“它再度向特派员们进谏,指出王国情况紧急而且贫困,情况极其令人怜悯。”特派员们像大人物那样被请求向国王进谏。国王是位圣主明君。简言之,高等法院守护着它的钱财,不出借分文。这是一起特殊事件。这件事除了高等法院所声称的拒绝把王国情况紧急而且贫困作为原因之外,与公共利益毫无关系。

# 第十三章　路易十二在位时期的高等法院

路易十二在位时期，宫廷与巴黎高等法院之间和睦相处，风平浪静，没有产生任何分歧。这位君主休了他的妻子路易十一的女儿。他曾经同她共同生活二十年。他娶他昔日倾心的对象布列塔尼的安娜为妻，根本没有征询高等法院的意见，虽然这个机构是王国法律的解释者、缓和者和管理者。这个团体由俗间法学家和教士法学家组成。王国贵卿代表整个国家从前的法官出席高等法院的会议。世界各国国王在这样的时机只让他王国的第一法院有所行动，这是正常的、合乎情理的。然而，先例和偏见却强于立法和整个国家的利益，长期以来就使欧洲各国君王习惯于把自己的婚姻和床第秘密交由教皇仲裁。这种古怪的习俗被人当作宗教问题。根据这种习俗，普通个人和君王未获一个外国高级神职人员允准，都不得驱逐和自己同床共枕的女人，以迎娶另一女人。

教皇亚历山大六世花天酒地、荒淫无耻、罪行累累、劣迹斑斑，把他的私生子之一、基督教世界最恶毒的人、恶贯满盈的凯撒·波贾派往法国。波贾携带一项撤销法国国王与路易十一的女儿让娜的婚姻，并批准他娶布列塔尼的安娜为妻的教皇谕旨。高等法院除遵循惯例集体迎接教皇特使凯撒·波贾外别无其他行动。

路易十二把内维尔的公爵领地-贵卿领地授予一个外国人、一个克莱弗家族的领主。这在法国尚属首例。贵卿和高等法院都没有为此埋怨不满，啧有烦言。当亨利二世册封一个其家族与克莱弗家族不相上下的蒙莫朗西为公爵-贵卿时，必须下达二十封敕令书使这位蒙莫朗西公爵的信件得到登记。这就是为何在路易十二在位时期没有任何骚乱的酵母，而在亨利二世在位时期国家的各个等级却开始骚动和乖戾起来。

# 第十四章　被大多数历史学家过分忽略的路易十二在位时期发生的巨大变化

路易十二完成了常驻巴黎的大御前会议的法律原则的工作。他使诺曼底和普罗旺斯两地的高等法院初具规模。国王采取这项措施没有征询巴黎高等法院的意见。这个机构并没有对此满腹猜疑和十分不快。

路易十二在贵族和法官之间设置的这道永恒障碍，几乎我国所有的历史学家迄今为止在他们的著作中都只字未提。

代表国王执法的大法官和行政官员几乎全是骑士，是古代伯爵和子爵的继承人。因此，巴黎的行政官曾经代替巴黎的子爵成为最高法官。

圣路易设置的四个代表国王执法的大法官是法兰西王国最高法官。路易十二想使所有代表国王执法的大法官和行政官员如果不是文人和获得大学学位者，就不能审理案件。认为如果会读会写就会降低身份的贵族，没有受益于路易十二的这项规定。代表国王执法的大法官保存着他们的爵禄显位和愚昧无知的状态。有知识文化的副长官以这些代表国王执法的大法官的名义审理案件并且夺走这些大法官的全部权力。

让笔者在此抄录一个著名作者的一篇文章的整整一段[①]:“路易十二只有大约一千三百万利弗的收入,但是,这一千三百万今天约值五千万。那时粮食远不如今天昂贵,国家没有负债。因此,他以这样少的货币收入,加上审慎节约,支度裕如,并且使百姓丰衣足食,这就不足为奇了。他注意使审判到处都能迅速而公正地进行,几乎不需付诉讼费。当时付给法官的诉讼费只合今天这种费用的四十分之一。巴黎大法官管辖区只有执达吏四十九名,而今天却有五百多名之多。不错,巴黎当时的面积不及今天的五分之一。但是,后来司法官员的数目却以比巴黎的扩展大得多的比例增加。与大城市无法分离的犯罪案件比居民人口数增加得更多。”“路易十二保留了这种习俗:当官职出缺时,王国高等法院在庶民中挑选三人候补,再由国王任命三人中的一人。法官这种显职高位当时只授予辩护士,这是对有功的人或有相当声望的人的奖赏。路易十二在1499年颁布的那道永远值得铭记在心的、我们的历史家不应忘却的敕令,使他在后来担任审判的人和爱戴他的人中间流芳百世。他在这道敕令中命令:‘要始终遵守法律,如果君主因一时迷惑发布违反法律的命令,可以置之不理。’”

① 这个作者即伏尔泰本人。这段话见于其所著《风俗论》第114章。

# 第十五章　高等法院在教务专约纠纷中的表现

弗朗索瓦一世在位时期是个挥霍无度、穷奢极欲，而又灾祸连绵、民生凋敝的时期。如果有过一线光辉的话，那就是到那时为止一直备受轻视，被投闲置散的文学的复兴。查理五世[①]、弗朗索瓦一世和利奥十世[②]竞相倡导、鼓励科学和美术，使得这个时代令人难以忘怀。当时法国开始在某些时期脱离朴野无文的蛮荒状态，然而战乱频仍、治国无方和理政不良等造成的深重灾难远远大于开始自我教化带来的好处。

高等法院以明智和恭谨的坚定态度投身处理的第一起事件，是罗马教皇与法国国王之间的教务专约事件。路易十一轻率冒失，在废弃国事诏书之后，又始终让这个文件继续留存。路易十二在被教皇亚历山大六世背弃并遭到教皇尤里乌斯二世粗暴的凌辱之后，恢复了王国的这项法令的全部效力。这项法令应该是所有基督教国家的法令。罗马教廷主宰着所有其他宫廷，至少它总是

---

① 查理五世(1500—1558)，一译卡尔五世，即西班牙国王卡洛斯一世(1516—1556 在位)、神圣罗马帝国皇帝(1519—1556 在位)。反对宗教改革。与新教诸侯、法国和土耳其进行战争，争夺欧洲霸权。

② 利奥十世(1475—1521)，意大利籍教皇。

进行谈判，使之有利于己。

德意志帝国皇帝腓德烈三世、选帝侯和各个德意志诸侯在路易六世放弃国事诏书后接着又赞助这项法令之前，已于 1448 年同教皇尼古拉五世缔结了一项罗马教皇与国王之间的教务专约，这项德国与教皇的教务专约至今仍然留存。教皇从中大获其利。不错，教皇既没有出卖任何期待的目标，也没有出卖任何储留物品。他指定向大多数教士发给六个月月薪。不错，没有教士付给教皇他担任神职第一年的收入，但是教皇被付给代替这种收入的税费。在繁多的名目下，教会的什么东西都可出售。腓德烈三世受到他所属各邦的责难。他与教皇之间的教务专约仍然有效。弗朗索瓦一世需要教皇利奥十世，正如路易十一曾经需要教皇庇护二世一样。他仿效腓德烈三世，缔结了一项他与教皇之间的教务专约。该约载明，国王和教皇已经获得不属于他们的东西，并且已经给予他人他们无法给予的东西。但是，法国国王的确凭借这项条约重新获得任命他的王国的主教和修道院院长的权利。这只不过是重新获得法国最初的几位国王在他们的王国任命主教和修道院长的特权而已。一般说来，选举这些神职人员往往引发动乱。由国王任命这些神职人员则不会如此。国王们已经创建了教会的全部财产，或者继承了一些王侯的财产。教会曾经从这些王侯那里收受这些财产。不错，国王的确把他们建立的封地授予他人，领主除外。这些领主被承认是最初的创始者的子孙后代。不错，国王在他们的土地上任命人员管理教会的这些财产是合法的、正当的，（这些财产是他们的祖先授予的）正如国王应该授予他人他们的祖先国王给予的财产一样。

但是,一个阿尔卑斯山南侧的主教收受他人任职第一年用现金支付的这些土地上生产的农作物、一个主教的职位晋升使一个外国高级神职人员获得两处主教管辖区的一年的收入、一个主教只敢在获得从前在各个方面与其他主教平起平坐的罗马教廷批准后才敢于为自己加上他的羊群的牧人称号,这些既在天然法律中,也在耶路撒冷的法律中都没有规定。

这时,获得大学学位的教士的这些权利仍然保存着:他们可以根据国事诏书从三个空缺的有俸教职中申请一个;根据教皇与某国国王之间的教务专约,他们被给予可以在每年四个月内求得一个有俸圣职的权利。这样,高等学校就对这项协议没有什么可以埋怨不满之处了。

教皇与法国国王之间的教务专约令整个法国都深感厌恶。法国国王躬亲前往高等法院。他在该处召集了好几位主教、巴黎主教教堂的教务会议成员及高等学校代表。率领被召集的教士的布瓦西红衣主教说:"没有召集整个法国教会开会,就不能接纳教皇与法国国王之间的教务专约。"弗朗索瓦回答他说:"你去罗马同教皇争论吧!"

高等法院经过多次开会讨论,决定在法国教会接受教皇与法国国王之间的教务专约以前拒绝接受这项教务专约。高等学校禁止当时依存于它们的书商印刷这项教务专约。高等学校向未来的宗教评议会上诉。法国国王御前会议发布一项敕令,禁止高等学校干预国家事务,否则剥夺其享有的特权。高等法院拒绝登记这项敕令。于是乱象顿时显现。国王任命一位主教,而教务会议却选举另一位。官司于是势在必打。弗朗索瓦进行的各次倒霉的战争只能使这些动乱更形严重。教皇与法国国王之间的教务专约的第一个发起人、自此时起即成为红衣大主教的掌玺大臣迪普拉已经被在这位国王被俘期间担任摄政女王的母后任命为桑斯大主教。该地不愿接纳这位新任命的主教。高等法院反对这项任命。于是等待国王获释。就在那时，弗朗索瓦一世把对所有关于圣职任命的审理权赋予大御前会议。

讲述这一点是适宜的：这个大御前会议接替了历届法国国王的真正的御前会议（这个机构从前由王国的首要人物组成）；同样，高等法院接替了圣路易时期的代表国王执法的大法官，接替了国王接见室。在历史上每前进一步，都会看到国家的各个阶层、各个等级以及各个团体发生的变化。

这个大御前会议被查理八世设置在巴黎。它没有像高等法院那样受到重视，但是，它享有一种使之在以下几个方面对所有高等法院都具有优势的权利：它有权审理移交给它的高等法院审理过的案件；它决定某一案件的审理应该属于某个高等法院或者属于另一高等法院；它对那些包含一些无效内容的判决加以更改。一句话，它发挥了被称为当事人事务会议的最高行政法院的职能。各个高等法院一直否认它的审判权。国王过分忙于操心不幸的战争，或者更为不幸的内乱，极少得以抽身把每个政府机构的权限固定下来，确立一种确定的和不变的法律原则。当其他权力都意欲削减某种权力时，任何权力都始终谋求扩大自身。人类的机构设施就像江河一样，其中一些使它们的水流鼓胀起来，另一些则在沙地里消失。

# 第十六章　官职捐纳和弗朗索瓦一世在位时期的谏诤

自从封建统治在法国消亡以来，就只用金钱来打仗，在国外打仗更是如此。法兰克人和其他北方蛮族从前并不用金钱打仗。他们用铁器从其他民族那里掠夺金钱。当路易十二和弗朗索瓦一世进军意大利时，情况正好截然相反。路易十二收买瑞士人，但未付给他们分文。这些瑞士人于是手执刀剑索要酬金。他们包围了第戎。软弱无力的路易十二耗尽心血才把它们安抚平息下来。同样这些瑞士人反戈一击，把矛头转而指向弗朗索瓦一世。

教皇利奥十世尚未与弗朗索瓦一世签订他与法国国王之间的教务专约，于是煽动这些瑞士邦州起来反对法国国王。就是为了抵抗瑞士人，曾任高等法院首席院长的掌玺大臣迪普拉玷污了法官这一职称，竟然达到出卖这种官职的地步。他把二十个新设置的高等法院法官职位进行拍卖。

路易十二出于同样需求，曾经出售捐纳的财务官这个职位。这种弊端恶行危害远逊于拍卖高等法院法官职位，远不那样可耻。把法官职位出卖给出价最高的竞买人，是一种令高等法院大为惊愕的奇耻大辱。高等法院进行了极其强烈的规劝、告诫、责难，然而迪普拉不屑理睬，避而不予搭理，于是高等法院不得不服从。这二十名买得官职的新法官被高等法院接纳。他们之中十名被分配到高等法院的一个预审庭，四名被分配到另一个。

同样的改革也在王国其他高等法院进行。就从这个时期起，官职在法国几乎全都可以用金钱购买。一种平均分摊的，城市集团和金融家甚至会预付税款的税收本会比较合理、比较有用。但是内阁却指望资产者对官职的热衷急切心理。资产者崇慕虚荣，购买新设的官职。

这种交易有时为一些不配进入司法圣殿的人敞开仕途的大门。这扇大门敞开的程度可以从桑布朗赛的案件中看出。据说此人被他的一个名叫让蒂的雇员背弃，受到了法院特派员审判，被判处在蒙福孔的绞刑场处决。这个让蒂盗窃了他主子的充作辩护之用的证件之后，担心有朝一日东窗事发自己会受到追究。他为了逃避，在高等法院购买了一个法官职位。他从法官晋升为院长，但在继续贪污渎职，盗用公款之后东窗事发，遭到罢官，并被高等法院本身判处绞刑，在蒙福孔绞刑场被处决。这就是他的不忠把他的主人带往的地方。

在巴黎出售二十个行政官职位所得的钱款和在王国其他地区出售将近三十个同样职位所得的钱款加在一起不足以支付弗朗索瓦一世在意大利进行的不幸的远征的需求，因此他买下路易十一用以装饰图尔的圣马丁教堂的银栅栏。这扇门差一格罗[①]重六千七百六十六马克二盎司。他还从其他教堂取得一些银质饰物。这对征服他并未征服的米兰和那不勒斯王国所需来说都只是杯水车

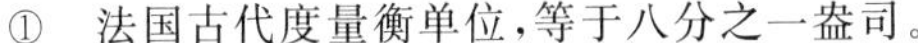

① 法国古代度量衡单位，等于八分之一盎司。

薪而已。

这些银器的购买费用指定由他的领地负担，共二十五万法郎。僧侣和司铎为了免遭罗马责难，更为了保证这笔钱由国王领地支付，意欲使这笔交易在高等法院进行登记。

国王派遣苏格兰警卫队队长腓德烈上尉把他下达高等法院的诏书带到高等法院进行登记(1522 年 6 月 20 日)。国王的辩护人让·勒利埃弗发言。他对下述两种情况进行陈述：在一种情况下，从教会那里获取钱款并非惯例；在另一种情况下，准许如此行事。作出了决定，由法院书面奏呈国王颁发的诏书不能公布的理由。

这是我们法国的关于高等法院就财政问题进谏的首例。确切地说，问题在于预防国王和教会人士相互责难。

6 月 27 日，国王再次派遣同一个腓德烈上尉携带信函前往高等法院。此信结尾称：

“购置图尔圣马丁教堂栅栏及其他仅三座或四座教堂之珍宝一事，不可能不为公众知晓。通过此项购置获悉此事者，较之通过敕令之发布获悉此事者会为数更众。朕现再次明确告知卿等，乃特因卿等忧虑朕行事中断。此事之重要性乃在于众人皆知卿等发布并验证朕之敕令；乃在于上述圣马丁教堂要求得知朕所颁此种形式之敕令。如卿等不再碍难，朕之事对朕之催迫远甚于卿等所书对朕及对朕之王国之催迫。6 月 23 日于里昂。弗朗索瓦(签名)。热多安(签名)。”

高等法院下令阅读、公布及登记国王的诏书，*quoad domanium duntaxat*，意即：只谈与国王领地有关情况。宫廷下令掌玺大臣到达这个城市后，宫廷将传唤他来此向宫廷进谏；宫廷将为司法机关之权益及王国之公共事务进行考虑。

巴黎高等法院以书信形式通知召见一个身为它的首领以及所有法庭的首领的最高法官。高等法院称此人阁下(Monseigneur),而在同一时期,这个机构只给予第一血缘亲王大人(Monsieur)这个称号。我们已经见到一切习俗礼节变化何等巨大。此外,教皇和法国国王之间的教务专约以及纷至沓来、层出不穷的烦扰事件的始作俑者迪普拉掌玺大臣为千夫所指,被人切齿痛恨。公众仇恨毫无尺度可言。

同一个1522年,高等法院就国王为了酒税和叉蹄税的支付把领地让与巴黎市政厅大厦一事,也进行过几次谏诤。这项税收的利息巴黎市政府已经预付。这些谏诤是随后几位国王在位时期高等法院进行的谏诤的始源。

# 第十七章　对波旁公爵、贵卿、王室大总管、法国大将军查理的审判

曾经在为法国的荣誉，为马里尼昂战役的胜利作出重大贡献，立下汗马功劳之后，又在帕维亚战役中俘虏了自己的国王，其后又在攻占罗马时捐躯沙场的著名的波旁的查理，当时没有离开法国。他仅仅因为在一场官司中败诉才灾连祸接。不错，问题几乎在于他的全部财产。

弗朗索瓦一世的母亲、萨伏依的路易丝，未能使这位波旁公爵查理在他的第二次婚姻中娶她为妻，因而蓄意加以陷害。她是一个姓波旁的女人的女儿、波旁的苏珊娜的表姊妹。苏珊娜是这位法国大将军查理的妻子。她刚刚去世。

苏珊娜不但立下遗嘱把她的全部财产留给她的丈夫，而且这个丈夫根据各个时代都遵守的古代的家庭契约是他的亡妻的继承人。根据他的婚约波旁的查理的权利更毋庸置疑，因为这个查理和苏珊娜互相让与他们的权利和财产。这些财产应该属于后亡者。这个文书经路易十二庄严地批准，似乎不会产生任何争议。然而，曾经遭受欺凌的国王弗朗索瓦一世的母亲、摄政母后在她的儿子前往征战意大利期间摄政时期，炙手可热，权倾朝野。她受掌玺大臣迪普拉的怂恿，向巴黎高等法院起诉，她运用她的权势和影

响使法国大将军查理的全部财产作为有争议之物交付保管。

查理在受到弗朗索瓦一世冷遇苛待的情况下，无法抗拒德意志帝国皇帝查理五世的央求，前往统率德意志帝国军队，于是成了那些迫害他的人的祸患。

法国国王获悉这位法国大将军变节投敌，推迟了他的意大利之行。他委派他的侍从总管夏巴内元帅、高等法院首席院长以及一个诉状审理庭庭长前往审讯这位法国大将军的亲信。这些人首先被投入狱中。

在这些亲信和从犯中有两名主教——奥顿主教和皮伊主教。国王的秘书充任录事。这是又一个办事手续因时因地而异的明显标志。

预审的剩余部分由几名新任特派员进行。他们是：巴黎高等法院的首席院长让·德·塞尔夫、诉状审理庭长让·索拉、预审庭庭长弗朗索瓦·德·洛瓦内以及法官让·帕皮翁。



国王于1522年9月20日、10月15日及20日，数次函令对这位缺席的法国大将军和已经关在狱中的从犯起诉。

四位特派员谏劝国王将这宗案件移交高等法院审理。国王于11月1日函复他们，表示对这个谏诤颇不以为然。

因此，这几位特派员在洛什对犯人进行预审。但是，最后国王因对须以何种方式审判两个主教心中无数，而且担心触犯罗马，因而把案件移交巴黎高等法院审理。于是，问题不再在于两位主教。他们以后不再被人提及。只有几位世俗人被判决。这些世俗人于1523年1月受审，一些人被判死刑，其余的被判处其他刑罚。其中圣瓦利耶的领主于1523年1月16日被判处斩首。据传此人在宣读对他的判决后，在短短几个小时内头发突然变白。传闻还称，仅仅因为弗朗索瓦一世曾经玩弄过他的女儿迪亚内·德·普瓦蒂埃，才饶他一命。如果当时迪亚内不是一个十四岁的，没有在宫廷出现过的孩子，这个传闻会更加若有其事。

至于波旁的法国大将军、波旁公爵查理，国王于1523年3月8日只由两个新贵卿——一个阿朗松公爵和一个波旁·旺多姆公爵——陪同，亲自来到高等法院对他进行缺席审判。朗格勒主教和努瓦永主教是仅有的身在该地的教士贵卿。当即将进行表决时，他们和法官-教士退席。仅仅下令以后吹喇叭传唤这位法国大将军。

在里昂举行了这个徒劳无益的仪式，因为这个城市被视为王国朝向意大利方面的最后一个城市。属于王太子的多菲内不被视为王国行省。



这项起诉进行期间，这位法国大将军已身任敌军统帅。他率军进入普罗旺斯以回答对他的传唤，并包围马赛以此作为出庭。国王对巴黎高等法院未把这位王侯的从犯全体判处死刑十分恼怒，于是任命一名图卢兹的法院院长再加上五名法官、两名波尔多法院院长以及四名法官、两名大御前会议的参赞和一名布列塔尼的法院院长同巴黎高等法院共同审判剩下的尚未被起诉的被告。这是又一个给人深刻印象的习俗和形式变化繁多的例子。

这时，对这位法国大将军的起诉正在缓慢进行。正如当时所说，必须有三次拒绝出庭才能审判为利用拒绝出庭。但是，国王在帕维亚战役被俘时，这支俘获法国国王的军队的首领之一就是同一个波旁的查理。根据马德里条约，不应对这个查理起诉，而须在两周之内归还这位王侯的全部土地、全部财产——动产和不动产，让他获得行使他声称的他对普罗旺斯拥有的主权的权利，并承诺不对他的朋友和仆从进行起诉。国王签署了这项条约。

当国王弗朗索瓦一世返回法国时，认为国内政局不允许他对战胜者信守诺言。这位法国大将军进攻罗马时阵亡。他死后，弗朗索瓦一世于1527年7月26日在高等法院大法庭，由几位贵卿襄助，判处这位大将军。掌玺大臣迪普拉宣读判决书。判决书称"永远撤销对他的纪念和他享有的声誉，将他罚入地狱。"判决书规定没收他的全部财产——动产和不动产。

大将军的财产部分归还他的家族。关于他的声誉永远是一个不幸过分为己身遭受的冤屈报仇雪恨的英雄的声誉。

# 第十八章　查理五世和弗朗索瓦一世进行决斗之际在王宫大厅举行的一次大会

弗朗索瓦一世勇令智昏，又被海军上将博尼维错误进言，在帕维亚战役受挫。他在该地浴血奋战，勇冠三军，但却战败被俘。他整整一年身陷囹圄，受尽煎熬。以上两事之后，必须履行不利的马德里条约。根据该约，他承诺把被德意志皇帝查理五世视为其祖产的勃艮第割让给这位得胜的君王。关于这件十分棘手的事，弗朗索瓦一世既没有同巴黎最高法院，也没有同路易十一设置的勃艮第高等法院商量。但是，他在他当时所在的科涅克，让出席勃艮第三级会议的代表代表他声称，他未能割让他的领地；如果他坚持将勃艮第割让给德意志皇帝，勃艮第三级会议的代表将就此事向全国三级会议上诉。全国三级会议是唯一有权就此事作出判决的机构。

勃艮第三级会议的代表深知德意志帝国全国三级会议与法国全国三级会议有同等权力审理这一问题，更确切地说，这个问题仅仅属于战争法的管辖范围。战胜者以前把法律强加给战败者。战败者必须履行或者违反他的承诺吗？

德意志帝国皇帝把他的俘虏驱赶到比马德里更远的地方时，

曾经恳求这个俘虏对他直言不讳，问他本着君子一言既出驷马难追的誓言他是否已经下定决心履行条约规定。这位皇帝甚至还加上这一句，不管这位法国国王的意向如何，他不会因此而受监禁。弗朗索瓦一世回答说，他将始终不渝，信守诺言。德意志帝国皇帝接话说："我相信你，但是，如果你不讲诚信，我会到处宣告你没有像正人君子那样为人行事。"德意志帝国皇帝因此有权谴责法国国王，说这位国王尽管在帕维亚作战时是个勇敢的骑士，但因不信守承诺却没有像个光明磊落，堂堂正正的骑士那样为人行事。这位皇帝对法国的使节说，他们的国王主子为人行事不讲诚信，并说，如果他们的主子愿意，他愿意同他一对一单挑，意即同他本人单独格斗。

有人向法国国王禀奏德意志帝国皇帝这次公开谈话。国王向皇帝的大使作了书面答复。大使请求国王原谅他不阅读这个答复，因为他已经辞职。法国国王说"你至少听听。"他让人对这位大使宣读这份他亲手签署、国务秘书罗贝尔副署的文书。这个文书载有以下词句：

"我让人知晓，如果你已意欲指控或现在意欲指控我曾为爱惜荣誉之贵族不当为之事，我就要说你曾经卑鄙无耻散布谎言。你今后谈及此事的次数，即散布谎言的次数。我决意捍卫我的声誉直至生命终结。既然你曾意欲不顾事实对我指控，今后勿再写来只字片语。但我保证营地。我将为你带来武器。我声明，如果此声明发布后，你在其他地方撰写或口述其他玷辱我的荣誉的词句，为此延期的耻辱将属于你。鉴于所谈的格斗来临，此为所有文字往来的终结。此函写于我的美好城市巴黎，1527 年 9 月 10 日，复活节前。弗朗索瓦。”

(1528 年 9 月 10 日)法国派遣一名武装传令官将这封决斗书送交德意志帝国皇帝。查理五世派遣另一位传令官把他的覆信送交法国国王。法国国王在王宫大厅中收到这封覆信。当时他正坐在大理石平台前的高十五梯级的御座上。在他的右边,在一个巨大的木台上就座的是:纳瓦尔国王、阿朗松公爵、富瓦伯爵、旺多姆公爵、埃斯特家族的费拉尔公爵、沙特尔公爵、苏格兰的摄政王阿尔巴尼公爵。在另一边就座的是:教皇使节萨尔维亚蒂红衣主教、波旁红衣主教、洛林红衣主教以及纳尔博内·迪普拉大主教。

在这些王侯下面就座的是:法院院长和高等法院法官。在这些高等神职人员的席位下面就座的是外国使节。这是高等法院作为一个机构出席一次有全体高官勋贵以及全体外国使节参加的大会。它在这次会上据有能给予它的最体面的席位。

不错,这个冠盖如云、恢宏盛大的排场,烟消云散,化为乌有。法国国王只在查理五世派来的这位传令官转达德意志帝国皇帝带来营地的安全可靠性,亦即查理五世选定他意欲进行的格斗的地点的情况下,才听取这位使者的陈述。传令官急欲开口,但白费力气。法国国王逼使他噤若寒蝉。

笔者在此仅仅为了让人看到巴黎高等法院当时受到何等重视才在这里叙述这个堂堂皇皇却又只不过是虚文浮礼的仪式。诉状审理庭庭长和大御前会议的参事位列法国国家主教以及其他高级神职人员之后。审计法院法官虽然通常在举行所有公众仪式时具有与高等法院法官相同的出席权,这次却没有出席。

举行仪式时队伍的排列顺序正如在其他地区一样,在法国也发生了变化。法国国王路易十二即位之初，教区的仪式队伍位居最前，四支托钵修会[①]的游行队伍次之。尾随托钵修会队伍的是审计法院队伍。随后出现市政府大厅人员。市政大厅人员由夏特莱人员跟随。继夏特莱人员来到的是身穿红袍的高等法院法官。国王府邸的骑士和两百名全副武装的人员骑马跟随。骑马的巴黎行政官带领十二名卫兵殿后。大学人员不出席。他们在巴黎圣母院大门迎候国王。

弗朗索瓦一世即位后，遵行的仪式与上述仪式迥然不同。亨利二世[②]和查理九世[③]的即位大典又有变化。主宰小事的因素正如主宰大事的因素一样，真是何等变幻莫测。

(1537 年)高等法院举行了一个无法另外命名的新仪式。这是在法理上对德意志帝国皇帝查理五世进行谴责。这位皇帝一直对弗朗索瓦一世口诛笔伐，指控他在整个欧洲面前食言而肥，指控他把土耳其人引来意大利。法国国王为了佛兰德伯爵领地和阿图瓦伯爵领地，让人像传唤封臣那样传唤这位皇帝。当然，履行这样的手续程序必须能在自己的国土上当家做主。他忘了缔结马德里条约时为了赎回己身自由，放弃他对这些采邑的全部要求。

这位法国国王由王侯和贵卿陪同来到高等法院。总辩护人卡佩尔列举查理五世的罪状。判决作出。按照判决书，在前线吹奏

① 中世纪中期出现的旨在传教、铲除异端、以行乞方式活动于民间的修会。方济各会、多明我会、奥斯定会、加尔默多会合称天主教四大托钵修会。

② 亨利二世(1519—1559)，弗朗索瓦一世之子，法国国王。进行行政改革，继续对神圣罗马帝国皇帝作战，设置火焰法庭，镇压新教教徒。

③ 查理九世(1550—1574)，法国国王。即位后由母后摄政，在其怂恿下制造了屠杀胡格诺教徒的圣巴托罗缪日惨案。

喇叭,传讯德意志帝国皇帝查理五世。因这位皇帝未进行答复,高等法院没收了这位皇帝仍然拥有的佛兰德、阿图瓦和沙罗卢瓦等地。

# 第十九章　对新教徒施加的酷刑 梅兰多尔和卡布里埃惨案 受巴黎高等法院刑事审判的普罗旺斯高等法院

审判抱不同宗教信仰者、判处他们死刑，这种可怕的习俗，是自粗暴野蛮时代的第四世纪起传入基督教国家的。正如此后另一个西班牙人传入宗教法庭的恐怖一样，这种毁灭人类本性的新灾祸，由两个分别名叫伊塔斯和伊达斯的主教从西班牙传入法国。这是可以大致在《风俗论》一书中见到的情况。

基督教徒长期以来就自相残杀，但他们还未曾想到使用司法裁判这把利剑。

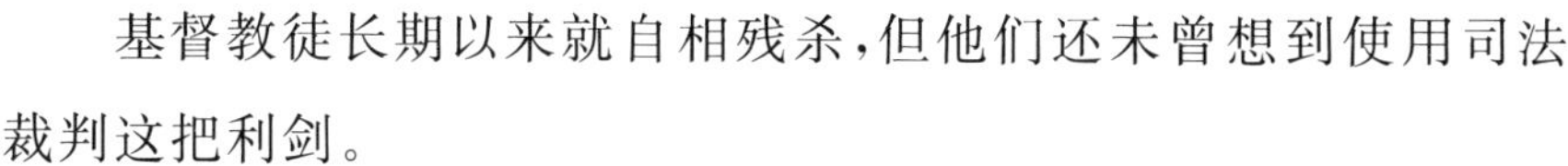

这种新的野蛮行径传入基督教国家后，法国国王罗贝尔寻求与罗马教廷和解，想当着自己的面，在奥尔良烧死几个被指控保存高卢人的古代教会的古代教义的司铎，以此取悦罗马教廷。这同一个罗贝尔曾因娶一个长舌妇为妻被教皇格列高利五世开除出教。这同一个罗贝尔以此为借口，弃离了妻子。这同一个罗贝尔作为地位不稳的篡权者的儿子，积极争取罗马教廷。高卢古代教会既不了解雕像崇拜，也不了解圣餐变体，也不了解其他什么制度和法规。这些高卢人被称为摩尼教徒。这是当时给所有异端分子的名称。

康斯坦茨新王后的听忏悔神甫就是这些不幸的人之一。当他受到酷刑时，他的女忏悔者在狂热的冲动下，用小棍子捅爆他的一只眼珠。他同所有的同伴高唱赞美诗投进火焰，认为获得了殉教者的冠冕。

被称为伏多瓦派①教徒和阿尔比教派②教徒的人随后来到。他们全都希望重建原始教会。由于他们的主要教义之一是贫苦，或者说至少是他们意欲迫使高级神职人员和僧侣置身其中的合乎福音的中庸状态，纳博讷大主教和里昂大主教就运用他们独有的权力把这些人中的几个活活烧死。历届教皇下令对他们发起十字军征伐，正如对土耳其人和对萨拉森人发起十字军征伐一样。他们被用火和铁消灭。百里地区惨遭蹂躏，荒无人烟。

教皇亚历山大六世荒淫无耻、花天酒地、暗害谋杀、投毒害人。教皇尤利乌斯二世野心勃勃，好战喜征。教皇利奥十四恣情纵欲，为提供自己肉体享乐所需，横征暴敛、巧取豪夺，公开出售赦罪符。凡此种种都激起整个欧洲的反抗，把这个大陆掀得天翻地覆。沧海横流，苦难深重。至少改革势在必行。这个改革已经开始，但是是以整体逃亡的形式进行，逃亡到德国、瑞士和日内瓦。

弗朗索瓦一世倡导赞助文学，于是出现了黎明的曙光。在这道曙光的照耀下，人们开始在法国看到教会的种种邪恶和弊端。

---

① 伏多瓦教派为1170年出现于法国南部的一个基督教派别，十六世纪参加宗教改革运动。

② 起源于十一世纪法国阿尔比的基督教派别，十三世纪被诬为异教，受迫害。

然而，这位法国国王始终不得不小心翼翼，谨慎对待教皇和土耳其人，以便得以坚持对抗德意志帝国皇帝查理五世。这项政策使他承担义务，下令烧死那些被证实加入和赞同所谓宗教改革的人，尽管他的姐妹纳瓦尔皇后再三央求他不要这样行事。这位王后当时已经是加尔文教派教徒。弗朗索瓦一世甚至1535年伊始就下令由巴黎主教让·迪·贝莱组织引导一个他手执火把参加的总的宗教游行队列，这样做就如同是为了轻微处罚教会的宗派分子的亵渎行为。这位主教带着圣体。王太子、奥尔良公爵、昂古勒姆公爵和旺多姆公爵等手执华盖纽带。各个修会和全体教士在前面开路。红衣主教、主教、使节、王室的高级官员紧随国王。高等法院、审计法院、所有其他机构殿后。队伍保持这个顺序前往巴黎圣母院教堂。之后，游行队列的一部分离开，前往埃斯特拉帕德观看用细火焚烧六名因抱新的宗教信仰而被高等法院的图尔内尔法庭判处的有产者。这些有产者被悬吊在一根长梁的一端。这根长梁安放在一个置于一根高二十尺的柱子上的滑车上。他们被多次下降到燃烧着的柴堆上。这个酷刑延续了两小时，直到刽子手感到厌倦，使观众的热劲消失为止。

曼布尔和达尼埃尔两位耶稣会教士在梅泽雷之后叙述说，在执行这次判决期间，弗朗索瓦一世让人在主教管辖区的大厅设置一个御座，他在这个御座上，在一篇哀婉动人的谈话中宣称，如果他自己的孩子不幸身陷同样的谬误，他会同样牺牲他们。达尼埃尔还补充说，这篇谈话使听众心肠变软，泪流满面。

笔者不知道这两位作者在何处找到弗朗索瓦一世发表的这篇令人疾首蹙额的谈话。事实真相是，就在这个时期，这位国王致函梅兰希顿[①],邀他前来宫廷。他激励德国的路德教教徒,收买他们对抗德意志帝国皇帝。他同苏利曼素丹[②]结盟。这个同盟两年后缔结成功。他让意大利听任土耳其人支配摆布。基督教徒在巴黎和在外省被烧死后,穆斯林在马赛有了一座清真寺。

几年后出现了一个更加悲惨的景象。在普罗旺斯和阿维尼翁伯爵领地的边境,古代的伏多瓦教派和阿尔比教派的残余分子仍然保留着高卢人的教会的宗教仪式。这些仪式在十三世纪得到都灵主教克洛德的支持,一直延续到今天新教社团中。这些民众居住在群山环绕、人迹罕至的山谷中的二十二个乡镇里。这些山谷使他们与世隔绝,几乎不为世人所知。两百多年来,他们一直在这些不毛之地上耕作,并使这些荒原变为沃土。笔者正谈到的案件的审理法官之一、正直诚实的法院院长图对这些群众的无辜的、勤劳的一生作出公正评价。描绘他们"在艰苦的劳动中耐心细致、正直公道、饮食有节、起居有常、憎恶诉讼、对穷人慷慨大度、缴纳贡物愉快、缴纳地租不待领主催索、从不叩拜偶像、从不画十字、雷鸣电闪时只抬头望天……"

阿维尼翁的代理教皇特使和图尔农的红衣主教下定决心灭绝这些不幸的人。他们两人谁也没有想到他们即将使法国国王和教皇丧失有用的臣民。

普罗旺斯高等法院的首席院长奥佩德男爵梅尼耶收到弗朗索

① 梅兰希顿(1497—1560),德国宗教改革家、新教神学家、教育家。马丁·路德去世(1546年)后成为路德教派的主要首领。起草《奥格斯堡信纲》,主张废除教士独身制,改弥撒为圣餐。

② 某些伊斯兰国家最高统治者的称号。

瓦一世来信。这些信载有依法对这些粗野之人采取行动的命令。

普罗旺斯高等法院开始采取的行动是判处十九个梅兰多尔的居民以及他们的妻室儿女火刑，而不听取他们之中的任何人的申辩。行动就这样开始，这些居民是邻近原野的牧人。这些判决让整个村镇惴惴不安，惊恐万状。几个农民拿起武器，抢劫了阿维尼翁地区的一个加尔默罗会的女修道院。

奥佩德院长求援于军队。教皇的臣属卡瓦翁主教领来几名士兵。这是行动的开始。他率领这些士兵抢劫了几个家庭，杀死了几个人。被他追赶的人退到法国领土内。这些人在法国领土内发现三千名奥佩德首席院长率领的士兵。这位院长在省长出缺期间掌理政务。总辩护人在这支军队中担任队长副手。被抓捕的人被押到这位总辩护人处。他让他们背诵主祷文和以“万福玛利亚”开头的祷词，借此判断他们是否异教徒。当他们把这些祷词背得很糟时，他用拉丁文大喝一声“动手执行”，并让人用火枪丧尽天良地把他们射杀在脚下。法国士兵有时非常残忍。当宗教来火上加油时，这种残忍就不再有止境。

已经证实，刽子手在纵火焚烧梅兰多尔和卡布里埃这两个城镇以及附近的村庄时，甚至奸污还被母亲抱在怀里的八九岁的女孩。男人、女人、儿童被乱七八糟地关在谷仓里，在谷仓点上火，谷仓化为灰烬。少数幸免于死的人被士兵作为奴隶卖给帆桨战船的首领。整个地区一片荒凉，土地灌满鲜血，无人耕作。

这起事件发生于1545年。这些惨遭血洗和蹂躏的领地的好几个领主，因这次处决而失去他们的财产，向亨利二世呈递诉状，告发奥佩德院长、拉弗龙院长、特里比蒂和巴德两法官以及总辩护人盖兰。

亨利二世在位时期，这起案件于1550年送交大御前会议的法庭。问题在于首先要了解是否有理由控告埃克斯高等法院。大御前会议判决，应该移审此案。此案被提交到巴黎高等法院。该法院因而首次判决另一法院有罪。

普罗旺斯高等法院的两位院长和国王的辩护人盖兰被关进监狱。开庭审讯达五十次之多。阿维尼翁的代理教皇特使勒纳尔以教皇名义介入此案，并通过他的辩护人要求高等法院不得对在教皇土地上犯下的凶杀案件进行审判。勒纳尔的请求未被置理。

1552年2月13日总辩护人盖兰终于被砍掉脑袋。图院长让笔者了解到，吉斯[①]兄弟的声望使得其他罪当受罚的人免受酷刑之苦。但是，奥佩德的梅尼耶却在悔恨内疚引起的痛苦中死去。这种痛苦甚于酷刑。

① 吉斯(1519—1563)，法国军人，吉斯家族最重要的人物。将英军逐出法国。捍卫天主教，屠杀新教教徒，引起宗教战争。后被暗杀。

# 第二十章　亨利二世在位时期的高等法院

亨利二世统治时期的开始的标志，是这位国王在御前会议召开时命令雅纳尔克[①]和拉夏泰尼雷两人于 1547 年 6 月 11 日进行的那场著名的决斗。问题在于雅纳尔克是否曾向拉夏泰尼雷供认他同他的岳母曾经同床共枕。德意志帝国皇帝也好，罗马元老院也好，本来都不会就这样一起事件下令进行决斗。现代国家的荣誉观并非罗马人的荣誉观。

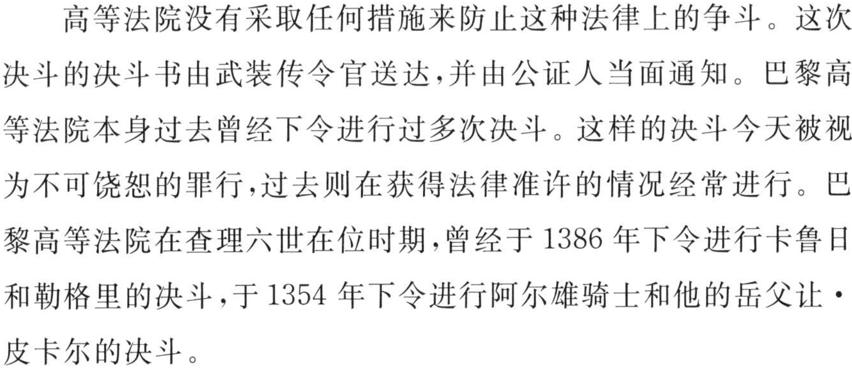

高等法院没有采取任何措施来防止这种法律上的争斗。这次决斗的决斗书由武装传令官送达，并由公证人当面通知。巴黎高等法院本身过去曾经下令进行过多次决斗。这样的决斗今天被视为不可饶恕的罪行，过去则在获得法律准许的情况经常进行。巴黎高等法院在查理六世在位时期，曾经于 1386 年下令进行卡鲁日和勒格里的决斗，于 1354 年下令进行阿尔雄骑士和他的岳父让·皮卡尔的决斗。

这些争斗全都是为了女人，无一例外。卡鲁日控告勒格里奸

① 法国将领，曾于 1547 年与仇敌拉夏泰尼雷决斗，在决斗中出人意料地利用腿弯予对方一击，取得决定性胜利。

污了他的妻子。阿尔雄骑士控告让·皮卡尔同他的亲生女儿睡觉。教士法官不但准许进行这些决斗，而且主教和修道院院长们也通过代理人决斗。在《荣誉和骑士气概的真正舞台》一书中，可以看到昂热主教热奥弗瓦·迪·曼内在为了一座磨坊的租金同圣塞尔日的修道院长发生争执后，这件官司被判决由因非贵族而无权用刀剑互杀的两个决斗者用棍棒互打。

时过境迁，这个古代的判例正如其他判例一样已经发生变化。不久以后，在亨利二世在位时期，人们可以看到一出更不光彩、更加恐怖的屠杀戏剧上演。弗朗索瓦一世设置的捐税，尤其是敲诈勒索者征收盐税时的欺凌压逼行径，在王国的多处地区激起民变。波尔多高等法院被指控与暴民联手串通，而不是与之对抗，致使波尔多的司令莫南在高等法院法官的眼皮底下被暴民杀害。这个法院的成员装扮成水手，同暴民一起游行。朗格多克总督、都统安纳·德·蒙莫朗西与一个名叫埃蒂安纳·德·纳伊的行政法院审查官前来让高等法院停止行使职能一年。他让城市管理部门的所有官员把莫南大人的尸体挖出。这些官员不得不用指甲挖出这具尸体。一百个有产者在刽子手手中丧命。

这种做法令王国所有高等法院大为不快。巴黎高等法院比其他高等法院更令宫廷不悦。1554 年，国王让高等法院的法官半数在上半年聚集，半数在下半年聚集，并增加了这个机构的职位。他出售了七十个新设置的法官职位。这些敕令未经任何核查，但却在一年内执行。在这之后，高等法院不再是半年性职能机构，但人员超编。尸位素餐者达七十人之多。这些冗员用钱购得官职。法院院长雅克-奥古斯特·德·图面对这个局面喟然长叹，慷慨陈词，感慨万千。

亨利二世的统治并不比他父亲弗朗索瓦一世的统治更为顺利。在圣康坦和格拉沃利纳两地遭受的败绩使公众对王室的敬意大为降减。苛捐杂税使公众对王室的爱戴几乎丧失净尽。各地高等法院都心怀不满。

国王为了更易于获得钱款，于 1558 年在巴黎高等法院的会议室召集一次大会。法国的几个历史学家称这次会议为全国三级会议，但实际上这是一次名流显贵大会。参加的有身在巴黎的头面人物和几个外省代表。召集真正的全国三级会议需要时间更长，排场更大。高等法院大法庭房间太小，远不能容纳这样多人。

总财务官在这次会上致词。会议只开了八天。国王唯一的目的是取得三百万金埃居。其中三分之一由教士支付；其余三分之二由民众支付。到那时为止，法国鸡犬不惊、天下太平。

# 第二十一章 安纳·迪布尔遭受的酷刑

弗朗索瓦·德·吉斯公爵和他的兄弟洛林红衣主教开始在亨利二世在位时期统治管理国家。弗朗索瓦·德·吉斯已被宣布为国家摄政官。他以这个身份在排序时位列都统之前，并且以上级身份致函都统。洛林红衣主教在御前会议位居首席。他为了使自己成为舍我其谁、更加不可或缺的人物，企图在法国设立宗教裁判所。最后他终于在几个方面都达到目的。



实际上，这个宗教法庭并未真正设立起来，因为它既违反天然的规律，又违反国家的所有法律，也违反人的自由，以及它一方面支持又一方面玷污的宗教。几个获准在对所谓改革宗教的教士的查究诉讼中充任审判员的教士，被授以宗教裁判所法官的称号。有名的被人称为德莫夏雷的大学校长穆希就属于这种情况。确切地说，此人是为洛林红衣主教效劳的告密者和密探。他被人起的这个绰号就指密探。仅仅叫他的名字就成了一种对人的辱骂。

这个宗教裁判所法官收买了两个年轻人，以证明所谓的宗教改革派教徒在圣星期四①召开了一次大会。会议期间这些教徒吃

① 天主教的复活节前的星期四，即建立圣体节。

了古代安息日的一头受嘲弄的猪后，灭了灯火，男男女女投入一次淫乱活动中。

这样的污蔑，矛头始终指向所有的新教派别，甚至就从基督教本身开始。这是一件颇值得注意的事。同样的令人憎恶的事物和行为全都归咎基督教本身。被称为胡格诺派教徒、改革派教徒、新教徒、福音派教徒的宗派信徒到处受到追捕、迫害、起诉。他们之中好些人被判处火刑。对轻罪来说，这种酷刑看来实在过于严酷。一些仅仅被证明用他们自出生之日起就使用的语言向上帝祷告、用发酵面包和酒领取圣体的人，看来不应当受这样可怕的酷刑。但是，长期以来，就一贯用火刑来惩罚那些不幸没有同教会思想保持一致、不唯教会之命是听的人。有人猜想，这既是仿效神的审判，也是抢在神的审判之先进行的审判。这种审判注定会把教会的所有敌人赶到永恒的烈火中。火刑场被视为地狱的开端。

高等法院的两个法庭——大法庭和图尔内尔法庭也审理异端罪，虽然此后当大法庭单独审判时，只审理民事案件。法国国王也设置特别法庭审判轻罪犯人。这些特别法庭称为火刑法庭。酷刑实在屡见不鲜、罄竹难书。最后激起人的怜恤之心。高等法院好几个法官专心致志于文学，认为教会更应该改革它的习俗风尚和法律，而不应让人流血或者让他们在烈火中灭亡。

1559 年 4 月，在一次被称为周三大会[①]的大会上，高等法院中最博学、最温和的法官建议减少使用残酷手段，并力求改革教会。

① 古时法院一年两次在星期三举行的大会。会上由法院院长提出对司法及法官的批评意见。

这是朗科内院长、阿尔诺·弗里埃、安托万·菲梅、保尔·德·富瓦、尼古拉·迪瓦尔、克洛德·维奥尔、厄斯塔什·德·拉波尔特、德·路易·迪·福尔以及著名的安纳·迪布尔德等人的意见。

他们的一个同事向国王检举揭发他们。此人在这件事上违反他发过的法官誓言,即关于法院的讨论情况要严守秘密。他还违反了有关荣誉和公平的法律。

国王在吉斯兄弟的挑唆怂恿下,又受到一项邪恶的政策的诱惑。这项政策让人相信,思想自由摧毁了服从精神。他不待人迎候,于 1559 年 6 月 15 日来到高等法院。他由身兼红衣主教、掌玺大臣、前高等法院首席院长,对教皇全权主义准则严守笃信、忠贞不渝的贝尔特朗(或贝尔特朗迪)陪同。都统蒙莫朗西和好几个王室官员参与。

国王知道有人当时正在讨论同一问题,希望这些人继续自由谈论,畅所欲言。于是,好几个人中了圈套。法官克洛德·奥维尔和路易·迪·福尔眉飞色舞,滔滔不绝,谏劝国王厉行改革、采取宗教宽容政策。法官迪布尔更是大声疾呼,指出宫廷内花天酒地、男女通奸、贪赃枉法、营私舞弊、杀人行凶,而此时遵照王国及上帝的法律凭良心为国王效劳的国民却饱受折磨,惨遭杀害。目睹这一景象真是令人深恶痛绝。

迪布尔是个副祭,与他同名的掌玺大臣是他的伯父。他担任的神职促使他比别人更潜心研究这种好多世纪以来就一直是一堆互相对立、矛盾百出的主张的有害的神学。科学使他倾听这些改革者的看法。此外,他作为法官,刚正不阿,立身处世白璧无瑕。他作为国民,热情积极。

国王命令都统让人立即逮捕迪布尔、迪·福尔、德·富瓦、菲梅、拉波尔特。其他人还来得及逃走。高等法院法官中依附吉斯兄弟的大大多于服膺科学的。

高等法院预审庭的圣安德烈和米纳尔两位庭长力争判处安纳·迪布尔死刑。迪布尔身任圣职，因此首先由巴黎主教迪·伯来在宗教裁判所法官穆希的襄助之下审问。迪布尔把主教作出的判决斥之为滥用职权。他要求享有由贵卿，即由高等法院的各个法庭会同审判的权利。然而派性和对吉斯家族的依服顺从思想，却在高等法院里压倒他享有的最大的一项特权。他先后连续在巴黎的、桑斯的以及里昂的宗教裁判所受到审讯。这三个裁判所都判处他降级，并作为异端被解送俗间司法部门。他首先被押往宗教裁判所。他在该处还穿着教士服装，但被人一件件剥光。接着举行了仪式。这个仪式就是用一片玻璃轻轻在他剃去头发的圆头顶上和指甲上擦刮。之后，他被押解到巴士底狱，并被他的迫害者任命的高等法院特派员判处绞刑和火刑。他忍从地、勇敢地收领他的判决书。他对法官们说："把你们的火灭掉吧。抛弃你们的罪恶吧。皈依上帝吧。"1559 年 10 月 19 日，他在格雷弗广场被绞死后，尸体遭到焚毁。

吉·迪·福尔同样被那些特派员判处禁治产五年、罚金五百利弗。他的判决书载称："因胆大包天，竟然提出除召开大公会议，并在召开这次会议之前停止酷刑之外，别无其他结束教会动乱的良方妙策。"

高等法院的大部分人员群起反对这项判决并接受吉·迪·福尔的抗议书。整个高等法院长期意见分歧，莫衷一是。人们情绪激动。最后理智派终于战胜狂热和奴性派。特派员对吉·迪·福尔作出的判决在高等法院根据大多数人的意见涂去，删除。

这时法官安纳·迪布尔已经在绞架上宣称他已死为上帝仆从，死为罗马教会弊端的敌人。他遭受的酷刑使得在一天之内征集到的新教徒，比书籍和传道在几年内征集的还多。没有一天不以导致流血的争论，不以导致个人之间的流血的或集体之间的流血的争论，不以谋杀，不以监禁，不以酷刑为其标志。这就是在一个半世纪内宗教争端使法兰西王国沦落其中的状态。与此同时，同样的缘由，在英国、德国和荷兰也产生了几乎同样的后果。

# 第二十二章　昂布瓦兹密谋
# 波旁的路易、孔代亲王被判处死刑

如果说安纳·迪布尔没有受到聚集起来的，他的同等人(pair)的审判的话，一个血缘亲王同样也没有受到他的同等人的审判。弗朗索瓦·德·吉斯和他的兄弟洛林红衣主教两人都是外国人，但却都成了法兰西王国的贵卿。前者由于他的吉斯公爵领地，后者由于他的兰斯大主教教区和职位，两人在娶他们的侄女玛丽·斯图亚特为妻的幼弱的法国国王弗朗索瓦二世在位时期都是国家的专制主宰者。

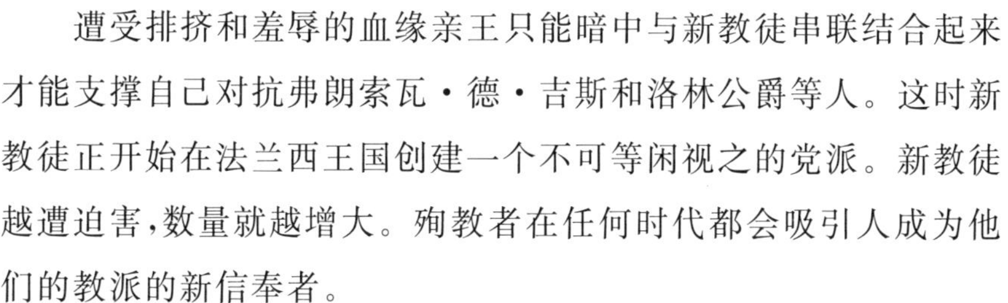

遭受排挤和羞辱的血缘亲王只能暗中与新教徒串联结合起来才能支撑自己对抗弗朗索瓦·德·吉斯和洛林公爵等人。这时新教徒正开始在法兰西王国创建一个不可等闲视之的党派。新教徒越遭迫害，数量就越增大。殉教者在任何时代都会吸引人成为他们的教派的新信奉者。

下纳瓦尔国王、安托万·德·波旁的兄弟路易·德·孔代试图从吉斯兄弟手中夺走并不属于他们的权力，因参与有名的昂布瓦兹密谋活动在一项正义的事业中成为罪人。这起密谋由各个外省的大批贵族策划。其中有天主教徒，其他的则是新教徒。这起密谋组织领导有方，以致被揭发以后仍然令人生畏。如果不是一个名叫达维内尔的辩护人并非出于爱国之心，而是出于一己私利揭露了这起密谋，它的成功是绝对稳妥可靠的。两个洛林亲王会在昂布瓦兹或者被劫持，或者被杀死。这个行动的首领孔代亲王从法国国土的一端到另一端征集和调遣参与密谋者，却没有向他们暴露自己。从来没有一次密谋的组织领导比这次更加巧妙、更加大胆。

密谋的首要人物大多数死时仍然紧握武器。那些在昂布瓦兹附近被捕的人都死于酷刑。但是，这时在外省，仍然有贵族敢于对抗已经取得胜利的、力量异常强大的洛林亲王。在这些贵族中，穆旺的领主仍然在普罗旺斯拥有武装。当吉斯公爵想再争取他时，他对他派来的密使做了这样的答复："告诉洛林亲王们，他们迫害血缘亲王们一天，他们就一天会在穆旺有个同他们势不两立的敌人。不管他多么穷，他有对他忠贞不渝、披肝沥胆的朋友。"



孔代亲王在昂布瓦兹，在国王身边等待他的拥护者取得胜利或者遭到失败之时，在昂布瓦兹城堡被王宫总管安托万·迪普莱西·黎塞留逮捕。此时他的同谋者正被用绳索绞死或者用斧头劈死。但是，他采取的措施十分得当，说话时信心百倍、滴水不漏，因而获释。

谋叛行动遭到揭露，受到严惩，其结果只不过使弗朗索瓦·德·吉斯权势大增而已。都统安纳·德·蒙莫朗西被迫对他唯命是从，谋求得到他的青睐。他作为国王的一个普通侍从奉派前往巴黎高等法院汇报昂布瓦兹之日发生的事件，以及下达对异端分子杀无赦的命令。

忠诚老实的德·图恰如其分地记述说："法院院长和法官竞相

对洛林亲王们大事歌功颂德。高等法院作为一个机构违反惯例，降低了自身的地位和尊严，竟然致函吉斯公爵，卑鄙无耻地对他阿谀奉承，称他为祖国的守护者。”因此，这一天高等法院也好，都统也好，全都懦弱无能，胆小如鼠。

在同一个1569年，孔代亲王从昂布瓦兹逃脱，退避到贝亚恩，在该地公开宣布信奉经过改革的基督教。海军上将科利尼以王国全体新教徒的名义奏呈国王一份申请书，奏请国王让新教徒在进行他们的宗教活动方面获得完全自由。此时他们已经拥有教堂二千五百个，有的公开，有的隐秘。新教徒意欲把里昂城交给孔代亲王掌管，但未获成功。该城的天主教徒武装起来反对他们。在昂布瓦兹密谋事件中流了多少鲜血，在里昂密谋事件中就流了多少鲜血。

无法想象在这个行动之后，孔代亲王和他的兄弟纳瓦尔国王[①]怎样敢于在奥尔良的宫中出现。国王将在奥尔良召集三级会议。或许因为孔代亲王认为已经把他的种种图谋布设和进行得非常巧妙，因而不会被证实有罪；或许因为他认为自己足够强大，别人不敢对他贸然下手。他出现后被菲利普·德·马耶和卫队长夏维尼·勒·罗瓦逮捕。吉斯兄弟认为掌握了足够证据判处他死刑。但是洛林红衣主教却没有足够证据判处安托万·德·纳瓦尔国王，于是下定决心让人暗杀他。他让国王弗朗索瓦二世同意这个做法。这个做法是：让安托万·德·纳瓦尔来到国王的卧室；这个年轻君主将责备国王，证人将大声喊叫安托万对国王放肆无礼。

① 即亨利四世。

埋伏的刺客将当着年轻国王本人的面杀死这个安托万。

安托万奉召来到弗朗索瓦二世的卧室。他到达房门时被他的一个亲信告知有人策划的夺走他生命的阴谋。他对这个亲信说："我现在已无退路。如果你爱我，我就命令你把我血淋淋的衬衫带给我的儿子。有朝一日，他会在我的血里看懂他应该为我复仇雪恨。"弗朗索瓦二世不敢犯这宗罪行，没有发出约定的暗号。

仅仅对孔代亲王进行了起诉。这里必须注意到，只向他派去特派员、掌玺大臣德·洛斯皮塔尔、高等法院院长、历史学家图的父亲克里斯托夫·德·图、法官法耶和维奥尔。他们审讯他，还将会同与国王关系密切的御前会议的领主审讯。因此，吉斯公爵本人将是审问他的法官。在这次诉讼案件中，事事都违反法律。孔代亲王向国王上诉，但徒劳无益。他提醒说，他只应该由集合起来的贵卿审讯，这也同样徒劳无益。他的上诉申请被宣布根据不足。

高等法院受到吉斯公爵兄弟的恫吓，或者说被他们拉拢，没有采取任何步骤。在国王御前会议上，孔代亲王被多数票判处。高等法院院长克里斯托夫·德·图和这个法院的两个法官获准出席这次会议。

弗朗索瓦二世此时已病入膏肓，奄奄一息。一切都将改变。都统德·蒙莫朗西正在急迫赶路途中，即将重掌大权。这位都统的侄子海军上将科利尼正向前推进。母后卡特琳·德·美第奇犹豫不决，饱受诟病。掌玺大臣德·洛斯皮塔尔丝毫不愿签署这项判决。两个吉斯亲王竟然敢逼促母后处决已被判刑的孔代亲王以及亲王的兄弟纳瓦尔国王。一天之内就能对后者起诉。掌玺大臣德·洛斯皮塔尔支持踌躇再三、动摇不定的母后反对这项走极端的决定。母后作出一个明智的决断。她的儿子国王气息奄奄，生命正在终结。她利用她还主宰着这两个亲王的生命的这个时机，同他们和解，不顾洛林家族的意愿，保住自己的权力。她要求安托万·德·纳瓦尔出具一纸文书声明放弃摄政权位。她在自己的办公室内办妥了这件事，既没有同御前会议，也没有同将在奥尔良召开的全国三级会议的代表，更没有同王国的任何一个高等法院商量。

她的儿子弗朗索瓦二世于12月5日死去，终年十七岁零十个月。他的兄弟查理九世当时只有十岁半。卡特琳·德·美第奇在这个统治时期之初似乎是国家的绝对主子。她使用她独自一人的权力释放孔代亲王出狱。这位亲王同吉斯公爵言归于好，两人当着母后的面热烈拥抱，但却都暗下决心消灭对方。果然不久以后就开始了一个惨绝人寰、暴戾恣睢的过程。执异见党的派性、迷信、披着神学外衣的愚昧无知、狂热崇拜和癫狂，把人卷入这个过程中。

正当弗朗索瓦二世到达他生命的终点之际，巴黎高等法院尽其所能通过一项真正的决定制止会使国家更加沧海横流、鸡犬不宁的教皇绝对权力主义的行动准则。索邦神学院进行神学论文答辩。这种论文一般来说不为世人所知，但当时却万众瞩目。在这些论文的一篇中，作者坚持认为“教皇——教会的最高帝王——有权剥夺对他抗命不从的王侯的王国。”掌玺大臣克里斯托夫·德·洛斯皮塔尔向高等法院院长克里斯托夫·德·图以及两位法官送去国王致高等法院的诏书，告知他们这篇论文既有罪，又荒谬。这篇论文的答辩者唐凯雷尔闻讯后逃之夭夭。高等法院发出一项判决,要求索邦神学院的人员集中起来,发誓弃绝唐凯雷尔的错误。1560 年 12 月 12 日,勒古斯特博士以索邦神学院的名义请求宽饶唐凯雷尔。接下去还有更加令人极为憎恶的行为准则需要批驳。

# 第二十三章　卡特琳·德·美第奇摄政初期的动乱

自从体弱多病的弗朗索瓦二世结束了他毫无作为的生命以来，我们称为德·美第奇的卡特琳·美第奇于1560年12月13日在奥尔良召集三级会议。巴黎高等法院或任何其他机构都没有派遣代表出席这次会议。在这次会议中几乎没有谈到摄政问题。会议只向纳瓦尔国王保证授予他国王的摄政官的称号。这个称号从前曾经三次授予弗朗索瓦· 吉斯公爵。

王后丝毫没有接纳女摄政王这个称号。这或许由于她身为国王的母亲，母后这个称号对她来说已经足够；或许由于她意欲避免种种繁文缛节，只想独揽大权。三级会议本身没有授予她陛下这个称号。当时的国王很少接纳这个称号。笔者还有这个时期的大量书信。在这些信件中查理九世和亨利三世被称为殿下。种类繁多，变化无常的现象在名称和事物方面普遍存在。

卡特琳·德· 美第奇处心积虑、刻意贬压弗朗索瓦二世在位时期曾经凌辱她的吉斯兄弟。出于这个想法，她最初偏爱加尔文教派。纳瓦尔国王就是加尔文教派教徒，但他始终懦于采取行动。都统蒙莫朗西这个宫廷中最愚昧无知，只勉勉强强会签自已名字的人物长期犹豫不决。但是，他的妻子马格利内· 德·萨伏依虔诚盲信和她丈夫的愚昧无知不相上下，却压倒了科利尼的拥护者，让她丈夫下定决心同吉斯公爵联合起来。圣安德烈元帅加入他们一伙。这个联盟被人给予三头联盟这个称号，因为人们始终喜欢把小事物比作大事物。圣安德烈在各个方面都逊于弗朗索瓦·德·吉斯和蒙莫朗西。他是这个三头执政中的雷必达①。而且与他的行动相比，他更以花天酒地、巧取豪夺为人所知。

这是奥尔良三级会议分裂的第一个信号。母后首先以她的国王儿子的名义向各省总督发布一道敕令，命令他们尽可能平息宗教动乱。这项命令宣告禁止民众使用胡格诺教派教徒和教皇拥护者等令人无法忍受的可恶名称。她释放了因宗教被捕的全部犯人。她召回自弗朗索瓦一世在位以来因恐惧而避居国外的人。如果人们能唯理性是从，就没有比这些更能恢复和平的举措了。

巴黎高等法院经过多次讨论，对母后进行谏诤。它声称，这项命令应下达给王国高等法院，而不应下达给各省总督。它抱怨给予革新者的自由太多。7 月，母后带领她的儿子前往高等法院。该院从未举行过比这规模更大的会议。孔代亲王亲临会议。会议对称为七月敕令的敕令进行了登记。这项敕令是和谐与太平的敕令，比被人对之怨声载道的命令更加详尽。这项敕令向全体臣民提倡宽容，禁止传道者传道时使用辱骂言词，违者处以死刑。这项敕令还禁止公众集会。这项敕令在只为教士保留审理异端权利的同时，规定法官永远不得判处那些教会解送给俗间权力机构的人的死刑。



① 此人与安东尼和屋大维共同组成古罗马第二届三头执政，后被清洗。

这项敕令发布后 1561 年随即举行了普瓦西讨论会。在两个与会党派水火不容、势不两立的情况下，这次会议只能是徒劳无益、毫无用途可言。一方是一位洛林红衣主教、一位图尔农红衣主教、一些腰缠万贯的主教、一个名叫莱内兹的耶稣会教士、一些教皇权力的死硬捍卫者；另一方是普通的新教牧师。这些牧师全都恶衣恶食，希望人人都像他们那样身无长物。他们全都是被他们视为最暴虐无道的篡权者的教皇权力的势不两立、不共戴天的敌人。

这两个党派分手时都对对方怒目而视，颇为不满。情况也只能如此，别无其他。

雅克-奥古斯特·德·图记述说，图尔农红衣主教激烈抱怨母后允准进行这场公开争论，这样就把罗马宗教置于险境。卡特琳答复说："我只不过表述御前会议和巴黎高等法院的意见而已。"

但是，巴黎高等法院法官当时似乎大多数都反对宗教改革者。从表面上看，母后想表明这个机构的首领曾经建议她召开普瓦西讨论会。

这次会议结束，与会的人走出会场时比走进会场时情绪更加激动。会后宫廷为了防止动乱，于 1562 年 1 月 17 日在圣日耳曼昂莱召集王国所有高等法院的代表开会。掌玺大臣德·洛斯皮塔尔对与会代表说，在国家陷于分裂和灾难之中时不能效法加图其人。西塞罗责备此人在腐败的环境中像他在共和国的道德美好、世风清正时期同样发表意见。

有人建议采取一些调和折中的解决办法以减缓七月敕令的力度。根据这项长期以来以《一月敕令》这个名称为人所知的新敕令，准许改革派教徒在各个城市郊区拥有教堂。任何地方行政长官均不得进行干扰，相反，应该予以支援，使之不受任何侮辱；对扰乱他们的集会者罚款一千金埃居，但是，他们应归还他们侵占的教堂、房屋、土地、什一税等。根据这项敕令，他们只能在当地行政长官在场的情况下召开教务会议。最后，命令他们在各方面都应是遵纪守法、循规蹈矩的公民，根据他们的信仰为上帝效命。

当需要登记这项新敕令时，高等法院又进行了多次谏诤。最后，在发出了三封敕令书之后，高等法院于 3 月 6 日服从敕令，并加上这一条款："它向国王的绝对意志作出让步；它毫不赞同新宗教；敕令在另有命令发布以前继续有效。"这个条款由吉斯党和三头联盟授意强加，因而引起宗教改革派的怀疑，使两项安定、和解的敕令变为一纸空文，毫无价值可言。



国家的和宗教的争端，就因为旨在平息这些争端的手段措施而更形激烈。小小的三头联盟、吉斯兄弟的持异见派别和教士的执异见派别在所有场合威胁和冲击孔代、科利尼和改革派的派别。这时局势虽然仍然平静，但内战已端倪初露。

引发瓦西惨案[1]的偶发事件终于使得整个法国举国大动干戈，狼烟四起，自相残杀。假使战争并非缘起于这一偶发事件，其他的星星之火也会点燃这一熊熊烈火。

孔代亲王占领奥尔良城(1562 年 4 月)，并让他的那个党派宣布他为法兰西国王的护国公。这或许是因为他行动举措酷似护国

① 1562 年 3 月 1 日吉斯公爵率部突然袭击在第戎附近的瓦西镇举行宗教仪式的胡格诺派新教徒，杀死 25 人，打伤 100 多人。各地天主教徒争相效尤。

公，于是这个党从一个英国人[①]那里借来了这个称号；或许是因为当时的局势和环境自然而然为他提供了这个称号。

始终处于吉斯兄弟的派别掌控之下的高等法院不寻求平息内战，反而在1562年7月作出多项决定放逐新教徒，命令所有社团拿起武器追捕、杀死所有集结起来用法文向上帝祷告的革新派教徒[②]。

民众在地方行政官员的纵容下，哪里他们势力最强大，就在哪里杀烧掳掠，残酷施暴。在图兰的利格耶，他们绞死了好几个居民，挖掉一个教堂的牧师的眼珠并用细火把他烧死。科尔默里、洛什、布夏尔岛、阿泽勒里多以及旺多姆等地都惨遭洗劫。几位旺多姆公爵的坟墓被捣成碎土，他们的遗骸被挖上地面。挖掘者希望能在遗骸中找到珠宝首饰。他们的遗骸被抛扬风中。这是十年以后那场令欧洲震惊、骇异，而对它的记忆又引起永恒的恐怖的圣巴托罗缪日惨案的前奏。

① 指英国军人、政治家克伦威尔(1599—1658)。他内战时率领国会军战胜王党军队，成立共和国，任英格兰、苏格兰和爱尔兰护国公。

② 天主教徒用拉丁文祷告。

# 第二十四章　掌玺大臣米歇尔·德·洛斯皮塔尔弗朗索瓦·德·吉斯遇刺

这些暴行并非没有遭到报复。新教徒对给他们造成的灾难以牙还牙，以眼还眼，法国于是成了一个巨大的杀戮场地。图卢兹的高等法院被双方瓜分。二十二名法官仍然坚决拥护和平敕令。其余的则希望对新教徒斩草除根。新教徒在市政厅构筑工事固守自卫。在图卢兹双方疯狂战斗，十分惨烈。死亡人数达三千到四千之多。每年 2 月 10 日为纪念人们本应忘记但却仍然在图卢兹举行的著名宗教游行，其源盖出于此。掌玺大臣德·洛斯皮塔尔在这种遍及各地的疯狂中是个明智但却回春乏术的医生。他撤销下令每年举行这种不祥仪式的决定，但白费力气。

这时孔代亲王正在进行一场真正的战争。他的兄弟纳瓦尔国王长期在宫廷和新教党之间左右摇摆不定之后，不知道自己究竟是加尔文教派教徒还是教皇拥护者，态度始终含糊暧昧、犹豫不决而又软弱无力，跟随吉斯公爵包围已被孔代亲王的部队占领的鲁昂。1562 年 10 月 13 日，他巡视战壕时受伤身亡。这座城市被占领后，听任占领者肆意烧杀抢掠。在该城被发现的孔代亲王的拥护者统统惨遭杀戮，无一幸免。只有那些被留下受酷刑者除外。

在这些暴行猖獗期间，掌玺大臣德·洛斯皮塔尔又让人发布一道国王及母后的敕令，命令王国所有高等法院停止对异端分子的一切刑事诉讼程序，提出对配受赦免者实行大赦。

这是这个伟大的人物在不到两年之内作出的第三项温良和平的决定。然而既是战争的、也是宗教的狂怒，始终压倒这位掌玺大臣的宽容。

诺曼底高等法院对国王的敕令置若罔闻，下令吊死三名城市参赞、马尔洛拉这位讲道人或者牧师，以及好几名行政官员。

孔代亲王自己也容忍他入主的奥尔良的城市议会让人吊死了一个名叫萨班的高等法院法官和一个在旅途中被捕的教士。在此期间，除了战争的法规以外，别无其他法规可言。

这同一年，在德勒这个小城市附近，离伊弗里的郊野不远处，进行了天主教徒和胡格诺教派教徒之间的第一次正规战争。伟人亨利四世就在这个伊弗里获得，并当之无愧地戴上王冠。

在斗争的一方，人们看到这三头联盟的人物是：年迈力衰的不幸的都统蒙莫朗西、不再是国家摄政官，但因其声誉而居三人之首的弗朗索瓦·德·吉斯、在都统领导指挥之下统帅军队的圣安德烈。

新教军队的首领是路易·德·孔代亲王、海军上将科利尼和他的兄弟当德洛。双方军队的军官几乎都是统帅本人的亲戚或者同盟者。两个党派都征召外国军队进行援助。

天主教军队中有瑞士人。另一方的军队中则有德国雇佣兵。这里不是叙述这一战役之处。这一战役正如法国人曾经进行过的所有战役一样，既无作战队形可言，也无战术、技术可言，也无战备物资。只有吉斯公爵懂得使他率领的一支小后备队有某些战斗序列和部署。都统正如他过去在圣康坦战役中一样,被围被俘。孔代亲王遭逢同样的厄运。圣安德烈元帅众叛亲离,被巴黎市政府的书记官的儿子,一个名叫博比尼的人杀死。这位元帅曾经向这位书记官借钱。他不但没有把钱还给出借人,反而虐待他的儿子。这个当儿子的发誓要为父亲报仇雪恨。他信守誓言。战争时期一个勇敢的普通公民往往强于一个只会趾高气扬、妄自尊大的宫廷老爷。

吉斯公爵眼见对方两个首领被俘,局势一片混乱,及时调来后备部队控制了战场。这一天是 1562 年 12 月 20 日。弗朗索瓦·德·吉斯不久以后即率军前往包围奥尔良。就在该地他于 1563 年 2 月 18 日被奥古穆瓦的贵族波尔特罗·德·梅雷暗杀。这是并非宗教的疯狂引发的第一起暗杀事件。各个外省已发生过类似事件四千多起。但这一起因被暗杀者的鼎鼎大名,和凶手的丧心病狂而最为举世瞩目。这个凶手认为杀死他那个教派的敌人乃是为上帝效劳。

笔者在此略微提前谈谈这一点:当查理九世成年后返回巴黎时,吉斯公爵的母亲、波旁的安托万内特、吉斯公爵的妻子安娜·德斯特和他全家穿着丧服前往向国王下跪,央求秉公执法,惩处被指控怂恿、煽动波尔特罗行凶犯罪的海军上将科利尼。

3 月 18 日,高等法院判处凶手波尔特罗烧红铁钳碎身刑、四马分尸刑。这是专为刺杀国王者设置的酷刑。罪犯对审问不断变更答复,时而归咎海军上将科利尼和上将的兄弟当德洛;时而为他们辩护。他要求在前往接受酷刑以前对高等法院的首席院长克里斯托夫·德·图讲话。在这位院长面前，他同样不断变更说法。最终人们可以猜测出来的最可能属实的是，他除了疯狂和愤怒之外，并无其他从犯。这就是几乎所有那些基督教的流弊陋习在各个时代让他们全都手执匕首，全都被雅亿[①]、奥德、犹滴[②]以及马塔蒂亚斯的榜样蒙蔽的人的情况。马塔蒂亚斯在教堂刺杀了国王安条克[③]的官员。当时这个队长官员正要执行他主子的命令，在祭坛上杀一头猪作为祭品。这些凶手全都令人憎恶地被视圣认可，因此，后来的荒谬透顶的狂热盲信之徒，不区别时间、地点，争相模仿会令人不寒而栗、毛骨悚然的暗杀（虽然这些暗杀事件在一本令人赞佩的书[④]中已加以叙述）。

① 雅亿为《圣经》中杀死来帐篷避难的西塞拉的希伯来妇人。

② 犹滴为古犹太寡妇，相传杀死亚述大将荷洛弗尔斯而救全城。

③ 安条克（公元前215—前164年）塞琉古王国国王。

④ 可能指伏尔泰本人的著作《风俗论》。

# 第二十五章　查理九世成年及后续事件

攻占鲁昂和进行德勒战役后，掌玺大臣德·洛斯皮塔尔让法国得以稍较安定和平。敌对双方放下武器，遣返全部战俘。1563年3月9日，国王在昂布瓦兹签署第四号和解敕令，并由巴黎高等法院及王国所有法院公布和登记。



接着国王在诺曼底高等法院被宣布成年。其实，他实足年龄还不到十四岁。他生于1550年6月。他成年证书的日期为1563年8月14日。因此他的实际年龄是十三年一月十七天。掌玺大臣德·洛斯皮塔尔谈话时说，这是首次虚龄被当作实龄。很难辨清他缘何口出此言。因为1380年在兰斯为查理六世举行宗教仪式加冕，他当时年十三岁零几天。更确切地说，这是第一次一个国王在一个高等法院里被宣布成年。查理九世端坐御座之上。母后前来跪在地上亲吻他的手。母后由此后成为国王亨利三世的奥尔良公爵亚历山大、纳瓦尔亲王、伟人亨利四世等人跟随。接着波旁红衣主教查理、路易·德·蒙庞西埃亲王、这个亲王的儿子、被称为多弗涅王太子的弗朗索瓦、永河畔拉罗什的查理也都前来同样表示敬意，并在国王身旁排列。

洛林红衣主教及海军上将的兄弟、红衣主教奥德·德·夏蒂戎跟随各位王侯。必须指出，夏蒂戎红衣主教这时已经宣称自己为新教徒。他已经公开与帕基尼的女继承人结为夫妻，但并不因此而较少身穿红衣主教袍出席这个典礼。隆格公爵埃勒奥诺尔是著名的迪诺瓦的后代，他继几位红衣主教之后亲吻国王的手。接着都统蒙莫朗西到来，手执出鞘利剑。掌玺大臣米歇尔·德·洛斯皮塔尔尽管是个医生的儿子，而且不位居贵族行列，但也跟随都统前来。他走在布里萨克、蒙莫朗西以及布尔迪戎三位元帅前面。古菲耶·德·布瓦西侯爵是大马术教师，出现在这几位法国国家元帅之后。

国王敕令由圣热莱·德·朗萨克侯爵送往巴黎高等法院进行登记。法院院长图说，这个高等法院拒绝领受这道敕令。该院派遣克里斯托夫·德·图(他的父亲)、预审庭庭长尼古拉·普雷沃和法官纪尧姆·维奥尔等人进言劝谏：未经巴黎高等法院审查，任何敕令不得传达至王国任何高等法院；关于国王成年的敕令载明胡格诺教派教徒享有宗教信仰自由，但在法国只有一种宗教；同一敕令命令人人放下武器，但巴黎城应该始终武装，因为该城为王国之首都及堡垒。

国王尽管年幼，但深受母后教诲，回答说："我命令你们不要像在国王未成年时那样对待成年国王；不要介入不属于你们应该知道的事务；牢记你们的国王设置你们的机构仅仅是为了根据帝王圣旨进行判决；让国王和他的御前会议处理国务；纠正你们自视为国王的监护人、王国的保卫者和巴黎的守护者的错误。"

巴黎高等法院的这三个代表向这个机构汇报了国王的意愿后，这个机构进行商议。意见分歧，莫衷一是。被人称为戴圆形法官帽的庭长;亦即高等法院大法庭庭长的皮埃尔·塞吉埃和预审庭庭长前往向国王奏禀这种意见分歧。国王当时身在默朗。9月24日,国王撤销这项有人赞成有人反对的决定,下令将原本涂抹、撕碎。最后,同年9月28日,巴黎高等法院登记了关于国王成年的敕令。

# 第二十六章　耶稣会教士被引进法国

大家对西班牙人依纳爵·德·罗耀拉①已经相当了解：此人自称圣母玛利亚的巡游骑士，并在为向圣母表示敬意武装守夜之后，三十三岁时来到巴黎学了一些拉丁文。他因在这方面未获成功，于是打算同几个同伴前往土耳其使土耳其人改宗，虽然他通晓土耳其文并不优于他通晓拉丁文。最后，他因无法前往土耳其，于是和他那伙人改教孩童教理问答以及做教皇期望的一切。但是，了解他缘何称他新诞生的宗教团体为耶稣会的人则寥寥无几。

撰写他的一生的历史学家叙述说：在前往罗马的大道上，他狂喜入迷，神魂颠倒；永恒的圣父带着他背负长十字架的圣子一并出现在他眼前；他埋怨他的痛苦；永恒的圣父把依纳爵托付给耶稣，又把耶稣托付给依纳爵。从这天起，他就称同伴为耶稣会教士或耶稣会同伴。不应该对这样一个人们因大量政治事件而对之诟病责难的团体以可笑的事作为其开端感到大惊小怪。谨慎小心往往建成建立在狂热盲信的基础之上的大厦。

依纳爵的弟子在法国受到保护。红衣主教迪普拉的儿子、克

① 罗耀拉(1491—1556)，西班牙教士。原为军人。创立天主教耶稣会。1540 年经教皇批准任首任总会长。制定会规，强调该会成员绝对服从会长，无条件听命于教皇。

莱蒙的主教纪尧姆·迪普拉在巴黎给予他们一幢他们称之为克莱蒙学院的房屋，还立下遗嘱馈赠他们三万六千埃居。

他们立刻开始教学。1554 年，巴黎大学反对这一新生事物。主教厄斯塔什·迪·贝莱收到高等法院转达他的巴黎大学的抱怨不满，宣布这个学院违反法律，而且对国家具有危险性。1560 年 4 月 25 日，保护他们的洛林红衣主教获得弗朗索瓦二世致巴黎高等法院的信件。这些信件载有登记、确立耶稣会教士的地位的教皇谕旨以及国王的特许命令。高等法院没有对这些信函进行登记，而是把此事转交法国教会大会。这正值普瓦西会谈进行时期。在出席这次会谈的高级教士中，很多人赞成该机构以会社的名称而不以宗教修会的名称出现，条件是他们用耶稣会教士修会之外的其他名称。

巴黎大学在向著名的查理·迪穆兰咨询后，向高等法院对他们提出起诉。皮埃尔·维索里为他们辩护。学识渊博的埃蒂安纳·帕斯吉耶则为巴黎大学辩护（1562 年 4 月 5 日）。高等法院作出判决。这项判决称，该院重新更加广泛地对他们的学院进行审查，准许他们暂时对青年进行教学。

这就是他们的机构的情况。这就是他们所经受的，他们从此引发的和最后使他们被驱赶出法国的所有争端的根源所在。

# 第二十七章　掌玺大臣德·洛斯皮塔尔　法律

耶稣会教士被引进法国无助于熄灭宗教已经点燃的熊熊烈火。他们出于一种特殊的意愿忠于教皇的命令。由于西班牙是他们的机构的摇篮，最先在巴黎立足的耶稣会教士是菲利普二世的密使。这个菲利普二世[①]把他的部分丰功伟绩和强盛建立在法国的不幸和灾难之上。

掌玺大臣德·洛斯皮塔尔几乎是御前会议中唯一企望和平的人。他刚刚发布了一项和解法令，天主教的和新教的传道者就在若干外省宣讲杀戮，并叫嚣拿起武器。

作为最后一招，洛斯皮塔尔想让年轻的查理九世巡幸王国各个外省。国王作为一个有责治愈百病的人，有人让他逐一亲眼睹各个城市。这次巡幸所需费用勉勉强强凑足。巡幸所到之地农业耕作被疏忽弃置，田园荒芜。几乎全部手工业生产都一落千丈。法国既穷困不堪，又嗜争好斗。

就是在国王的这次巡幸中，立法者洛斯皮塔尔于 1566 年制定

---

① 菲利普二世(1527—1598)，西班牙国王，英国国王玛丽一世的丈夫。兼并葡萄牙，任葡萄牙国王。反对宗教改革，迫害异端。加强专制统治。派无敌舰队远征英国，遭到惨败。

了著名的穆兰法令。人们看到最明智的法律产生于最大的动乱。他刚刚在巴黎和好几个城市设置了商事裁判管辖区。他通过这项举措缩减了耗时耗财的诉讼程序。这些程序是民众的灾难之一。穆兰法令决定生活须节俭、衣着须简朴。这一点民众的贫困使之犹如一道命令,而穷奢极欲的达官贵人并不遵从。

自这项法令颁布之日起,不再准许诉诸法律讨还数额在一百利弗以上的债款而不出示票据或者契约。与此相反的习俗惯例,只是因为民众的愚昧无知才得以形成。在民众当中能提笔书写的人真是凤毛麟角。古代层出不穷、不可胜数、永无休止的法律上的替代和继承,限制在第四个等级。所有赠予都在位置最近的法院书记室登记,以便具有一种确切无疑的真实可靠性。

再婚母亲不再有权把她们的财富给予第二任丈夫。这些有用的规定时至今日仍然具有效力。还有一项比其他规定更加有益的规定。但这项规定却只遭到公众抱怨。这就是取缔社团。迷信使这些社团建立在有产者中。放荡淫乱之风使之保存下来。人们举行宗教仪式游行拥赞某个圣徒。他恶俗的画像放置在棍子的一端。在这之后,人们狂饮暴食,酩酊大醉。醉酒后的狂怒,使得持异见派别的狂暴行为变本加厉。

这些社团颇有助于组建洛林红衣主教长期以来就已处心积虑、悉心策划的联盟①。

这一条款和另外几条阻碍巴黎高等法院对穆兰法令进行登记。但经过两次谏诤,这个条款于 1566 年 12 月 23 日得到审核。



① 指 16 世纪法国的天主教联盟,即神圣联盟。

使高等法院变得刁难苛求、难于相处的，是这位掌玺大臣在显贵大会上发言表态的那种有些冷酷无情的方式。这次大会在穆兰召开，以颁布这些法律。这次大会有全体血缘亲王、王国全体高官以及多名主教参加。应召参加这次会议的有：巴黎高等法院首席院长克里斯托夫·德·图、巴黎高等法院院长皮埃尔·塞吉埃、图卢兹高等法院首席院长让·达菲思、波尔多高等法院首席院长雅克-本笃·德·拉日巴斯东、格勒诺布尔高等法院首席院长让·特吕雄、第戎高等法院首席院长路易·勒·费夫尔、埃克斯高等法院首席院长亨利·富尔诺。

洛斯皮塔尔开始讲话。他说几乎国家的所有弊端和灾难，都可以在恶劣的司法行政管理中找到根源：过于容忍一些法官把他们的职位让与碌碌无为之辈。他说必须裁减法官中尸位素餐的冗员；取消诉讼费用；让法官接受审查。他在国王的此行中，在波尔多召开的审判会上，更加慷慨陈词、大声疾呼。

他说："大人们，国王在这个高等法院中找出大量错误。这个机构新近成立。旧的高等法院成立于一百零二年前。你们放弃旧法规的借口较少。你们却和过去的人同样腐化堕落，在偶然的情况下甚至更坏。……最后，这是一个法纪废弛、管理极差的机构。我看到你们犯下的第一个错误，就是不保存各项法令。在这一点上，你们违抗圣旨。如果你们要向国王进谏，就进谏吧。在他发表最终的旨意后，你们就会明白的。你们——法院院长和国王手下的人——这也是你们的错误。你们应该下令遵纪守法。但是，你们自以为比国王更加明智，过于重视你们的判决，以致把这些判决置于敕令之上。你们随心所欲解释这些敕令。对国王来说，我荣幸地作为司法审判的首领。但是,如果我对国王的敕令作出我自己的解释,而不奏禀国王,我会十分懊恼和遗憾。

你们被指控犯下大量暴行。你们用你们的判决对人威逼恐吓。这些判决中好几项因你们的行事方式而令人愤慨,尤其是关于你们的婚姻,当人们知道某个富女继承人是为了法官大人,就不予理睬。

在你们中间,有在动乱中趁机使自己当上统领的人,其他人使自己当上粮食专员……你们甚至把你们的钱出借给商人,以此收取利息。你们人人都野心勃勃。好,你们应该渴求国王的恩典,而不是其他人的恩典。"

掌玺大臣洛斯皮塔尔这种坚定不移的严格态度,似乎与他的宽容思想南辕北辙,完全背道而驰,其损害的程度远远大于良好的法律有益于人的程度。他应该严厉谴责有罪的个人,不应该侮辱这些整体。他使这些整体颇为不快。他本身就构成了反对和解敕令的根由,他摧毁了他自己的劳作。天主教徒攻击新教徒,却逍遥法外。不久以后战端重启,比以前更加激烈。

# 第二十八章　内战(续)
# 掌玺大臣德·洛斯皮塔尔退隐
# 高等法院的表现

当代人奥古斯特·德·图长期以来一直亲眼目睹祖国的灾难,他希望减少这些灾难,但徒劳无功。他十分真切地、坦诚地叙述这些灾难。他告诉我们国王敕令不被遵从、肉刑、流放、剥夺财产以及一再发生而又始终逍遥法外的凶杀等情事。凡此种种最终使得新教教徒下定决心奋起自卫。他们当时为数已逾百万。这一百多万人不愿再受其他一千四百万或一千五百万组成法国的人的迫害。他们深信在查理九世巡幸法国各省期间,这位国王和母后在巴约纳秘密接见了阿尔贝公爵;深信在教皇和洛林红衣主教的煽动下,他们会同阿尔贝公爵采取了血腥手段在法国消灭人称经过改革的、唯一真实的宗教。

首先在巴黎城下进行了圣德尼之战。都统德·蒙莫朗西在这次战役身受七处致命伤。掌玺大臣洛斯皮塔尔在每个战役后,都设法发布一项和解敕令。这些命令过去既极为必要而又毫无效果可言。这次发布的这项敕令内容十分广泛、丰富。它给人最大的宗教信仰自由,由巴黎高等法院登记(1568 年 3 月 2 日)。然而,当国王让一个名叫拉潘的曾经属于孔代亲王的宫内侍从把这道敕令带到图卢兹高等法院时，这个法院不查核这项敕令，而是砍掉拉潘的脑袋。可以判断出这样一起暴行是否有助于人心和解。尤其因为这起暴行没有受到惩处，因而更加有害。西皮埃尔公爵勒内·德·萨伏依遭到杀害。这位公爵因厚待并非他信奉的新教的教徒而在弗雷瑞斯同他的随从人员一起惨遭杀害，这是新的战争信号。

雪上加霜的是，恰好这时，从前曾是多明我会修道士，并对与他的权力为敌的宗教穷凶极恶，疯狂迫害的教皇庇护五世吉斯勒里，向法国国王送去一道教皇谕旨。这道谕旨准许让与法国国王教产岁入五万埃居，条件是法国国王在他国内消灭胡格诺教派教徒。

洛斯皮塔尔于是在御前会议中大声疾呼，竭力反对这项用法国人的鲜血进行肮脏交易的教皇谕旨。但是，洛林红衣主教却占了上风。洛斯皮塔尔于是辞去他的掌玺大臣职务，隐退到他乡下的居所。他可以相信，如果他保住这个职位 ，法国遭到的灾难会不那么深重可怕；人们不会看到圣巴托罗缪日惨案发生。

自从这个独一无二的激发人们温情的人从御前会议离去后，宫廷完全听凭洛林红衣主教和教皇支配摆布。和解敕令全部废除。接二连三发布了取缔罗马天主教之外的所有其他宗教的敕令，违者处以死刑。命令所有加尔文教派的讲道者或者牧师自命令发布之日起半月内离开法兰西王国。新教徒的行政职务和司法官职务都被剥夺一光。巴黎高等法院在公布这些敕令时添加了一条，这在从前从来不曾有过。这个条款规定：今后凡被吸纳担任公职者均应宣誓无论生死都是罗马天主教徒。这条法律从此以后就始终保持法律效力。

这些下令几千公民改宗的敕令只能引发战争。整个法国仍然是一个杀戮场地。

继1569年3月13日的雅纳尔克战役而来的是二十次战斗。雅纳尔克战役是1569年的标志。这一年以所有战役中伤亡最惨重的蒙孔图尔战役终结。科利尼海军上将当时是新教徒最负盛名的首领(1569年9月13日)。巴黎高等法院判处他死刑。判决书承诺赏付将其活捉解送官府者五万埃居。(9月28日)总检察长布尔丹命令赏给任何将其刺杀者同样一笔钱款;即使凶手将犯有弑君罪,也承诺对之宽饶赦免。判决书因此根据检察官的公诉状改变。对夏尔特尔的主教代理官让·德·拉费里埃尔以及蒙戈梅里公爵也作出类似判决。他们的肖像连同海军上将科利尼的肖像由一辆两轮载重车拖运,然后悬吊在一座绞架上,但是,德·拉费里埃尔和蒙戈梅里两人的头却没有被悬赏索求。

这是自罗马三头政治时期发布这类法令以后发布的这类法令的首例。洛林红衣主教让人把这一放逐判决书译为拉丁文、意大利文和英文。

一个名叫多米尼克·达尔布的科利尼的跟班,认为毒杀他的主子配得上领取悬赏的五万埃居。但是毒杀行为会使他获得允诺的赏金颇不可信,何况此事难以证明。他在犯罪现场被人认出,并被吊死。吊死时身上挂着一个字牌。字牌上有“上帝的、祖国的、主子的叛徒”字样。

新教党尽管在雅尔纳克和蒙孔图尔两次战役受挫,在王国国内仍然获得巨大进展。它控制住拉罗歇尔以及卢瓦河彼侧的地区的一半。此后成了法国国王的纳瓦尔国王、年轻的亨利以及他的表兄弟亨利·德·孔代亲王继承在雅纳尔克战役中阵亡的路易·德·孔代亲王。让娜·德·纳瓦尔亲自把她的儿子年轻的亨利交给军队以及新教教会的代表。这些代表承认他为他们的首相，尽管他还十分年轻。

新教徒东山再起，重振旗鼓，新的希望萌生。尽管下达了教皇谕旨，宫廷仍然缺少钱款。它被迫派人向亨利四世的母亲让娜·德·纳瓦尔求和。以这位亲王的名字命名的政党的首领海军上将科利尼对战争十分厌倦。最后，宫廷自认为十分幸运，恢复掌玺大臣洛斯皮塔尔的体制。它废除了所有剥夺加尔文教派教徒的职位以及他们的宗教信仰自由的新敕令。加尔文教派教徒在巴黎的所有教堂全都交还他们和宫廷。他们甚至获准在朗格多克不再属图卢兹高等法院管辖。这个法院曾经让人砍掉加尔文教派教徒、国王本人的特派员拉潘的脑袋。他们能够把所有涉及他们的案件从朗格多克的下级法院移送到王宫的诉状审理庭庭长处审理。他们可以在鲁昂、第戎、埃克斯、格勒诺布尔以及雷恩等地的高等法院中根据他们的选择拒绝六名法官（法院院长或者法官）审判，可以在波尔多拒绝四名法官审判。拉罗歇尔、蒙托邦、科涅克、拉夏里特交给他们两年。如此行事，大大超过曾经为他们采取的举措。这时，国王的敕令在巴黎高等法院登记，也被所有其他高等法院登记，无人提出任何异议。

战争引发的、而且变得极端严重的公众灾难，是这次普遍赞同的原因。这项被称为坐得不稳的和跛脚的和约于 1570 年 8 月 15 日缔结。罗马宫廷没有任何怨言。它的缄默令人想到它已被告知卡特琳·德·美第奇和她的儿子的秘而不宣的意图。宫廷给予新教徒过分优厚的条件,表明给予这些条件可能言不由衷,并非出自内心。安排制定了在和好期间消灭那些用战争手段未能摧毁的人的计划。如果没有这一点,国王敦促海军上将科利尼前来宫廷、大量施予异乎寻常的恩典,并把在御前会议中的席位归还给那同一个模拟像被施以绞刑,脑袋被砍掉的人,就不是自然而然、顺理成章的了。他甚至获准在巴黎期间有贴身侍从五十名。这可能是人们使之落入陷阱的五十名受害者。

最后,策划筹备已达两年之久的圣巴托罗缪日惨案终于发生了。这一天国家的一部分对另一部分大肆屠杀。这一天人们目睹杀人凶手追捕被流放者一直追到一些为了保护他们徒劳无功地说情的公主的床下和怀抱中,这一天查理九世本人甚至从卢浮宫的一扇窗户向他的逃脱了杀人凶手的臣民射击。笔者应该在这里略而不谈的这些屠杀的详情细节,将永远在人们脑海里出现,直到最后的子孙后代。

笔者将只指出,这一天掌玺大臣德·拉比格连同此后成为德·雷斯元帅的阿贝尔·德·贡迪就是策划这一天的屠杀的人物。他们两人都是意大利人。比拉格过去常说,战胜胡格诺教派教徒必须使用厨师,而不是使用士兵。这里的掌玺大臣不再是掌玺大臣洛斯皮塔尔。

圣巴托罗缪惨案日这个日子,是曾经出现过的最令人毛骨悚然、胆战心惊的一天。宫廷意欲用来支持和为这些屠杀进行辩护洗刷的法律手段,是人们曾经目睹过的最卑鄙无耻、最凶恶残忍的事物。查理九世在惨案发生后的第三天,而且当屠杀还在持续期间,亲自前往高等法院。他猜想海军上将科利尼和所有已被割断喉咙但还继续遭受折磨的人会组织策划一起针对他本人人身和王室家族的密谋。他还猜想这起密谋即将在人们不得不在从犯的血泊中扑灭它的时候爆发。

科利尼三天以前似乎就已经在国王的眼皮底下被莫雷维尔刺杀,并且伤势非常严重,因此他不可能躺在床上进行这次所谓的密谋。

这时正值高等法院休庭时期。特别为此召集了一次非常法庭会议。1572 年 9 月 27 日,已经死亡并遭到碎尸的海军上将科利尼被判处置于柳条筐里被人拖去吊在格雷弗广场上的一个示众架上。然后他将被从该地带往蒙福孔的绞刑架。根据这项判决,他在卢万河畔沙蒂永的城堡被夷为平地。花园的树砍光。这块领地的属地撒上盐。人们以为如此行事就可以使这片土地五谷不生、一片荒芜,似乎在这个令人悲叹、不堪回首的时期,在法国还没有足够的荒地一样。一种古老的偏见让人认为盐会使土地失去它的肥力,而情况恰好相反。但是,当时人的蒙昧无知和他们的凶狠残暴不相上下。

科利尼的子孙虽然出生就具有最高贵的血统,却被宣布为平民,不但被剥夺了所有财富,而且被褫夺了公民权。他们不能立遗嘱。最后,高等法院下令每年在巴黎举行一次宗教行列游行以便感谢上帝让他们进行屠杀,并纪念屠杀。这种游行后来从未举行,因为星移斗转,时移事易。这至少没有让国家蒙上这种耻辱。

根据同一天巴黎高等法院发布的另一项判决,布里格摩和卡瓦涅这两个侍从、海军上将的两个朋友逃脱了圣巴托罗缪惨案日的凶手的魔掌之后，被作为所谓的密谋的从犯判处绞刑。同日，他们被用两轮马车连同海军上将的雕像拖到格弗雷。德·图肯定国王同母后卡特琳曾经来到市政厅观看这个场景。他们把纳瓦尔国王、我们的亨利四世强带领到那里。

宫廷首先在好些外省出面声称，巴黎的惨案只不过是海军上将煽起的轻微骚乱。但是通过派出的第二个邮班，向各个外省发出一道要像在巴黎对待新教徒那样对待各省新教徒的明确命令。

里昂和波尔多的民众灭绝人性、丧尽天良地对巴黎人的疯狂暴怒行为亦步亦趋，群起效尤。一个名叫埃德蒙·奥吉耶的犹太人煽动波尔多民众手执十字架进行杀戮。他把杀人凶手带领到他认为有可责难埋怨之处的两个高等法院的法官家中。让人在他目睹下割断他们的喉咙。

洛林红衣主教当时身在罗马。法国宫廷向他派去一个宫内侍从，告知他这些消息。这个主教立刻赠送这个宫内侍从一千金埃居。教皇格列高利十三立即下令从圣昂日城堡鸣炮庆贺。当晚在整个罗马城燃起欢乐之火。第二天教皇由全体红衣主教陪同前往圣马克教堂向上帝谢恩。他参加宗教仪式行列，步行前往该处。德意志帝国皇帝的大使为他手捧执燕尾服。洛林红衣主教念弥撒。就这起事件轨制了奖章(笔者手中有一枚)。让人绘制了四幅巨型图画。画上绘有圣巴托罗缪惨案的图景。在画的上端，在一个标语横幅上用拉丁文写着这样几个字：教皇赞许杀死科利尼。

查理九世在这些恐怖暴行后不久于人世。他看到，雪上加霜的是，这些恐怖暴行徒劳无益。他的王国的新教徒受到绝望的推逼，除拼死斗争以外别无他途可循，因此绝处逢生。圣巴托罗缪惨案日的暴行使得颇多天主教徒疾首蹙额。他们无法相信一种如此血腥的宗教会是一种真正的宗教，因此转而信奉新教。

深受悔恨、内疚、不安折磨的查理九世身罹绝症，一病不起。他的血液沸腾，败坏。血有时通过毛孔渗出。他无法入睡。当他享受到片刻安宁时，以为看见奉他之命被割断喉咙的臣民。他惊恐万状，大声喊叫，从梦中醒来，全身都浸泡在自己的血里。他自己流的血使他万分恐惧。只有他的乳母是他的安慰。他哽咽地对她说："我的乳母，多少血啊！多少凶杀啊！我干了些什么呢？我完蛋了。"

他于1574年5月30日死去，当时还不满二十四岁。艾诺尔院长注意到在为他在圣德尼举行葬礼的那天，高等法院开会，派遣一名执达员命令大指导神甫阿米约前来像饶恕法国国王那样，饶恕他。人们很清楚，这位大指导神甫拒绝前来参加这个仪式。

# 第二十九章　卡特琳·德·美第奇第二次摄政　布洛瓦最初的三级会议　亨利·德·孔代被人投毒　亨利四世的信　其他

查理九世死前十二天，感到自己来日无多，于是于5月18日把政府交到母后卡特琳手中。第二天诏书拟定，宣布母后为摄政女王，直到他的兄弟亨利到来为止。亨利当时正在波兰。诏书6月3日才在巴黎高等法院登记。这份文件载明"母后在阿朗松公爵、纳瓦尔国王、波旁红衣主教以及高等法院几位院长和法官的急切恳求下，愿意接受摄政职位。"仅仅在那时她才获得摄政王后的称号。



波兰国王亨利三世不久以后逃离华沙，前来用一只虽然沾满鲜血，但却软弱无力的手来挽住最不幸的国家和当时世界上最不称职的政府的缰绳。

绰号"疤脸人"的亨利·德·吉斯公爵来就任他的父亲弗朗索瓦·德·吉斯公爵的国家摄政官之职。他的兄弟红衣主教路易来就任洛林红衣主教之职。兄弟俩领导过去的党，始终同波旁家族的各个亲王分庭抗礼，大唱对台戏。

洛林红衣主教曾经构想过联盟[①]的规划。亨利·德·吉斯公

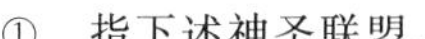

① 指下述神圣联盟。

爵和他的兄弟执行了这个规划。这个联盟1576年就在亨利三世刚刚让他的臣民安享太平的时期在皮卡尔迪开始成立。亨利三世在穆兰大会上宣布他反对圣巴托罗缪日惨案。他没有过多参与这个事件。他为科利尼以及曾经被高等法院判处的这位将军的所有朋友昭雪平反。他划归新教党若干安全地区。他甚至在当时瓜分整个王国的审判权管辖区的八个高等法院中的每一个设置法官半数为新教教徒的法庭,以大公无私地审判他们的诉讼。吉斯兄弟就利用这个时间策划组织有名的、长期的、名为神圣联盟的组织的密谋。

高等法院院长埃内坎、夏特莱的一个名叫拉布律耶尔的法官和他的父亲、蓬托香日的香料经营商,是头几个在巴黎点燃这场大火的人。三个月后,国王身处一个依附吉斯兄弟和教皇的党派的包围中。



席卷半个王国的这起密谋没有任何叛变动乱和违抗王命的先兆。宗教使这起密谋令人敬佩而又危险之至。亨利三世宣称自己是这起密谋的首领,能够掌控驾驭它。然而,他实际上只不过是这起密谋的奴隶而已,接着又成了这起密谋的受害者。他迫不得已撤销了他的所有敕令并对纳瓦尔国王作战。纳瓦尔国王此后却成了他的继承人,但为时过于短暂。只有纳瓦尔国王能够成为他的保护人。亨利三世首先于1576年12月3日在布洛瓦召开最初的三级会议。会上第三等级和教士、贵族同样就座。血缘亲王按照他们的出生顺序就座,而不是像过去那样按照贵族爵位高低就座。他们的席位按照与王室的接近程度安排。他们走在王国其他贵卿的前面,毫无碍难。颁布了一项1577年1月8日进行登记的声明。以集体的形式也好，以代表的形式也好，高等法院在这些三级会议中都没有席位。但是，审计法院的首席院长安托万·尼科莱却前往与会，并在会上发言。三个等级中每个都任命一些特派员与他共同审核国家需求。

布洛瓦最初的几次三级会议不给予国王一分一厘钱，而国王又急需钱款。教士要求公布特兰托宗教评议会的召开情况。该会有二十四多项教谕直接与各个王国的法律和王室的权利相悖。贵族和第三等级竭力反对教士的要求。参加这次三级会议的三个等级只不过是为了让国王沦于一贫如洗、度日如年的境地，才同心协力，联合一致的。国王本身的穷奢极欲、挥霍浪费以及一场对抗他的推定继承人的战争也使他沦于这个境地。

有人声称，在布洛瓦的最初几次三级会议中，三个等级的代表曾经受托执行一项钦准训令。该训令称，“高等法院的各个法庭是小型的全国三级会议。”这个细节见诸一本关于亨利四世的历史著作《研究》中，鲜为人知，由一个叫做德·比里先生的作家撰写。然而，《研究》一书的作者叙述有误。此书颇多虚假不实之处。全国三级会议命令它的代表对国王说，高等法院是三级会议。这是不可能的。训令载有这些话：“所有敕令均须在高等法院开会期间进行审查及登录。此机构即使减缩到最低限度，仍有权力中止、修改及拒绝上述敕令。”读者看看内维尔的回忆录第1卷第449页。由此可见布洛瓦的最初的几次三级会议发布了几乎与有人意欲让它发表的内容截然相反的内容。评论一部历史时必须正确引证史实，而且不招致批评，尤其必须考虑到当时是个沧海横流、动乱迭起、异见党派林立的时代。

国王在他的事务江河日下、衰退没落的情况下，恣情纵欲、吃喝玩乐，以此自娱自乐。他准许一个叫做格利·热洛西的剧团的意大利演员在波旁大厦搭建一个舞台。高等法院下令禁止，违者罚金一万利弗。但是，这些意大利人却对高等法院禁令置若罔闻，不予理睬，于1577年4月在获得大量赞助的情况下演出。只付四苏即可购买一个座位。如果此事不足以证明罗马宫廷的势力已经使意大利文在巴黎风靡一时，不足以证明国王钱款奇缺，不足以证明国王个人的简单旨意足以使高等法院的决定成为一纸空文的话，此事就不值得历史记载。

亨利三世当时表演了另外一出喜剧。他加入鞭笞派教徒[①]的慈善社团。这里转述奥古斯特·德·图的话最好不过。他说："这些苦修会会员对赞美诗的这一段加以歪曲。在这段诗中，大卫[②]说他受到上帝的愤怒的连枷的抽打。在这些戴假面具的人的队列中，他们在街上一边走，一边鞭打自己。"[③]



高等法院没有发布反对这一危险的、滥用权力的行为。已于1574年像国王那样赤脚参加鞭笞派第一次宗教行列游行的洛林红衣主教为此患了一种让他进入坟墓的病。国王认为必须向民众演出这出闹剧，以便使正开始组建的神圣联盟和认为他是异教徒的秘密保护人的民众闭嘴。然而，由于他把一些过于为人所知的

① 十三、十四世纪天主教的一个派别，教徒当众自笞借以赎罪。

② 大卫(约前1040—约前970)，古以色列国国王，建立统一的以色列王国，定都耶路撒冷。据基督教《圣经》记载，他系耶稣的祖先。

③ 本书法文原版注称：此句应为《圣经》中《诗篇》第37篇的第18句"耶和华知道完全人的日子，他们的产业要存到永远。"

放荡不羁、荒淫无耻的情节掺混到这种虔诚的演出中，因此使自己对他意欲吸引争取的民众来说为人所不齿。他认为他自己作为联盟的首领，能够对之掌控约束。但是，他没有看到如此行事，乃是庄严地认可这个组织，对它加以肯定；乃是向这个组织提供武器用来反对自己。所有这些步骤活动，促成挖掘自己跌下的万丈深渊。联盟强迫他把他将用来反对联盟的武器的矛头转向亨利·德·纳瓦尔。

在库特拉[①]战役之后，并在这场战争期间，1588 年 3 月 5 日亨利·德·孔代亲王在圣通日的圣让-当热利被人投毒丧命。关于这起已被证实的投毒事件，必须读读亨利四世致格拉蒙公爵夫人的一封信。这封信是这个恐怖时代最宝贵的不朽作品之一。

圣让-当热利的大行政官让人用四匹马拖拽一个名叫昂塞兰·布里扬的人。此人从前是波尔多高等法院的辩护人、膳食总管或者亲王的监督人。他被证实提供毒药。孔代王妃的侍从贝尔卡斯特尔的模拟像遭到处决。王妃本人被投入狱中。她向贵卿法院上诉。她长期身陷囹圄。只是在亨利四世统治时期，高等法院在没有任何贵卿参与的情况下才宣布她无罪。

① 法国地名。1587 年，亨利·德·纳瓦尔在此战胜儒瓦耶兹公爵。

# 第三十章 吉斯兄弟遭到谋杀 针对国王亨利三世的刑事诉讼开始

1588年5月9日是被称为街垒日的日子。这一天产生了非常怪异的后果。吉斯公爵不顾国王的命令抵达巴黎，借口是他没有收到上述命令。此前亨利三世的侍卫已被解除武装并被逮捕。他离开巴黎前往召开第二次布洛瓦三级会议。该会没有任何巴黎高等法院代表出席。组成这次三级会议的人员几乎全都依附吉斯兄弟。



国王首先不得不重提神圣联盟的团结誓言。这是他必须强加于己的一个悲伤的虚礼客套。这个行动使教士胆壮起来，异口同声要求宣布把亨利·德·纳瓦尔排除于一切王权之外。教士得到贵族团体和第三等级团体的支持。

埃姆布伦大主教纪尧姆·达旺松由每个修会的十二名代表跟随，前来请求国王认可他们的上述决议。这一对王国基本法的违犯既然是代表整个王国的人的行为，因此比对国王查理七世的判决[①]更加重大。但是，亨利三世这时已开始反复思考琢磨另一迥然不同的违犯法律的行动。

① 见本书第六章。

他目睹吉斯公爵和吉斯红衣主教两人掌控三级会议的讨论。他被迫同亨利·德·纳瓦尔兵戎相见。他被拒绝给予他进行这场战争所需的钱款。他下定决心置这兄弟两人于死地。奥蒙元帅建议他把他们交由司法部门处理,把他们作为弑君罪犯加以惩处。这个主意本来会是最正确的,但却是不可能实现的。贵卿的大部分以及高等法院的官员的大部分属于神圣联盟。此外,无法取得任何针对吉斯公爵的罪证。公爵是国王本人宣布为神圣联盟的将军的。他在街垒日行事十分诡秘、巧妙,以致他似乎是镇压民众,而非煽起民众造反。再者,国王已经庄严宣布大赦,而且把手放在圣体上发誓忘记过去。

最后,当时的事态和正盛行一时的迷信,都使俗间法官不敢判处吉斯红衣主教死刑。由于民众的成见,罗马仍然势盛力强,让红衣主教享有犯弑君罪而不受惩罚的权利。即使根据法律,证明红衣主教犯有轻罪,也比证明他的公爵兄弟犯有轻罪更加困难。

亨利三世让他的宫内侍从——人称四十五人中的九人——暗杀吉斯公爵。准备这次报复,必须使用大量阴险狡诈手段。进行这次报复别无他途可循,只能如此行事。吉斯公爵在国王的成套房间中被刺。这支四十五人的队伍,虽然已经双手沾染他们将军的鲜血,却不敢承担杀死一个教士——吉斯红衣主教——的责任。人们发现四个较少忌惮、令人憎恶的士兵。他们用戟一下一下捅死了这个教士。

这双重谋杀让国王抱着神圣联盟受此惊愕不久即将瓦解消失的希望。然而,他觉察到他只不过是犯下一个轻率鲁莽的暴行而已。两位被刺断喉咙的亲王的兄弟马延公爵武装一支队伍为他们的死报仇。教皇开除了亨利三世的教籍。巴黎全城起来造反,抢夺武器。

诚实可信的德·图告诉笔者,亨利·德·纳瓦尔,亦即那个对我们留下非常珍贵的记忆的亨利四世,始终深恶痛绝地拒绝他那个党派的好些宫内侍从对他作出的谋杀的建议。此时,他怨恨吉斯公爵之处比亨利三世更多。正是他对吉斯其人恨之入骨,不共戴天。正是他被吉斯让三级会议宣布永远不配拥有法国王位。正是他被吉斯的持异见党让人在罗马用一道称他为"波旁家族的退化的和可恶的一辈"的教皇谕旨褫夺了公权并加以流放。正是他被吉斯公爵确实意欲让人宣布为私生子,借口是他的母亲让娜·德·纳瓦尔过去曾经许婚嫁给克莱弗公爵。尽管理由举不胜举,亨利四世仍然不断拒绝用卑鄙无耻的手段进行报复,而亨利三世却用一种会激起强烈公愤的方式实施了这种报复。

法国举国上下,除了国王宫廷外,都声称谋杀行为在一个帝王身上和在一个普通人身上同样是弥天大罪。这项罪行由于过分易于实施,由于这样可怕的例子引导一个民族群起效尤,因此更加可恨可憎。两位被杀亲王的母亲安娜·德斯特以及吉斯公爵的遗孀卡特琳·德·克莱弗向巴黎高等法院递交诉状,要求严惩杀人凶手。高等法院答称:

"呈交法院的诉状业经法院及合议庭审阅。考虑到各种情况,上述法院已命令并仍命令向恳求者派出特别法庭。"

(同日)皮埃尔·米雄及让·库尔丹两位大人已于1589年1月被第二项决定任命为特派员以对案件进行调查和预审。前此,亨利三世已下令对已故公爵起诉。他派往布洛瓦一特别法庭。高等法院根据一项新诉状作出下述决定：

“已故吉斯公爵的遗孀吉斯公爵夫人卡特琳·德·克莱弗呈交法院的诉状已经法院及合议庭审阅。夫人被告知：毁损（吉斯兄弟）肉体的人正竭力在吉斯兄弟死后用起诉方式凌辱和诋毁吉斯兄弟，并已为此目的派出若干所谓特派法官。这一举动实有损于根据人所共知的法国法律以及属于上述法院的、就个人而言属于其他法官（不管这些法官为何人）的审判权。据此，法院将上述（亨利三世派出的）特别法庭（要求接纳上诉人）的允准、授予及执行，以及由此产生的和可能产生的一切后果称为明显无法律效力的、由显然无权能的法官进行的诉讼程序。法院现命令派出另一特别法庭就上述事项通知前述（亨利三世）已派出的并允准上诉的人以及特派法官。法院命令自即日起禁止上述特派法官如此行事，违者将被宣布为法国的确定的及公认的法律的违反者，并作为非常例的受惩罚者，而无需考虑审判权及受理问题。法院对各种情况加以考虑后，已接纳，现在仍接纳上述克莱弗夫人为对上述的允准、授予及执行以及由此产生的和可能由此产生的一切后果提出上诉的上诉人，并特别压制、禁止所有上述特派法官继续进行活动。1589 年 2 月 1 日迪蒂埃”

在德尼·比内处印刷的另一文件于 1589 年获准转述。

## 诉讼通告

一方面根据皮埃尔·迪福·莱弗勒斯大人 1589 年 1 月 12 日的传票和通知：法兰西王国各省的代表大人作为原告，民众和为控告亨利·德·瓦卢瓦而结集的共同利害人也作为原告；另一方面亨利·德·瓦卢瓦以他进行诉讼的名义和资格作为被告，这两方面对你们——法国王室官员和参议大人，巴黎高等法院中的王室拥护者——的面，说明下述推论出的原因、理由和手段：

“上述亨利·德·瓦卢瓦因杀害及暗杀吉斯公爵及吉斯红衣主教两位杰出人物，为就此暗杀谢罪赔礼将被判处进行当众公开认罪。他将半身裸露、光头、赤脚、颈套绳索，由最高司法当局的执行法官从旁协助，手执重三十斤重的点燃火炬。此人将在三级会议大会上双膝跪地，声明他极端错误地、毫无缘由地、凶狠恶毒地、鲁莽冒失地对上述吉斯公爵和吉斯红衣主教犯下或者让人犯下谋杀罪。为此他请求上帝、司法部门和三级会议饶恕。他将声明自即日起，他作为罪犯以及公开认罪者，将被废黜，而且被宣布不配拥有法国王位，他将放弃他以后能声称拥有的权利。这一点是为了在诉讼中有更充分提及的并充分说明的情况。因这起诉讼，他将遭受打击并被证实犯有罪行。他除了将被流放并终生关闭在位于万森森林附近的伊埃罗米特修会的修道院，在该处靠面包和水度过余生外，他还将被判支付全部诉讼费用。原告以特赦法院能出于善意好心极好地补充的方法，收领诉讼费，结束此事。辩护人缺席。希科（签名）。”

这段文字十分可疑。在笔者看来，贝尔在从亨利·德·吉斯的文章中引证这段文字时，本应考虑到这段文字不是取自高等法院的记载，没有辩护人签字，被假定由希科签名。希科这个名字与国王的小丑的名字相同。文内丝毫没有提及被杀亲王的母亲和遗孀。向高等法院详细说明司法部门可能对一个罪犯进行的惩罚，这不符合习俗惯例。最后，这个诉状更应该被视为那个时代的诽谤性小册子，而不应该视为司法文书。它只有助于让人看到在那些令人悲叹的时代人们的狂热究系何物。

# 第三十一章　被叛乱分子强行拖押到巴士底狱的高等法院法官 索邦神学院针对亨利三世的公告 这位君主被谋杀

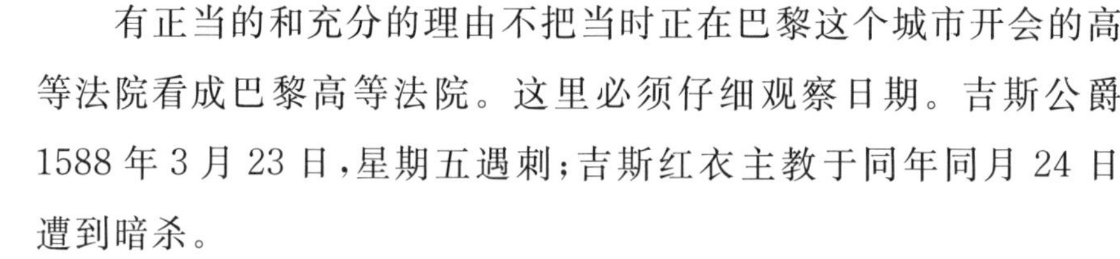

有正当的和充分的理由不把当时正在巴黎这个城市开会的高等法院看成巴黎高等法院。这里必须仔细观察日期。吉斯公爵1588年3月23日，星期五遇刺；吉斯红衣主教于同年同月24日遭到暗杀。



神圣联盟在巴黎势力强大。人称十六人党的执异见党派由有产者组成，卖身投靠西班牙和教皇，是巴黎这座城市的主宰。

1589年1月16日，星期一，曾任高等法院检察官、现任巴士底狱总监、被称为比西的让·勒克莱克由十五名身披甲胄，手握手枪的侍卫跟随，前往高等法院大法庭。他命令高等法院首席院长德·阿尔莱及院长德·图和院长波蒂埃在他身后跟随。他从一个法庭到另一个法庭，抓捕被他怀疑忠于国王亨利三世的法官。这些法官共五十人被解往巴士底狱，途中有产者夹道观看。

审计法院的、大御前会议的和间接税法院的几个成员关在其他监狱。

高等法院当时由将近一百八十名成员组成。其中一百二十六名曾经把手放在十字架上宣誓永不背弃神圣联盟，要为吉斯公爵和吉斯红衣主教之死报仇雪恨，向凶手主犯及从犯讨还血债。高等法院的书记官、辩护人、检察官、公证人作了同样宣誓。他们共三百二十六人。

1月17日，星期三，即上述五十名法官被监禁的第二天，高等法院一如平时开庭审案。由接受了这个危险职位的院长巴尔纳贝·布里松主持庭审。他向吕松和勒诺瓦两位公证员的悄悄声明他身不由己主持这个高等法院，认为这样做可以为自己准备一个对付国王的愤怒的对策。他屈从于暴力。这种声明很少充作借口，只不过暴露了一种软弱的心态而已。

高等法院首席院长阿西尔·德·哈尔莱胆量较大，宁肯留在巴士底狱而不愿背叛他的国王和自己的良心。布里松认为自己可以在两党之间左右逢源，两面讨好，起调节作用。但是，不久以后他就成了自己的不幸的策略的牺牲品。



就在这同一个1月，索邦神学院特别集会。与会者为七十个博士。此会用拉丁文宣告民众不受他们曾经对国王所作的忠诚宣誓的约束。这样的行动在别的任何时期只能是对国家首脑犯下的危害王权罪，但在当时这却是良心和信仰的至高无上的法院的一项决定。这项决定赞许公众舆论，因此被积极付诸实施。

1月26日，星期四，传令官奥弗涅奉国王之派遣来到巴黎城门，取缔高等法院及其他高等法庭。他被关进监狱，受到绞刑威胁，被遣回后没有作出任何回应。国王曾经指出他的高等法院将在图尔活动，正如查理七世曾在普瓦提埃让他的高等法院活动一样。然而，他并不比查理七世更加得手。他设置了几个新法官职位。那些巴黎高等法院中颇得他青睐的法官没有自由前往图尔。这个法院仍然继续履行自身的职责，毫无困难。

3月13日，马延公爵作为王室国家的及法国王室的国王指定的摄政官在高等法院的大法庭宣誓。高等法院院长布里松宣读誓词。马延公爵逐字逐句跟着念。

同样的叛乱思想蔓延到王国的几乎所有城市。图卢兹的暴民割断该城高等法院首席院长迪朗蒂及总辩护人达菲斯的喉咙。这两位法官以对国王忠心耿耿、刚正不阿、为官清廉广为人知。迪朗蒂的尸体吊在一座绞架上。图卢兹高等法院的其他成员全都选择跟从神圣联盟的政党。正如德·图指出，这些成员中有两位法官双手还沾有他们的首席院长的鲜血。亨利三世的模拟像被愤怒的民众吊在公共广场上。有人贩卖一种他的劣质的木刻像，一边高喊："我们的暴君售价五苏。"

亨利三世因不欲与亨利·德·纳瓦尔结盟，因想象自己能够同时战胜神圣联盟和这个正直诚实的亲王而引火烧身，屡罹灾难。他因此最后不得不向这个亲王求助。这两位国王的联军开赴巴黎城下的圣克卢安营扎寨。吉斯公爵和洛林红衣主教的姊妹蒙庞西埃公爵夫人狂热地鼓动巴黎人强忍围城的恐怖。

《亨利三世日记》记叙说，国王让人对这位公爵夫人说，他将要把她活活烧死。她的答复是："这火是为像他那样的鸡奸者点着的。"

她的这番话说了三天后，天主教多明我会僧侣雅克·克莱门在圣克卢暗杀了亨利三世。根据德·图院长的说法，刺客只有二十二岁。

当时的回忆录叙述说，总检察长拉格斯勒此前已经设法逃离巴黎，又不幸亲自把这个凶手僧侣引荐给国王，这次却没有被传到庭对凶手的尸体起诉。凶手行凶后当场被国王的卫士用拳头三下五下打死。法国大行政长官黎塞留侯爵对凶手尸体起诉时，拉格斯勒像另一个人那样作证。是亨利四世本人于 1589 年 8 月 2 日作出决定，判处这个僧侣的尸体车裂、焚毁。两天后，一个名叫让·勒罗瓦的方济各会修士因杀死这同一亲王的一名仆人被这位亲王判处装进一个袋子里活活扔到塞纳河中。

至于僧侣雅克·克莱门，他是受一个名叫布尔戈安的修隐院院长以及蒙庞西埃公爵夫人唆使犯了这项弑君之罪。当时的回忆录称这个王侯夫人曾对这位凶犯以身相许，以便加大力度煽动他。但是，此事疑窦丛生。雅克·克莱门来不及以此自炫。毫无疑问，这位王侯夫人并未如此供认。撰写历史必须坚持公认的以及确认的事实。

# 第三十二章　多所高等法院在亨利三世死后作出的判决首席院长布里松被十六人异见党绞死

亨利三世死后，亨利四世似乎并不会成为法国国王。好几个天主教领主离弃了他，借口是他是异端，而真实意图却是瓜分王国，并占有一些古迹遗址。巴黎的传教讲道者因亨利·德·瓦卢瓦之死而感谢上帝。



8月7日，马延公爵让人在高等法院发布並登记一项敕令。该令承认查理·德·波旁红衣主教为国王，人称为查理十世。以他的名字轧制了钱币。这个查理十世垂垂老矣，无力履行赋予他的职责，而且他当时还是囚于希农的国事犯。亨利四世被迫查实确认此人，而神圣联盟则只视他为它可以借其口窃取王国最高权力的幽灵。

波尔多高等法院既不承认亨利四世，也不承认查理十世。但是，图卢兹高等法院却作出一个令人吃惊的榜样。以下是它8月22日的表态：

“法院在各个法庭聚集的情况下，被告知本月1日亨利三世的奇异的、可怖的、血腥的猝然死亡后，已经劝告并仍在劝告全体主教和牧师……每人在各自的教堂教人感谢上帝施予我们的把巴黎城和其他城市从国王统治之下解救出来的恩典，已经命令并仍在命令每年8月1日组成宗教仪式行列，进行公共祈祷以感谢上帝在上述日子为我们带来的特惠。”

这项奇怪的决定还补充这一点：禁止承认所谓的纳瓦尔国王亨利·德·波旁，违者处以死刑。这项决定下令严格遵守教皇西克斯特五世开除这位王侯基督教教籍的谕旨。根据这项谕旨，法院第二次宣布这位王侯因已犯有在上述判决中列举的被确认的多项臭名昭著的罪行，不配继承法国王位。

就这样，所有神的和人的法律都在司法和宗教的名义遭到践踏。

正当亨利四世刚刚只率领三千人在迪埃普附近的阿尔格的战斗中战胜拥有将近一万人马的马延公爵之时，正当他日夜手执刀枪，披挂上阵，凭借勇敢和他与生俱来的好运，收复他的王国的一部分之时，已经以西克斯特五世之名成为教皇的多明我会修士的佩雷蒂弗，向巴黎派来一个特使，并且在几乎全部属于王家管辖审判权限范围的案件方面授予他对在俗教徒的全部管辖审判权。这位教皇特使是卡热坦红衣主教。他与在法国仍然臭名昭著的教皇卜尼法斯八世属于同一家族。他的委任状和他的最高审判管辖审判权限的保证金1590年2月2日应总检察官的申请毫无困难地在巴黎高等法院进行了登记。

与此同时，索邦神学院继续在它的职权范围内支持这种胡作非为、倒行逆施。（2月10日）这个机构郑重申明：教皇有权开除国王出教并罢黜国王；甚至不准许与异教徒及重又归附异端者亨利·德·贝亚思[1]进行商谈;承认亨利·德·贝亚思为国王者犯死罪。索邦神学院以三神一体的名义肯定:“凡谈论和平均者为不服从我们的圣母基督教会,并理当像腐烂的、生了坏疽的肢体那样截除。”

同年3月5日,高等法院让人发表一项新决定,严禁与亨利四世进行任何联系往来,违者处以死刑;并命令承认幽灵查理十世为国王,王国司法长官马延公爵为国王指定的摄政官。

亨利四世打赢伊弗里之战,以此作为对高等法院和索邦神学院的答复。波旁红衣主教查理十世在巴黎及法国的一部分被承认为国王,不久后死于普瓦图的夏特内城堡。此前亨利四世曾经让人把他转移到该地。神圣联盟只专注于选举一位新王。菲利普二世意欲把法兰西王国给予他的女儿,即把女儿克莱尔-欧仁妮嫁给“疤脸”的儿子、后来在布洛瓦遭到暗杀的吉斯公爵。

高等法院一直受命发布判决。索邦神学院一直受命发布称为法令的文件。这所学院于1590年5月7日发布一项法令,承诺授予荣幸地为反抗亨利四世而死者烈士花冠。

正是根据这项法令,当着教皇特使卡热坦红衣主教和跟随他的几个意大利主教以及此后成为红衣主教的耶稣会教士的贝拉尔曼等人的面,组织进行了神圣联盟的这次著名宗教行列游行。

桑利斯主教纪尧姆·罗斯走在游行队伍的最前面,一只手执十字架,另一只手拿着一支戟。随后走来夏特勒的隐修院的院长。此人由所有僧侣跟随,衣服撩起,风帽压得很低,戴头盔。四个托

[1] 即亨利四世。

钵修会修士、小兄弟会[1]修士和嘉布遣会[2]修士同组行进，带着老式毛瑟枪，凶神恶煞，眼睛燃烧，发出光来，正如德·图院长所说，咬牙切齿，杀气腾腾。

圣科姆的本堂神甫担任士官职务。他喊着开步走、立定、鸣枪等口令。僧侣在教皇特使的马车前面游行。他们当中一人子弹上膛，一枪打死他的司祭。这个意外事件没有扰乱典礼仪式。德·图叙述说，僧侣们高呼，既然这个司祭死于这样一个神圣的典礼上，那他就得救了。民众对这个司祭之死并不关注。

在此期间，那些谈论与国王[3]商谈的人全被无情地绞死。这个君王在伊弗里取得胜利后现在正率领一支数量远远超过宗教仪式游行队伍的军队兵临巴黎城下。

他下令准备在圣雅克郊区那个方向，在伸手不见五指的夜晚进行攀登。这个举措即将成功。但是，谁会想到一个书商 、一个辩护人和一个耶稣会教士竟然妨碍亨利四世入主他的首都呢？当一个士兵手腕已经紧紧攀到城墙上时，一个耶稣会教士一斧头砍掉他的手。点燃的麦秆扔到王军已经下降到的壕沟中。到处响起警报。亨利四世被迫下令撤退。



战争四处继续进行。巴黎人每天一再发誓不承认国王。

新教皇格列高利十四世目睹一些军队前往救援神圣联盟。他每月向巴黎的执异见分子提供取自西克斯特五世存储的财富中的一万五千利弗。救援军队随同一个名叫马特奇的、担任军队总特

① 即方济各会。此会宣传清贫福音，倡导文化，效忠教皇，反对异端。

② 为方济各会的一支。该会会服附有尖形风帽。

③ 指亨利四世。

派员的大主教行进。凡尔登城是会师地点。耶稣会教士约旺奇在其所著《耶稣军团史》一书中承认，巴黎的初学修士的上级名叫尼格里。他把这个修会的初学修士集合起来，带往凡尔登的教皇军中，编入这支军队。这个行为真是匪夷所思，可能看起来令人难以置信，但在我们耳闻目染种种情况后绝对毋庸置疑。

在风起云涌、瞬息万变、事件迭生——其中一些十分恐怖，另一些则荒唐可笑——的局面中，被称为十六人的执异见党派新树立了暴戾恣睢的榜样。内战把人卷入其中。这个执异见党派在巴黎比高等法院更有权威，甚至摆脱了马延公爵的权威。这十六个人发现一个名叫布里加尔的市区检察官曾经寄往当时正处于王军占领下的圣德尼一封信，于是向高等法院控告他，对他起诉。高等法院首席院长巴尔纳贝·布里松救了这个不幸的人一命。这十六人怀疑布里松身在巴黎，心在王党。以下是他们如何进行报复：

就是那个已经把高等法院的一部分人关押起来的巴士底狱总管比西·让·勒克莱克首先要求得到有首要执异见分子中的十人签名的一张空白纸，这是行动的开始。他对这些人说，这是为了同索邦神学院洽商。他一旦获得他们的签名，就用对法院首席院长的死刑判决的词句填满这张白纸。这时已经有人等候这位院长冒冒失失在大街上行走的时刻到来。这位院长被捕，并被解送到小夏特莱。他一旦被关进该处，大御前会议的参赞克罗梅就身穿武装工作服出现在他面前，让他跪下，向他宣读他因犯神和人的弑君罪被判处绞刑的判决书。

他在这个恐怖的时刻，依旧满脑子那些抚育培养他成长起来的诉讼、判决等法律手续，要求同控告他的证人进行对质。这真是一件相当荒谬怪异的事。克罗梅对此只答以一阵哈哈大笑。布里松央求推迟处决，直至他把他那已经开始动笔撰写的司法著作完成为止。克罗梅笑得前仰后合，更加厉害。布里松被吊死在一根柱子上。

一小时后，一个名叫舒耶的大行政官的副手来到法院抓捕拉尔歇尔。这个高等法院大法官、法官中的第二位元老、一个七旬老人也被控告为国王的支持者。他被押解到置放布里松尸体的同一地方。拉尔歇尔目睹这个场景，就要求自己赴死。他被吊死在一根柱子上。

与此同时，圣科姆的本堂神甫由一批教士和大学的帮凶跟随，前往抓捕病重卧床并刚刚放了血的法官夏特莱·塔尔迪弗。他把这位法官指给死刑执行人看，并让他同样死去。

有这样的人：他们执行这些处决；他们的职业就是夺走别人的生命而不去了解这种死是否正义以及下令处死的人的权力为何物。这也是人的暴行之一。

第二天这三个人暴尸于格雷弗广场，吊在一根柱子上，附有字牌。字牌宣告三人是叛徒、上帝的敌人及异端分子。马延公爵当时不在巴黎。以这个城市的主人自居的十六人执异见党派利用这个时机致函西班牙国王。他们向他派去耶稣会教士克洛德·马蒂厄，央求西班牙国王把他的女儿嫁给年轻的吉斯公爵作为法国王后。马蒂厄携带的信途中被人截获并送呈法国国王。法国国王没有忘记让马延这封信的一份副本万无一失地落入马廷公爵手中。在这位公爵和他的侄儿之间散播嫉妒猜疑，是分化瓦解神圣联盟的不二法门。

马延到达巴黎后以解除比西·让·勒克莱克对巴士底狱的管理权作为第一步。他不通过任何诉讼形式绞死四个让人弄死法官的罪大恶极的家伙。同一个曾为这四人效劳的刽子手接着也被吊死。

罪孽最深重的克罗梅逃脱。高等法院恢复它平时的职能。院长勒梅特尔取代了布里松。他没有被他前任遭到的灾祸吓倒。

# 第三十三章　被肢解的王国
# 只有设在亨利四世近旁的高等法院能够显示它的忠心
# 它下令逮捕教廷大使

正当巴黎高等法院时而成为神圣联盟的喉舌，时而成为它的受害者时，必须看看王国的其他高等法院所为何事。普罗旺斯高等法院向菲利普二世的女婿萨瓦公爵菲利贝尔－埃马纽埃尔派去一个由里埃兹主教夏斯特尔、昂皮男爵和一个名叫法布雷格的辩护人共三人组成的庄严的使团。

11 月 14 日，萨瓦公爵到达埃克斯。他受到像对国王那样的接待。向他呈上华盖。高等法院全体法官吻他的手。奥诺雷·迪·拉朗代表这个机构发言。公爵被承认为这个省的保护者。向他进行了忠诚宣誓。

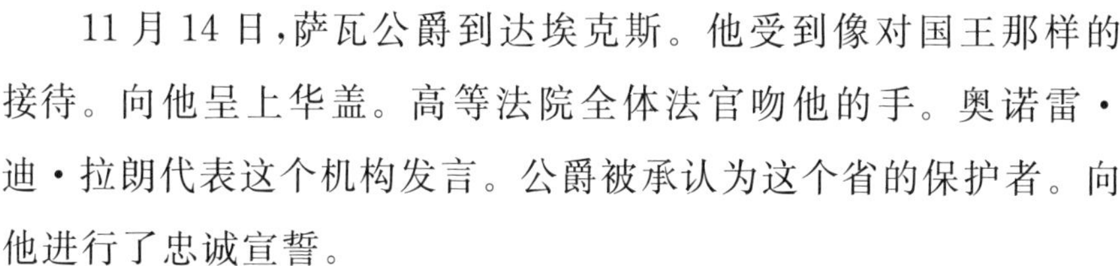

格勒诺布尔高等法院内部意见分歧。法院中仍然忠于国王的人已经撤退到佩尔蒂乌斯。但是，此后成为都统的勒斯迪基埃尔攻占了这个城市后，高等法院重新集合，此后只以国王的名义履行司法权能。

鲁昂高等法院的处境与巴黎高等法院的处境类似。它完完全全、彻头彻尾处于神圣联盟的执异见党派的控制之下，听任西班牙军队的支配摆布。它不幸于1592年1月1日发布下列决定：

“法院已毫无例外地禁止，并仍然禁止各类人员，不论其属于何种等级，具有何种爵位，具有何种地位，以任何行动、任何方式赞助亨利·德·波旁的党派。上述人员须立即弃绝该党，违者吊死或绞死。上述法院下令将由总检察长发布罪行检举命令书，以对那些赞助上述亨利·德·波旁及其徒众者进行侦讯……上述法院下令在公共广场竖立绞架以吊死那些恶毒之极的为害国家者。”

只有当时时而在图尔，时而在夏隆开会的国王的高等法院能够自由表达它的爱国之情。教皇格列高利十四登基时，曾经首先向神圣联盟派去一位教廷大使以襄助当时在巴黎履行教皇特使职责的卡热坦红衣主教。这位教廷大使名叫朗德里亚诺。他带来重申开除亨利三世和亨利四世教籍的教皇谕旨和罪行检举命令书。

夏隆的小高等法院当时甚至没有一位院长作为首脑，但却发挥出它的全部效能。其他高等法院如果更加自由，或者受诱受贿较少，才能发挥出这种效能。这个法院发布命令逮捕所谓的竟然敢于未获钦准就进入法兰西王国的教皇大使朗德里亚诺。它下令在三个市场交易日吹喇叭，悬赏一万利弗，奖给将此人送交司法部门者。它禁止大主教和主教发布教皇谕旨，违者将被宣布为弑君罪犯。最后它就选举格列高利十四为教皇一事向未来的主教会议上诉。

这个令整个法国异常震惊的举措是正规合法的、普通单纯的。一个外国主教竟敢决定王权，这实在是对所有法律以及人类理智的一种玷辱。充作这种玷辱行为的借口的宗教本身，也谴责这种肆无忌惮、放肆无礼的行径。理智让人感到这种行径荒唐可笑。

然而，自从格列高利七世以来，无事不能的舆论却让这些有百害而无一利的思想在所有教士的脑袋里根深蒂固。这些脑袋又把这种毒素灌注到民众的脑袋里。愚昧无知使人接受这些准则；欺诈行骗使人扶植支撑这些准则；刀枪剑戟支持这些准则。当时天主教徒中一个僧侣就足以让人深信，从未到过罗马的、不通拉丁文的使徒彼得[①]在主教管辖区这个称号尚未给予任何地方的时代，曾在提比略[②]及其他帝王在位时期占有主教席位二十五年；就足以让人深信他从这个所谓的主教席位把以导师的身份向全体帝王、全体教会训话的权利传给在他两千五百年之后的格列高利十四。只有疯狂的神圣联盟的成员或者傻瓜才会相信这样一些荒诞可笑的无稽之谈，才会对这样一种专制暴政百依百顺。

对法国的荣誉来说，有两个红衣主教和八个主教支持了真正的高等法院的坚定立场，并使这个机构强毅刚正。这些红衣主教是国王的表兄弟波旁红衣主教和虽身为洛林人的勒蒙库尔红衣主教。高级神长是：布尔日的大主教德·博内、南特主教迪·贝克、夏尔特尔主教德·图、布维主教德·菲梅、马伊泽主教苏尔迪、曼斯主教当热内、夏农主教克洛兹和巴耶主教达戎。他们的名字应该永久被后代铭记在心。



（1591 年 9 月 21 日）这些红衣主教和主教在夏尔特尔草拟一项通告，向王国全体天主教徒发出。他们说：“我等获悉，格列高利十四教养极差、耳目闭塞，且又受国家敌人奸诈诡计欺骗蒙蔽，已

① 又称圣彼得，为耶稣十二使徒之一。耶稣死后为众使徒之首，在罗马殉教。

② 提比略（前 42—37），古罗马皇帝。长期从事征战，军功显赫。即帝位后，因暴虐引起普遍不满。后被近卫军长官杀害。

经发布教皇谕旨及罪行检举命令书以取缔并开除并不背叛其国王的主教、王侯、贵族等人之教籍……我等经深思熟虑，深入商议，宣布上述开除教籍……之决定形式上及实际上完全无效且不公平，系受法国敌人指使……而无损于教皇之荣誉。"

国王的高等法院当时正在图尔开会，举措更好。它假死刑执行人之手焚毁教皇谕旨，并宣布所谓的教皇格列高利为公共安宁的破坏者及杀害亨利三世的帮凶，既然他认可这次凶杀。

巴黎高等法院在它那方面受到神圣联盟分子的压逼，让人在大楼梯脚下烧掉图尔高等法院的决定，并把这项决定定性为可恶、极坏。图尔高等法院以其人之道还治其人之身，对待巴黎高等法院的决定。胜者为王，败者为寇。必须用胜利来评断这些争论中的是非。但是，亨利四世对巴黎以及对鲁昂之围被帕尔玛公爵解除，因此他一时还无法正确有理。

高等法院首席院长阿西尔·德·哈尔莱当时正在国王左右。是他支撑图尔高等法院和夏隆高等法院的尊严。他在终于使自己从巴士底狱赎身出狱后，设法前去亨利四世身边。他构思出第一个永远挣脱教皇的桎梏和创设主教教职的办法。勒蒙库尔红衣主教和布尔日大主教参与了这项规划。但是，这项规划却无法付诸实施。必须一下就改变人们的观念，而人们的观念却只能随着时间的推移改变；或者必须拥有足够的军队和钱款以控制和操纵舆论。

但是，这个高等法院仍然制定了法国教会应该享有的自由的规章。国王对主教和对修道院院长的任命，应由大主教府所在的城市的大主教认可，而无需颁发教皇谕旨。全体教士都独立于罗马的命令，都保留他们的权利。主教与教皇授予同样的宽免证书。这个规章既明智又大胆。它抑制一个外国宫廷的野心，迎合了国家的教士。然而，它产生才几个月，教会便同国家一样瓜剖豆分、四分五裂。同一个城市被天主教徒和新教徒轮番攻占。秩序和安宁并非内战的命运。

# 第三十四章 西班牙人和意大利人在巴黎举行全国三级会议高等法院支持撒利克法典亨利四世发誓弃绝



在亨利四世命运的所有狂风暴雨般的落潮时期，菲利普二世认为给法国一个主子的时机到来。他从埃斯古里亚尔[①]的隐深之处遥控，让人在巴黎举行法国全国三级会议。这次会议较少奉马延公爵之命，主要在菲利普二世派驻法国的大使和教皇使节红衣主教两人的阴谋策划之下召开。巴黎有一支西班牙卫戍部队。菲利普二世承诺提供一支两万四千人的军队及大量钱款。亨利四世则身无分文，而且他的军队兵员不足。他在圣德尼安营扎寨。从该地他可以看到参加这次全国三级会议的代表到达巴黎。这个会议即将把他的祖产给予他人。

继格列高利十四之位的教皇克莱门八世于 4 月 15 日向教皇特使红衣主教下达一项教皇敕书，命令他着手进行选举一个法国国王。这项敕书 10 月 28 日才被登记。夏隆高等法院竭力反对这一蛮横无理之举。但它没有像曾经对待朗德里亚诺那样，下令逮

① 位于西班牙马德里西北，有皇宫及修道院。

捕这位教皇特使。教皇特使这个称号仍然让人听而生畏，而且还存在一些哪怕下定最坚定不移的决心有时也无法谋求克服的偏见。

夏隆高等法院的决定再次被巴黎高等法院焚毁。这两家高等法院通过死刑执行人进行斗争。法国举国武装起来，等待三级会议让哪位国王与合法国王分庭抗礼，唱对台戏。

巴黎高等法院没有出席全国三级会议的权利。1593 年 1 月 25 日全国三级会议在卢浮宫开幕。一个煽动成性达到丧心病狂的程度的名叫让·布歇的圣伯努瓦的本堂神甫、一个圣日耳曼-洛克塞鲁瓦的本堂神甫、一个名叫克利的索邦神学院的博士等人出席。但是，德·纳利院长、勒梅特尔院长和纪尧姆·迪·维尔法官以高等法院的名义在会场就座。开会期间发表的高谈阔论、冗长的演说同《梅尼珀讽刺诗》[1]中的这类谈论同样荒唐可笑。这件可笑的事丝毫不能阻止有人意欲指定一位国王。西班牙的黄金白银和罗马的教皇谕旨能量巨大。西班牙军队仍在推进。西班牙大使菲里亚公爵获准参加全国三级会议。他在会上对可怜不幸而又一盘散沙并且需要他的民众发言，俨然是他们的保护人。最后，他宣布：必须选举西班牙公主；必须让年幼的吉斯公爵或者公爵的同母兄弟内穆尔·德·萨瓦公爵作为她的丈夫。选中的是吉斯公爵。

三个西班牙人掌控操纵这次法国的全国三级会议。他们是：

---

① 政治性小册子，所载文章以推翻以亨利三世为首的天主教联盟为目的，并拥护亨利四世继承王位。

特别大使菲里亚公爵、普通大使唐·迪埃戈·迪巴拉·德·塔克西斯和芒多扎学士。塔克西斯和芒多扎每人发表一篇长篇演说反对撒利克法典。查理六世在位时期，该法典已遭到践踏，此前它曾被严重违犯。如果西班牙人在教皇支持下竟然得逞，这一法典只不过是空幻之物而已，亨利四世会希望破灭。幸亏马延公爵和亨利四世同样关切，防止这一致命打击。选上一个西班牙王后，将使这位公爵从他位居首位的王权的梯级上跌下。他将眼见自己成了他的侄儿、年幼的吉斯的臣民。他不可能接受这一双重羞辱。

巴黎高等法院处于这种绝境，最后支持亨利四世和马延公爵，拯救了法国。

被马延公爵立为高等法院首席院长的勒梅特尔于 1593 年 6 月 29 日把所有法庭集合起来。撒利克法典被宣布为不可违犯。人们抗议一个外国王侯当选，认为无效。勒梅特尔受托通告马延公爵这项决定，并进一步向他陈述说明。马延公爵听取这些表述说明时装着怒火冲天，暴跳如雷，因为他难道能够由于法院拒绝一项将剥夺他的权力的选举而悲痛吗？这些谏诤甚至大合他心意，他求之而不可得。高等法院既灵活巧妙地，而又坚定不移地告诉他："效法你的曾祖父路易十二。他对祖国的热爱，使人为他起了人民之父这个称号。"这番话让人充分了解人们并不把他看成是个外国王侯；选择远离西班牙公主一天，他就一天以护国者和法兰西王国国王指定的摄政官的名义被授予最高权力。

在全国三级会议的这种不确定状态中，组成了若干党派：西班牙-罗马党仍然是最强大的党。但是优秀的公民——其中有好几个高等法院的成员——暗中支持亨利四世，并且倾向于承认他为国王，而不论他信奉何种宗教。他们认为亨利四世取得王位的权利来自血缘，血缘使任何人都是他祖先的财产的继承者。

如果说绝对不应该因一个公民为了获得享有他父亲的财产的权利而问他对圣体、对忏悔有何想法的话，那么就更有理由绝对不应该问这个作为历代众多国王的天然继承人的这种想法。既然亨利四世不要求神圣联盟的成员成为新教徒，那么为什么要希望亨利四世成为天主教徒呢？为什么要束缚人中的精英、王侯中的最勇敢者的思想意识呢？他们可没有束缚谁的思想意识啊。

这就是有理智的人的观念，而这种人却始终寥若晨星。

感到自身的不幸和灾难而又从不深思熟虑的大部分民众，热切祝愿亨利四世成为国王，但又希望他只是天主教徒。既受到迟早会对人的良心讲话的公正思想的紧逼，又更受到索邦神学院和教士的统治，迷信思想和义务思想兼而有之的民众，从来没有承认过一个用法文向上帝祷告，以面包和葡萄酒的形式领圣体的国王。

亨利四世终于作出唯一适合他的处境和他的性格的决定。他必须下定决心作出抉择：或者把他的生命用于把法国投入战火与血海中，并拿他的王冠进行冒险；或者改变自己的宗教信仰以重新引导人心。奥伦治[①]、古斯塔夫·阿道夫[②]、查理十二[③]之类的君主最终都不会作出这样的决定。坚定不移、百折不挠会产生更多的英雄主义，但在他的自豪中却有更多人道和策略。这种使他付出

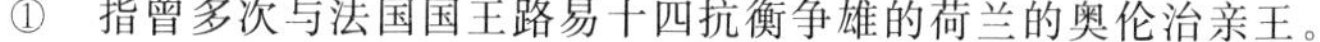

① 指曾多次与法国国王路易十四抗衡争雄的荷兰的奥伦治亲王。

② 古斯塔夫·阿道夫(1594—1632)，瑞典国王。

③ 查理十二(1682—1718)，瑞典国王。即位后加强王权，进行北方战争，击败丹麦、俄罗斯、萨克森、波兰等国。1708 年再度攻俄兵败。1718 进攻挪威阵亡。

心灵代价的、但却必不可少的谈判，自从三级会议第一次举行后就已经开始。他的那个党派的主教在絮雷内与对方党派的主教频繁会谈。尽管索邦神学院倨傲蛮横而又虚弱无力地宣称这些会谈不合法、不敬神。但这个机构的已被公民嗤之以鼻的法规和决定，现在开始也被下层人弃如敝屣。

因此在国王和马延公爵两人商定的休战期间，举行了这些会谈。参加谈判的两个主要首领是国王方面的布尔日大主教雷诺和神圣联盟方面的里昂大主教德斯皮纳克。前者因他勇敢的德行而备受尊敬；后者则因与他的姊妹乱伦而名誉扫地，因他的阴谋诡计而令人憎恶。

不管德斯皮纳克能够怎样绕弯兜圈，阻止缔结和约，不管他和同事花了多大力气千方百计对国王派出的主教进行恐吓威胁，他都无法阻止王党的高级神职人员接受国王弃绝他原来的宗教。西班牙、罗马、马延公爵和神圣联盟为教权主义而战。他们所担心的一切就是亨利四世改宗天主教。1593 年 7 月 25 日，亨利四世在教堂跨越了这个门槛。

一个圣德斯塔什的本堂神甫连同他的六个教友在要求马延公爵准许他们前往圣德尼观看这个仪式之后，马延公爵把他们解送给教皇特使。这个教皇特使威胁他们，如果他们敢于前往见证国王改宗，就开除他们的教籍。这些善良的教士根本不把这位教皇的意大利特使看在眼里，对他嗤之以鼻。他们穿过一群为他们祝福的民众出席了国王的弃绝仪式，而教皇特使却并不敢开除他们的教籍。告知人们这一情况，并非与这部历史著作不相称之举。

没有必要用宗教仪式来为一个因其出生权而独一无二成为国

王的人祝圣加冕。加冕礼只不过是一个仪式而已，但却使民众对受加冕者肃然起敬。对一个勉勉强强与主宰国家的教会联合起来的国王来说，这个仪式不可或缺。亨利四世不能在兰斯接受加冕。这个城市仍然为他的仇敌据有。有人建议夏尔特尔这个城市。有人让人注意到统治家族的始祖于格·卡佩的后代丕平、查理曼、罗贝尔、胖子路易以及其他好些国王都没有在兰斯加冕。被称为圣油瓶的、受到民众崇敬的油瓶引起一些麻烦。是否一个天使把这个油瓶从天上带来，圣勒米从来没有谈过。叙述大量圣迹的格列高利·德·图尔对这个油瓶一直保持缄默。以上两点都容易证实。如果绝对需要天使携来的圣油的话，那么在图尔有满满一瓶。这瓶圣油的价值远远超过兰斯的那一瓶，因为在克洛维斯领洗之前很久，一个天使把这瓶圣油带来治愈圣马丁的风湿病。最后，兰斯的那瓶只是为了克洛维斯的领洗而不是为了加冕才发给的。因此，借来了图尔的那一瓶。夏尔特尔主教尼科拉·德·图是一位历史学家的伯父。他荣幸地为曾经统治过的法国的最伟大的、其家族中唯一的、法国人曾经争夺他的王冠的国王加冕。

# 第三十五章　亨利四世在巴黎得到承认

亨利四世改宗和加冕后，并未进一步执掌巴黎和很多其他被神圣联盟的其他首领据有的城市的主管大权。排除了障碍、破除既仇恨他信仰的宗教又仇恨他本人的公民的偏见，已经非同小可。他的改宗成功地分化了三级会议，这更颇不寻常。然而，他的改宗和他的涂油仪式却既没有使他获得军队，也没有使他获得金钱。



教皇特使帕勒维红衣主教和神圣联盟的所有其他高级神职人员举行宗教仪式游行，散发诽谤性小册子，在巴黎反对国王改宗。教坛一片对这同一个改皈天主教的国王的责难和诅咒。他的改宗被视为奸诈作伪。他本人被当作叛教者。更加危险的武器的矛头指向他。各地的凶手全被贿买。在众多凶手中有一个名叫皮埃尔·巴里埃尔的人。此人是民众中的渣滓，过度虔信狂热而又胆大包天，过去曾被"疤脸"吉斯公爵用来在于松城堡绑架亨利四世的妻子玛格丽特王后。他向一个多明我会修士、一个加尔默罗会修士、一个嘉布遣会修士、一个圣安德烈·德·阿克的本堂神甫、神圣联盟最狂热的成员奥布里，最后向巴黎耶稣会社团的团长瓦拉德忏悔。他向他们所有的人表述了他为了抵偿自身罪愆而杀死国王的图谋。他们全都怂恿他，煽动他，并为他保守秘密。只有那个多明我会修士除外。这个修士是佛罗伦萨人，拥护国王的那个党派，而且是托斯卡纳大公斐迪南的密探。

如果说其他人利用宗教信仰来煽起弑君罪行的话，那么此人就是利用宗教信仰来阻止这种行为。他泄露巴里埃尔的秘密图谋。有人说这是一种罪孽，但阻止弑君罪的罪孽却是一种美德懿行。这个佛罗伦萨人把凶手描述得惟妙惟肖，以致当这个凶手预备下毒手时就在默伦被捕。国王任命的十名特派员判处这个罪犯车轮刑。他死前声称，那些建议他犯这起罪行的人曾经向他保证"如果他完成了他的行动，他的灵魂将由天使带到永恒的极乐世界。"

这是亨利四世改宗结出的第一个果实。这时被马延公爵立为法兰西元帅的布里萨克进行的谈判和巴黎的几个公民的热忱，把伊弗里的胜利、巴黎全部郊区的攻克和攀爬巴黎城墙的行动都未能使他得到的这个首都给了他。

马延公爵已经离开这个城市。布里萨克元帅留下担任城市总督。这位大人在动乱中首先设想把法国建成一个共和国。但是，一个名叫朗格洛瓦的城镇助理地方长官在这个城市里享有盛誉，思想比布里萨克元帅更加健康、更加理智，已经同国王秘密洽商。巴黎市长吕伊利埃不久后也有了同样的设想。他们两人引领布里萨克参与这个设想。高等法院好几个法官与布里萨克秘密结合。高等法院首席院长勒梅特尔带头行事。总检察官莫勒、法官皮埃尔·达穆尔、纪尧姆·迪·韦尔在拉尔塞纳尔秘密聚集会商。高等法院的其他成员对此毫不知情。他们甚至发布决定禁止各种集会以及积存军火。决定声称，举行这些秘密会议的房舍、场所均将夷为平地;反对神圣联盟的行动和言论均被视为国事罪。

这项决定平息了神圣联盟成员的惶恐不安。帕勒维红衣主教让人在巴黎游展圣女日尼薇的遗骸盒。这位特使、西班牙特使、十六人异见党、索邦神学院等都安下心来,平平静静。第二天,3月22日一阵火枪声和国王万岁的呼喊把他们惊醒。

巴黎市长吕伊利埃、城镇助理地方长官朗格洛瓦同那些参与这一密谋的有产者枕戈待旦。杜伊勒里宫的、圣德尼的和波尔特——纳弗的城门同时洞开。国王军队从三个方面进入巴黎城内并向巴士底狱进军。只有驻扎在卢浮宫以远的外国军队的六十人丧命。亨利四世在教皇特使红衣主教醒来之前已经入主巴黎。

这里转述一下这个可敬的弗朗索瓦·德·图的这番话再好不过:"几乎顷刻之间人们就看到国家的敌人被驱逐出巴黎城。异见党销声匿迹。一个合法的国王的王位得到了巩固。行政官的权利、公众的自由和法律秩序得到重建。"



亨利四世对一切都加以整顿。他的第一个关注是责成掌玺大臣希维尔尼从高等法院的档案室取出并销毁这个不幸的时代的所有决议、所有有损于王权的决定。学者皮埃尔·皮图奉掌玺大臣之命完成了这项职责 。此人是个几乎博古通今、学富五车的人。德·图说,他是国家大臣的顾问,是没有法官称谓的、国家大事的永恒的评审者。

(1594年3月28日)掌玺大臣希维尔尼由公爵、贵卿、王室高官、国务参事和诉状审理庭法官陪同来到高等法院。这同一个皮埃尔·皮图并非法官,却行使总检察官职责。掌玺大臣带来一道国王敕令。该敕令宽免高等法院,恢复高等法院,同时表扬高等法院不顾教皇特使和西班牙使节阻挠发布有利于撒利克法典的决定。在这以后，这个机构的全体成员在掌玺大臣监督下进行了忠诚宣誓。

夏隆高等法院和图尔高等法院的官员不久以后返回。他们承认巴黎高等法院的官员为同事。他们唯一的突显之处，是对巴黎高等法院法官拥有在先权。

巴黎高等法院同一天被国王恢复后，把所有制定的反对亨利三世和亨利四世的文件统统撤销。它还撤销了神圣联盟领导的三级会议。它命令马延公爵服从国王，否则以弑君罪论处。它创设了一个每年 3 月 22 日它的成员都身穿红袍参加的永恒的仪式，以感谢上帝把巴黎归还亨利四世，把亨利四世归还巴黎。从这一天起，它从叛逆转到忠诚，特别再度恢复了它的爱国主义的崇高感情。这种感情曾经是法国的最坚固的抗击罗马宫廷的行动的壁垒。

# 第三十六章　亨利四世遭让·夏特尔刺杀　耶稣会教士被驱赶　法国在罗马受到惩罚，然后被赦罪

国王亨利四世成了他的首都的主人。他还准备入主鲁昂。但是，此时法国的半壁江山仍然在神圣联盟和西班牙手中。他获得巴黎高等法院承认，但没有得到僧侣承认。巴黎的大多数本堂神甫拒绝为他祈祷。他进入这个城市下车伊始，就心怀好意，保存教皇特使红衣主教的住宅，担心这个住所遭到抢劫。他邀请这位使者前来与他会见。这位特使却拒绝向他履行这个义务。他既不把亨利视为国王，也不把他视为天主教徒，理由是：这位君主没有受到教皇宽免。除了少数记得他们在成为教士之前是法国人的人以外，这个成见在所有的教士思想上根深蒂固。



如果懊悔不足以使人获得上帝的慈悲的话，如果一个人必须受到另外一个人的宽恕的话，那么亨利四世已经受到布尔日大主教的宽恕。实在看不出一个意大利人的宽恕能够对一个法国人的宽恕有何增添，除非这个意大利人是普天之下的所有心灵良知的主宰。或者布尔日大主教有权利向亨利四世打开天堂之门；或者教皇没有这种权利。当他们都没有这种权利时，亨利四世无论以他的出生或者以他的才能都并不因此而不是国王。这就是被称为

弊端的情况。亨利四世巩固他的王位，并不需要罗马宫廷。所有高等法院都会宣布他为合法国王和优秀天主教徒而无需与教皇商量。但是，大家已经看到所谓成见究系何物。

亨利四世被迫请求被称为克莱门八世教皇的罗马主教阿尔多布朗丹原谅他让自己受到布尔日主教赦免，提出他只是因为迫于需要和时势才犯下这个错误。他央求这位教皇接纳他成为他的孩子。他通过他的大使内韦尔公爵把这些话传给教皇。但是，教皇根本不愿接纳内韦尔公爵作为亨利四世的大使。他准许他作为个人吻他的脚。阿尔多布朗丹用这种冷酷无情的手段显示他的教皇权威，但与此同时，也显出他的弱点。从所有这些行动表现中可以看到，他既担心菲利普二世不悦，又显摆作为教皇的骄傲。韦内尔公爵只是通过前不久才晋升为红衣主教的耶稣会教士托勒才收到对他的陈情书的答复。

研究一下这个耶稣会教士红衣主教向韦内尔公爵提出的理由并非毫无裨益。他说："耶稣基督并无让四处流浪者迷途知返之责。他命令这些流浪者向他的使徒请教。圣安德烈[①]就是这样处理异教徒的。"

老好人托勒不知这个耶稣会教士所云为何。他把安德烈当成了菲利普。那个菲利普遇到了埃塞俄比亚的王后的太监康达斯在他的车上读《以赛亚书》的一章。这一章大概译成埃塞俄比亚文，但他一点不懂。毫无疑问，博学多才的菲利普向他解释了这段文

① 基督教《圣经》中耶稣十二使徒之一。

字,让他改变了宗教信仰。之后他被神灵卷走[①]。

但是,这个太监与亨利四世之间的情况,和菲利普与克莱门八世之间的情况,这两者之间有什么关联呢?为什么布尔日大主教不能同克莱门一样与犹太人菲利普相像呢?想用这样譬喻来支持罗马的最高主教的行为是在阴阳怪气地玩弄宗教。这个主教使法国遭逢再度陷入内战恐怖的危险。韦内尔公爵怒气冲冲离开罗马。这时迪·帕龙和多萨前往重开这次荒诞离奇的谈判。促使克莱门八世拒绝的同样思想,磨快刺客向亨利四世举起的匕首。

一个疯疯癫癫、精神失常的名叫让·夏特尔的年轻人是巴黎一个呢绒巨商的儿子。这个商人在这个城市人脉很广。他的妻子的娘家在这个城市至今仍然人丁兴旺。这个青年在耶稣会教士那里求学后,获准进入他们的一个修会,并且获准做某些神功。这些神功在一间叫做默祷房的房屋进行。墙上挂满阴森恐怖的地狱的以及折磨被罚入地狱的人的魔鬼的绘画。点燃的火把的光使这些图像更加令人心惊肉跳,使这个青年的想象错乱。他暴戾恣睢,行凶作恶。他认为自己已经是地狱的受难者。有人声称,一个耶稣会教士在他头脑昏乱时对他说,他只有让法国摆脱一个仍然是异端的国王,才能逃脱永恒的惩罚。这个十九岁的不幸的人认为,如果他刺杀亨利四世就可以赎地狱为他准备的部分惩罚。他说:“我很清楚我将被罚下地狱。但我更愿意作为极端虔信上帝的人那样被罚下地狱。”在重大罪行中,总是有精神错乱的成分。他企求死

① 见《圣经·新约》的《使徒行传》第8章36节。有关情节的译文是:“……,腓利和太监同下水里去,腓力就给他施洗。从水里上来,主的灵把腓力提了去……”

亡。他过分狂想，以致他供认，他曾经打定主意在大庭广众之中犯兽奸罪，想象他当场就会被人用酷刑处死。接着他改变主意，一直憎恶生命，恢复刺杀国王的图谋。

他在国王拥抱蒙蒂尼大人的时刻混进国王侍臣中。他对准国王的心脏刺了一刀。国王这时身子俯得很低，因此这一刀刺在嘴唇上。这一刀刺得很猛，弄碎了国王的一颗牙齿。国王这次幸免于难。在让·夏特尔的口袋里搜到他写的一个东西。上面是他的忏悔。一种年代如此久远的法规，制定它原是为了赎罪或者防罪，但却往往促使犯罪。这真是可怕之至，令人骇然失色。这是一种与耳闻的忏悔相联系的灾祸。

宪兵司令首先把这个十恶不赦的家伙扣押起来。历史学家奥古斯特·德·图争取到让这个罪犯由高等法院审判。罪犯在被审讯时承认他曾经在耶稣会教士那里习读，向他们做过忏悔，是他们修会的成员。高等法院让人查抄并审查了这些耶稣会教士的文件。在耶稣会教士让·吉尼亚尔的文件中有这些话："没有把贵要静脉的血放掉，这是在圣巴托罗缪日所犯的一个大错误。"贵要静脉意为王家的。这句话的意义是本应消灭亨利和孔代亲王。接着又找到这些字句："需要把法国国王的称号给予一个萨尔达纳帕尔[①]、一个尼禄[②]、一只贝亚恩的狐狸[③]吗？雅克·克莱门的行为是英雄行为。如果能向贝亚恩人发起战争，就必须跟他打仗。不然，

① 传奇中的亚述末代国王，以穷奢极侈著称。

② 尼禄(37—68)，罗马皇帝。即位初期施行仁政，后转向残暴统治，处死其母及妻。后因帝国各地发生叛乱逃离罗马，途穷自杀，一说被处死。

③ 指亨利四世。

让人暗杀他。”

夏特尔被判处车裂刑。耶稣会教士吉尼亚尔被绞死。奇怪的是，约旺奇在其所著《耶稣会教士史》一书中将这位教士视为烈士，并把他比作耶稣基督。夏特尔的一个名叫格雷的辅导教师和另一个名叫埃的耶稣会教士仅被判处终生流放。

就在这个时期，耶稣会教士在高等法院同索邦神学院打了一场官司。高等法院发布判决，把耶稣会教士驱逐出法兰西王国。高等法院的确通过一项在整个巴黎辖区、鲁昂辖区和第戎辖区执行的判决，驱逐了他们。执行这项判决当然不会使教皇感到开心。迪·帕龙和多萨当时都请求教皇给予法国国王长期以来他一直拒绝给予的赦免。这位君王无日不取得巨大胜利并开始步步为营，谨慎小心地和四分五裂的法国的各个部分团结起来，以致教皇无法再置之不顾，无动于衷。多萨告知国王说，“你把你那方面的事搞好，我向你保证我负责这里的事。”亨利四世对这个忠告字字遵从。克莱门八世却首先为他对法国国王作出的宽免大赦提出一些形同压逼、无法接受的条件。他想让国王发誓如果他重犯错误，就放弃所有王权；发誓他对土耳其人作战，而不是对菲利普二世作战。这两项诛求无厌的建议遭到拒绝。最后教皇限于要求法国国王每天背诵他的念珠祷文，每个星期三作连祷，每个星期日背诵圣母玛利亚的玫瑰经。

克莱门八世还意欲把这段话插进他的谕旨里：“根据教皇的宽恕，国王恢复他在他的王国的一切权利。”这个被巧妙地悄悄塞入这个文件的条款，比背诵玫瑰经的训令更加严重。多萨事事审慎周全，觉察到这一点，让人对这项谕旨作了修改。但是，他和迪·

帕龙都无法逃避唱《米泽里厄里》[1]时代表国王俯身躺地，背上挨棍子打的仪式。

五百年前，事物发展的命定性，曾经让另外一个亨利四世[2]跪在另外一个教皇脚下。

亨利四世皇帝在很多事物上与这位法国国王相似：英勇，对女人殷勤，敢想敢干，像他那样能屈能伸。他作出的姿态甚至更加令人感到丢脸羞辱。他赤着脚，身上穿着苦行者或忏悔者贴身穿的刚毛衬衣，跪在教皇格列高利七世脚下。这两个亨利四世都是迷信的受害者，以同样的最令人哀叹的方式死去。

① 指《圣经》第51诗篇（在天主教拉丁文《圣经》中为第50篇），它的首句为“上帝啊，求你按你的慈爱怜恤我……”

② 亨利四世（1050—1106），德意志国王（1056—1106）、神圣罗马帝国皇帝（1084—1106）。6岁继承王位，由母后摄政，1066年开始亲政。加强王权，废黜教皇格列高利七世（1076），被开除教籍。被迫悔罪后重新取得教籍。后举兵进占罗马（1084）。

# 第三十七章　鲁昂大会　财政管理

亨利四世通常只被人看作是个勇敢、忠诚的骑士，像迪·盖克兰、巴亚尔[①]、克里戎[②]之类的人物那样勇敢。他与人交往温和、平易，一如在战斗中积极、无畏。他对朋友、仆役、情妇宽容。他是他的王国的头一个士兵、最为人喜爱的贵族。然而，深入研究他的行为举止，就会在他身上发现多萨[③]和维勒鲁瓦[④]的谋略。



他在谈判巴黎、鲁昂、兰斯和若干其他城市投降问题时表现出的灵活性，彰显出他在处理事务时具有的最机动灵活、最训练有素、最老谋深算的心智。他对神圣联盟中彼此对立的各个首领的不同利益洞若观火。他在同一时间同二十多个敌人谈判。他根据他的每个代理人的性格使用他们。他无时无刻不小心谨慎地抑制自己的急躁冲动。他身处这个可怕的错综复杂的环境，勇往直前，奔向国家的福祉。任何密切观察他的行为的人都会承认他能得到

① 巴亚尔（1473—1524），法国军人，屡建战功的英雄，人称“无畏无瑕骑士”。最后战死于意大利战场。

② 克里戎（1543—1615），法国军人。参加宗教战争。

③ 多萨（1536—1604），法国天主教高级神长。

④ 维勒鲁瓦（1542—1617），法国国务秘书。曾多次代表国王与新教徒谈判。

他的王国，既要归功于他的精神，也要归功于他的勇敢。他的伟大心灵在时代和形势的需求下能伸能屈。他宁可用金钱买来神圣联盟大多数首领的服从，而不让他国家的人民的鲜血继续流淌。他利用他们的贪婪来抑制他们的野心。德高行美的苏利公爵、这个配得上这样一个主子的大臣，告诉我们，亨利四世在不同的时期花去三千两百万来征服神圣联盟的残余分子。

亨利四世认为不应该在他在位期间逃避分文不少地支付这笔巨款的承诺。虽然说到底这些承诺是造反者勒索的。他把拒腐蚀、永不沾的坚定信仰添加到他大量的机动灵活的活动中。

他还没有同罗马妥协和解，言归于好。当他在鲁昂以显贵大会的名义召开一次类似全国三级会议的会议时，他用他的勇敢和灵巧一步步夺回他的王国。通过这些不同会议的召开，大家看得相当清楚，在法国没有一成不变的事物。这不是王国古代的议会。在这种古代议会中，全体贵族和军人凭权利参加。这也不是神圣罗马帝国的 diètes（议会），不是瑞典的 états（等级会议），不是西班牙的 Cortès（议会），不是其所有成员被法律固定下来的英国的 parliament（议会）。所有稍微值得重视的，能够来鲁昂旅行的人都能获准进入这次会议。教皇特使亚历山大·德·美第奇经人介绍参加这次会议并在会中有表决权。曾经举行神圣联盟的三级会议的皮亚琴察红衣主教的例子，充作这位特使的借口。对教皇有所需求的法国国王违反了王国的法律，但毫不担心一种毫无意义可言的仪式会产生何种后果。

1596 年 11 月 4 日三级会议在圣乌昂修道院的大厅开幕。必须指出，能够举行大会的这些大教堂只在住有僧侣的地方。在巴黎,法国教士只在住有奥古斯丁[①]派僧侣的地方集会。英国议会本身也只在威斯敏斯特修道院开会。

法国国王在御座上就座。在他下面的左、右两侧是血缘亲王、都统、公爵和贵卿亨利·德·蒙莫朗西。只有两位其他公爵:德佩龙和阿尔贝·德·贡迪。另有法国元帅雅克·德·马蒂尼翁。在他们后面是四个国务秘书。教皇特使面对国王御座就座,周围有很多主教。有人会以为这是另外一个有自己的宫廷的国王面对亨利四世。在这些主教下面是巴黎高等法院头戴圆形法官帽的首席院长阿西尔·德·阿尔莱和戴圆形法官帽的法院院长皮埃尔·塞吉埃。这些法国政要、显贵本不会向主教们让步。但是,这位红衣主教教皇特使却令他们畏服。一个图卢兹的高等法院院长、一个波尔多的高等法院院长、几个审计法院法官、几个间接税法院法官、法国司库、法官、外省市长等与阿西尔·德·阿尔莱坐在同一排长凳上。他们人数众多。阿西尔·德·阿尔莱坐在这一排的中央。

就在这里亨利四世发表了他的著名演讲。对这篇演讲的记忆将与法国同样永世长存。人们看到真正的口若悬河的口才存在于伟大的心灵中。

他说:“我来这里要求你们给我忠告,我相信这些忠告,遵从这些忠告,把自己置于你们的手的监护之下。这是一种对国王,对白胡子老人和对胜利者都不会起什么作用的羡慕之心。但是,我对

① 奥古斯丁(354—430),基督教哲学家、拉丁教父哲学的主要代表、古罗马帝国北非领地希波教区主教。

我的臣民的热爱,使我认为一切都是可能的,一切都是可敬的。”

至关紧要的大事,是整顿处理财政。三级会议对政府管理的这一部分了解极差,构想出新的规章制度,但一无可取之处。这个机构首先假设国王的收入每年达到三千万。它建议把这笔收入一分为二:一部分绝对由国王支配;另一部分由三级会议设置的一个委员会征收和管理。这实际上是把亨利四世置于监管之下。国王采纳苏利的忠告,接受了这个并不适宜的建议,认为只应该用让提出这项建议的人承担一项他们无法承担的义务的办法使这些人哑口无言,感激涕零。率先提出这个建议的巴黎大主教德·贡迪红衣主教被任命担任这个新的财政委员会的首领。他应该负责征收所谓的一千五百万,即国家收入的半数。

贡迪出生于意大利。他以一种近乎吝啬的节约方式管理他的那个家族。这两种原因使他相信他能够管理一个庞大的王国最困难棘手的那部分事务。三级会议和他本人却忘记,对一个大主教来说,担任财政官员之职多么不当。



苏利是国王财政委员会中最年轻,但却最能干的成员,正如他为人铁面无私、诚实不欺一样。他在很短的时间内夙兴夜寐,废寝忘食,征收了责成他负责征收的那部分钱款。苏利说,巴黎大主教的委员会——自称为理智委员会——干不出任何理智的事来。几个星期、几个月过去了,他们没有征收到一个德尼埃。最后,他们不得不辞去他们的管理职务,请求国王宽恕,承认他们一无所能。就是这起意外事件让国王打定主意让苏利担任财政总监职务。

# 第三十八章 亨利四世 无法获得收复亚眠所需经费 他放弃这项计划 他收复亚眠

财政问题有时在国王和高等法院之间的关系上投下阴影。正如人们所说,这个国王并非用刀剑夺回他的王国。事实的确远非如此。神圣联盟的首领把王国的一半卖给他。苏利刚刚开始清理国家收入这个烂摊子。当一起始料未及的意外事件置法国于危难凶险之境时,国王正在进行对菲利普二世的战争。



菲利普二世的荷兰总督埃尔内斯特大公对居民背信弃义,很不光彩地使用一大袋击发暗射武器突然袭击,攻占了亚眠城。西班牙军队能够从亚眠发起进攻,直抵巴黎城门。绝对需要进行长期包围以收复大公顷刻之间攻占的地区。

在这样的时机,始终短缺的钱款是必须使用的第一动力。国王开始对之言听计从的苏利,匆匆忙忙制定出一项制造所需钱币的计划,让国王立刻拥有一支军队和一支巨大的令人生畏的炮兵。他独辟蹊径,创建了一所比过去任何时候的巴黎医院都供应更好的医院。这可能是法国军队第一次粮秣充足、装备齐全。但是,为了提供用于这一举措的全部钱款,苏利不得不在他的天才的和巧妙的创举之外添加某些捐税,设置某些需要国王发布敕令的职位。

这些敕令需要在高等法院登记。

国王在离开巴黎前往亚眠以前，函令巴黎高等法院首席院长称："应该养育那些保卫国家的人。如果给我一支军队，我会愉快地献出我的生命以拯救你们和振兴法国。"敕令被拒绝登记。国王最初得到的只是谏诤，而不是金钱。高等法院首席院长和几个代表前来向国王再度提出国家的需求。国王回答这位院长说："最大的需求是把敌人赶出国土。你们就像亚眠的那些傻子一样。他们拒绝给我两千埃居，结果却丢了一百万埃居。我去军队让人用手枪朝我的脑袋开枪。你们会看到失去你们的国王会是什么情况。"首席院长阿尔莱回答他说："我们不得不遵从裁判权。上帝把它交到我们和您的手中。"国王说："上帝把它交给我，而不是交给你们。"国王不得不发出几封敕令书，并亲自前往高等法院让他的敕令书得到登记。

国王前往高等法院之前，认为应该让高等法院院长塞吉埃和法官拉里维埃这两个最反对审查的人离开巴黎城。但是，这个善良的国王发出这道敕令后立即收回成命。他以国王的高傲和父亲的仁慈举行由他主持的审判会议。人们看到这位库特拉、阿尔克、伊弗里、奥马尔和弗丹内-弗朗塞斯等战役的胜利者，在他的高等法院里就好像在他的家里一样，亲切随和地对这同样一些法官讲话。这些人过分关注形式，反对救国所依靠的实地基础。国王大公无私、语气温和地谴责年轻的高等法院预审庭法官，对他们说："年轻人，学习这些善良的老人吧，让你们的狂热降降温吧。"

不能一下就了解他的极端需求。他前往亚眠营地时，不得不从被他册封为公爵夫人，而被博福尔呆笨的民众称为下流胚公爵夫人，他的情妇加布里埃尔·德·斯特雷那里借来四千埃居。所谓的借给他的钱全都给了他的军官和士兵。他没有为自己留下分文。营地的财政特派员让他缺吃少穿。人们知道他通知苏利公爵，“他的锅打翻了；他的紧身短上衣被手肘弄穿了；他的衬衫有洞了。”这样写的就是欧洲最伟大的国王。

# 第三十九章　一个十恶不赦的恶棍

巴黎高等法院循规蹈矩，把自己的活动限制在自己的职权范围内，因而更受尊敬。它在亨利四世的统治下，比在神圣联盟的统治下更享有盛誉。它始终反对接受特兰托宗教评议会，从而为法国立下大功。的确，这个宗教评议会发布过二十八项与法国王权完全背道而驰、水火不容的教谕，以致如果赞同这些教谕，法国将会蒙受沦为一个唯教会之命是听的国家之耻。

使高等法院的谨慎小心精神彰显得最充分的事件，是那起让几个教士最丢失脸面的教会事件。国王已经改宗，信仰他们的天主教，但是他们是国王的秘密敌人。他们想让一个着魔的人在戏台上出现，以使那些因忠心耿耿为国王效劳而受到国王奖励的，他们之中有好些人在宫廷中有巨大的影响的新教徒神志迷乱。有人企图通过让信仰天主教的民众看见上帝使他们与胡格诺教派教徒如何判若云泥，分到什么程度，使他们感情激愤冲动起来。上帝只给予胡格诺派教徒向他们派来一些着魔的人这种恩惠。人们施用驱邪术强迫魔鬼宣布天主教才是真正的宗教。放弃新教，就是放弃魔鬼。

几乎总是女孩子被选来演出这些荒唐可笑的戏。她们的性别的弱点，使她们比男人更容易受她们的头目诱惑，而且由于她们的弱点本身，她们习惯于隐藏这些头目的秘密。她们比男人更加死心塌地确信这些怪异的角色。

一个罗莫朗坦的女孩身肢异常柔软，在法国大部分地区扮演着魔者的角色。一些嘉布遣会教徒领着她从一个教区到另一个教区。一个名叫迪瓦尔的人是索邦神学院的博士，在巴黎传播这出闹剧。一个克莱门的主教，一个圣马丁修道院院长想把这个女孩像胜利归来者那样带到罗马。

高等法院对上述嘉布谴会教士及博士等人全体进行起诉。迪瓦尔和嘉布遣修会教士受到传讯。他们书面答辩说，教皇谕旨《在上帝心中》禁止他们服从王家法官。高等法院下令烧毁他们的书面答辩，并对教皇的这项谕旨加以谴责，禁止嘉布遣修会教士传道。这唯一的一项禁令在别的时候肯定会引来一场被人称为罗马向法国国王和高等法院劈头盖脸袭来的霹雳的风暴。然而，这个场景发生在1599年。这时国王已经是他的王国的绝对主人。曾经长期统治罗马宫廷的菲利普二世已经不在人世。教皇开始尊重亨利四世。

高等法院院长德·阿尔莱对一些巴黎的女有产者所作的明智而有趣的答复不应该在此略而不提。国王的姐妹卡特琳夫人没有像国王那样迫不得已改皈天主教。她在她宫中举行一次布道会。这在城内是不允许的。但是，法律的严格如同君主的意志一样在正确的考虑下屈服了。三十个或者四十个女虔诚教徒在她们的听忏悔神甫的煽动下，乱乱哄哄、吵吵嚷嚷，在街上游行，要求对一起凶杀事件秉公处理。这些女人戴着十字架和念珠在教堂的左门驻扎起来，纠集煽动民众，冲击行政官员。她们走到高等法院首席院长的家里，祈求他履行他的职责。这位院长说："夫人们，把你们的丈夫送来吧，我命令他们让你们留在家里。"

# 第四十章　南特敕令
# 亨利四世在高等法院的讲话
# 维尔万和约

王国的新教徒看到他们的宗教被亨利四世抛弃，心如刀割。他们当中明智的人谅解他必须采取这项政策，仍然对他忠贞不贰。其他的人则长时期怨声载道、啧有烦言。他们眼见自己成了天主教徒的受害者，经常要求国王采取使他们不受敌人迫害的安全措施。布荣公爵和拉特里穆依公爵是这个党群的首领。国王压制叛逆性最强的人，鼓励最忠实的人，承认所有的人的权利。他和这两位公爵商谈，如同他曾经和神圣联盟分子商谈一样。但是，他这样行事并没有像神圣联盟分子向他敲诈勒索的那样，让他花费钱财，也没有让他劳神管理。他始终牢记他曾经长期是他们的领袖，他曾经同他们并肩作战，打赢过几次战役。如果说他曾经为了他们出生入死，不吝惜自己的鲜血的话，那么他们的父辈、他们的兄弟是为他而死的。

他派遣三名全权特派员和他们一道草拟一项庄严的、不能取消的、保证一种长期遭受迫害的宗教的安全和自由的敕令，使这种宗教今后既不受迫害，也不压迫他人。

这项敕令于 1598 年 4 月签署。不仅给予新教徒一种似乎属于天生权利的宗教信仰自由，而且让他们在八年之内拥有安全要塞。这些要塞是亨利三世给予他们的，位于卢瓦河以远，特别位于朗格多克。他们能够像天主教徒那样据有一切职位。在高等法院设置了由天主教徒和新教徒组成的法庭。

高等法院会同主教联手向国王进谏，指出国王已经轻易而且过于仓促签署的敕令中的一个条款，从而为国王和王国效了大劳。这个条款载明，主教可以在他们愿意的某地、某时集合而无须要求批准；主教可以准许外国人进入他们的教务会议，可以去王国之外参加外国的教务会议。

亨利四世看见高等法院对这一条款惊惶不安，于是取消了这个会为阴谋和动乱大开方便之门的让步。最后，他把为感谢新教徒而做的事、同为感谢天主教徒的节制和宽容而做的事调和得完美无缺，以致人人心满意足，皆大欢喜。他的措施采取得十分得当，以致在他在位时期新教不再是个异端党派。

但是，高等法院担心国王的善良慈悲会产生不良后果，因此长期拒绝登记这项敕令。国王让高等法院的每个法庭派遣两名代表前来卢浮宫。法院院长德·图在他直言无讳、秉笔直书的历史中，从未记叙亨利四世的真实演说。这令人深感纳闷。这个历史学家、这个用拉丁文写作的作家，不仅把国王的话语中的那种产生魅力之处和无法翻译的、令人感到亲切的天真憨厚的话删掉，还模仿拉丁文作家。拉丁文作家把自己的想法塞进他们叙述的人物口中。他们主要是自吹自擂、口若悬河的演说家，而非忠实的叙述者。以下是亨利四世在高等法院发表的演说最主要的部分：

“我对我全体仆人的意见善加采纳。当他们向我提出善策良谋时，我加以采纳。如我发觉他们的意见优于我的意见时，我心甘情愿改变己见。你们当中没有谁在想来见我并想对我说‘大人，你在做某些违反一切理智的事’的时候，我会不乐意听取他的话。现在的问题在于使种种谣传和喧嚣统统销声匿迹。不应该再分什么天主教徒和胡格诺派教徒。大家都是法国人。必须让天主教徒以他们优良生活的榜样使胡格诺派教徒改变宗教信仰。但是，绝对不应该让流言蜚语、恶毒谣言自由泛滥，传遍整个王国。没有迅速核查敕令，原因就在你们。

我比你们当中的任何人都从上帝那里得到的好处和恩典更多。我不愿意做忘恩负义之徒。我的天性不是忘恩负义。我怎样会对上帝是个另类啊！我至少希望上帝施予我恩典，始终对我怀有善意。我是天主教徒，我不愿意在我的王国有谁装着比我更是天主教徒。出于功利之心成为天主教徒毫无价值可言。

有人说我愿意偏袒信仰宗教的人。有人对我疑神疑鬼。如果我想毁灭天主教，我不会对这个宗教这样行事。我会调来两万名士兵。我会把我高兴赶走的人统统从这里赶走。当我下令某人离开时，他必须服从。我说：法官大人们，你们必须核查这项敕令，不然，我会让你们死亡。但是，这样做我就成了暴君。我丝毫没有用专制暴虐手段征服这个王国。我出于天性，通过我的劳动获得这个王国。

我喜爱我的巴黎高等法院，甚于喜爱其他法院。我必须了解事实真相。这个机构在我的王国里必须是独一无二的正义得以伸张的地方。它没有受到金钱丝毫腐蚀。在大多数其他高等法院，正义被人出卖。出两千埃居的人就会占出得比这少的人的上风。

这个情况我了如指掌，因为从前我也曾经帮助别人行不义之事。但是，这是为我的特别图谋服务的。

你们的拖延和刁难在各个城市引发了奇怪的骚动。有人举行宗教仪式队伍游行反对敕令。甚至在图尔也发生这样的事。这样的事那里本应比别处更少，何况那里的大主教是我一手培养的。在芒市也举行了这种游行，目的在于鼓动法官们反对敕令。这是由于邪恶的煽动才形成的。你们要防止此类事件再度发生。我请求你们让我以后不再谈论此事。这是最后一次。就这样吧！我命令你们，我请求你们。”

国王尽管发表了这篇演说，但人们的成见仍然根深蒂固。为了核查问题，高等法院举行了大辩论。这个机构分为两派。一派长期依附神圣联盟，在有关宗教事务方面保存着他们旧的感情。另一派在图尔和夏隆，曾经追随国王，对国王个人和国家的需求了解较深。两个法官口若悬河、滔滔不绝的发言和卓识明智，让人恢复了理智。一个名叫科克莱的法官过去曾是激烈的神圣联盟的成员，在那之后，醒悟过来。他描绘了一幅战争使人深陷其中的深重灾难的图景以及一幅充满宽容思想的幸福图景。这两幅图景动人心弦、感人肺腑。但是，高等法院有些人精通法律。这些人过分受到两个狄奥多西[①]的古代针对异端的严酷的法律的影响，认为法国应该根据这两位皇帝定下的制度行事。

高等法院院长奥古斯特·德·图学识比这些人高出一筹，以

① 指罗马帝国皇帝狄奥多西一世（约346—395）和其孙东罗马帝国皇帝狄奥多西二世（401—450）。前者为最后一位统治整个罗马帝国的君主，在位期间立基督教为国教。

其人之道还治其人之身。他对他们说,“查士丁尼一世[①]意欲在东方根除阿里乌斯派[②]的教义。他认为可以通过剥夺信仰阿里乌斯教义者的教堂的办法来达到这个目的。当时罗马和意大利的主人大泰奥多里克做了些什么呢?他派遣罗马主教约翰一世、一个领事和两个古罗马贵族出使君士坦丁堡,向查士丁尼一世宣布,如果他迫害那些人称信仰阿里乌斯教派教义的人,那么,狄奥多尔[③]将让那些自称为唯一的天主教徒的人死亡。”这项声明阻止了查士丁尼一世的行动,于是在东方和西方都没有发生宗教迫害情事。

由像德·图这样的人叙述的这样一个重大的例子、一个亲自从罗马前往君士坦丁堡为异教徒谋福祉的给人深刻印象的教皇[④]的形象,给人的思想一个非常强烈的印象,以致南特敕令被异口同声一致通过,接着又在王国的高等法院得到登记。

亨利四世同时给予宗教和给予国家和平。他当时和西班牙国王缔结了《维尔万[⑤]条约》。这是第一项有利于法国的条约。在亨利二世统治时期缔结的《卡托-康布雷亚和约》使亨利二世丧失很多城市。弗朗索瓦一世和他的几个祖先缔结的那些和约则导致国王破产。亨利四世使人把菲利普二世在神圣联盟掌权的不幸的时期侵占和夺取的法国领土全部归还给他。他作为胜利者缔结和约。菲利普二世的骄焰傲气受到打压。他忍受在维尔万和会上他



① 查士丁尼一世(483—565),拜占庭帝国皇帝。

② 阿里乌斯为公元4世纪基督教异端派神学家。阿里乌斯教派教义认为耶稣并非神,仅为高于其他生物的被造物。

③ 狄奥多尔(?—649),耶路撒冷出生的教皇。

④ 即约翰一世。

⑤ 法国地名。1598年亨利四世和西班牙国王菲利普二世在此签订和约。

的使臣在各个方面都把在先权让给法国使臣，同时用他的全权使臣只是荷兰的总督埃尔内斯特大公的使臣，而不是西班牙国王的使臣这个虚空的借口来掩盖他遭受的屈辱。

这同一个西班牙君主在神圣联盟执政时期说："我的巴黎城、我的兰斯城、我的里昂城。"那时他只称亨利四世为贝亚恩亲王，现在则被迫接受那个他曾经对之嗤之以鼻，颇为不屑，但如果他了解什么是光荣的话他就会从内心深处尊敬的人的法律。

亨利四世来到巴黎的大教堂，手拿福音书，发誓保证这项和约。他的私生活多么简单朴素，这个仪式就多么豪华宏伟。(1598年6月4日至21日)西班牙使臣们由四百名贵族随同。法国国王骑着马率领所有亲王、公爵、贵卿、高级官员，其后跟随着六百名王国最显贵的贵族，教皇特使在他右侧，西班牙使节在他左侧。他在这样的氛围中签署了这项条约。

高等法院成员出席了这个仪式，并登记了这项条约。这两件事都没有丝毫被谈及。这或者是因为极为重大庄严的宣誓已被视为足够，或者是因为有人认为高等法院的登记只对国王敕令来说是必不可少的。法官应该坚决遵从这些敕令。这一天是亨利四世过于短暂的最著名的统治时期之一。

# 第四十一章　亨利四世离异

高等法院没有丝毫介入亨利四世和他的第一任妻子玛格丽特·德·瓦卢瓦的离婚事件。玛格丽特·德·瓦卢瓦被认为不能生育,虽然或许她私下并非如此。她四十六岁。夫妻之间极其互不相容,这使她与丈夫分居已达十五年之久。亨利四世必须有己出的儿女。人们推测他的儿女肯定无愧于他这位父亲。一件如此重大的事归根结底完全是非宗教的,只是根据上帝的恩典才成了一件圣事。这种恩典虽然是在教会内给予新婚夫妇的,但这件如此重大的事似乎理所当然属于法律的范畴。圣事则属于一种与个人和帝王的利益毫无共同之处的超越自然的范畴。



然而,古老的风俗习尚先于一切,主宰一切毫无困难。人们有事求教于教皇正如求教于至高无上的法官一样。在这种情况下,如无这位至高无上的法官的命令,就不准许一位国王得到他的继承人。英国国王亨利八世的例子毫无令人骇异之处,因为人们信任教皇。玛格丽特同意离婚。教皇让几位特派员审查有关亨利四世的婚姻的这起诉讼。他们是红衣主教儒瓦耶兹、意大利人莫德内主教和另一个意大利人阿尔主教。他们来到巴黎,从法律的角度询问了国王和王后。进行了走走过场、装装门面的究诉,以便达成一项事先已经准备就绪的判决。一些理由被作为依据。这些理由中肯定没有任何一项能够比得上国是，能够比得上双方的同意。禁止娶自己的代父的女儿为妻的这条古老的教会戒律被重新援用。玛格丽特的父亲亨利二世曾经是亨利四世的代父。这条法律显然被人滥用。但是，什么都会被人利用。

有人还硬说国王和玛格丽特属于三等亲戚。国王没有请求教皇宽免，因为他在他婚配期间信奉一种视婚姻为民事契约而非圣事的，一种绝不认为为了有子息而需教皇允准的宗教。

最后，有人猜想玛格丽特系受母亲之迫与亨利四世结婚。这种猜想是既求助于谎言，也求助于幼稚可笑的说法。古罗马人、我们的主子和我们的立法者在类似场合也并不如此行事。混淆教会法规和民事法律，败坏了几乎所有现代国家的法律学。长期以来，使这两者调和起来真是谈何容易。玛格丽特・德・瓦卢瓦通情达理，教皇又手腕灵活，亨利因而十分走运。

# 第四十二章　耶稣会教士被召回

教皇准许法国国王娶另一个女人为妻。他还被请求宽免始终是新教徒的卡特琳夫人同洛林公爵的儿子的婚姻。他因此一直要求上述两事应以下述两点作为代价：法国接受特兰托宗教评议会的决议；把耶稣会教士召回法国。关于接受特兰托宗教评议会决议，这是不可能的，因为服从关于基督教教义的全部规定固然毫无问题，但宗教评议会的决议中却有二十四项条款违反各国君主的权利，特别违反法国的法律。人们甚至不敢建议高等法院接受这样一个令人强烈反感的事物。至于在法国恢复耶稣会教士的活动，国王认为应该对教皇持一种屈尊俯就但心怀优越感的态度。

耶稣会教士为了获得圆满成功求教于拉瓦雷内。到那时为止此人的行业并非介入僧侣事务。他最初是国王的姊妹的厨师。他曾经在国王的兄弟与他所有的情妇之间牵线搭桥。这个新差使让他挣得钱财，取得信用。耶稣会教士把他争取到手。他现在是属于国王的拉弗莱什城堡的高级官员。他想方设法让这个城堡变成了城市。他想通过耶稣会教士社团使这个城市成为一个非同寻常的地方。他已经提出给耶稣会教士一笔高达八万法郎的收入，用以抚养十二名家境贫困的小学生以及每年嫁出十二个女孩。这是很了不起的。但是，最重要的还是使耶稣会教士返回巴黎。在耶稣会教士吉尼亚尔身受酷刑之后，在驱逐他们的高等法院发布判决之后，他们返回，十分困难。

苏利公爵提醒国王接纳耶稣会教士一事的危险性。然而，亨利四世却封住他的嘴，对他说："如果我让他们走投无路，陷于绝望，他们会更加危险。"国王又说："你们担保我的人身安全吗？难道仅仅一次完全信赖他们不比总是对他们提心吊胆更好吗？"

没有什么比这番话更加令人瞠目结舌、惊愕万分的了。无法设想一个像亨利四世这样的人因为担心被耶稣会教士暗杀而独一无二地召回他们。不错，自从让·夏特尔犯弑君罪以来，好几个耶稣会教士阴谋策划夺走这位圣主明君的生命。仅仅四年前，阿韦纳城的一个天主教多明我教派的修士就曾经自告奋勇杀死国王。此人收受了教皇派驻布鲁塞尔的大使马尔韦齐的金钱。他接着又毛遂自荐给一个名叫奥杜姆的耶稣会教士。这个教士是他母亲的听忏悔神甫。这个母亲十分虔诚笃信，并不相信亨利四世是个好天主教徒，怂恿煽动他的儿子以天主教多明我教派的修士雅克·克莱门为榜样。奥杜姆回答说，需要一个身体更强壮、更结实的人。

但是，这个凶手希望上帝给予他必需的力量。他前往巴黎，企图执行他的罪恶图谋。他的阴谋败露，于 1599 年被活活肢解。

与此同时，一个图勒教区的名叫朗格洛瓦的嘉布遣会教士在为同样的图谋被人收买，在事情败露之后遭受同样的酷刑，咽了气。无人不受同样的暴烈狂热的袭击，直到最后一个名叫乌安的囚犯为止。国王对这些暗杀行为和这些酷刑深感厌倦，满足于把此人作为疯子关押起来，不想让一个夏尔特勒修士被当作弑君罪犯处决。

在当时主宰各个宗教修会的可怕的意识观念招致大量痛苦的考验之后，亨利四世怎能容许一个总的来说比其他宗教修会更加令人怀疑的修会呢。他希望用他的善举使这个修会归附自己。如果国王有时像父亲那样对高等法院讲话，在这个时机高等法院就会像担心父亲将不久于人世的儿子那样对他讲话。高等法院把一种对耶稣会教士极大的憎恶添进这种感情中。高等法院首席院长德·阿尔莱在两种动机的推动鼓舞下，在卢浮宫发表了非常哀婉动人、非常强劲有力的谏诤以致国王深受感动。他感谢高等法院，但他仍然坚持己见。他说："不应该再为神圣联盟的问题责备耶稣会教士。这是时代造成的损害嘛。他们原想行善，但却像好些别的人一样上当受骗。我愿意相信这和别的相比，坏心眼少一些。我相信同样的觉悟加上我给他们的恩惠，会使他们会像喜爱神圣联盟那样喜爱，甚至更加喜爱为我效劳。有人说西班牙国王利用他们，法国的条件不应该比西班牙差。既然人人都认为他们有用，我就把他们看成对我的国家必不可少。如果他们因为人的宽容到过这个国家，我愿意他们因为人的判决来到这个国家。上帝留给我把他们重新安置在法国的光荣。在服从我的条件下，我不愿意对我的天然臣民感到怀疑和不安。假使我担心他们会把我的秘密告诉我的敌人，我就会只告诉他们我愿意告诉的东西。让我自己来处理这件事。我已处理过其他比这难得多的事。你们就只再考虑于我说的和我命令的事吧。"

高等法院最后审查了将发给耶稣会教士的许可证。它在许可证中加了一些必要的限制。这些限制接着被耶稣会教士的声望和影响废除了。

# 第四十三章　高等法院对孔代亲王作出奇特判决，因为这位亲王把他的妻子带至布鲁塞尔

亨利四世是他那个时代最伟大的人物。然而，他却有一些不可原谅的缺点。他五十七岁时向他刚让她嫁人的孔代公主求爱。这一点颇不被人谅解。以下是国务参事勒内告知笔者他从这位公主本人口里得知的情况。公主的丈夫孔代亲王同她一道退隐到皮卡尔迪的入口地。亨利四世的一个名叫特里尼的心腹工于心计，让这位亲王的母亲和妻子答应前来观看国王狩猎，并且使她们愿意受邀在国王家中用午后便餐。

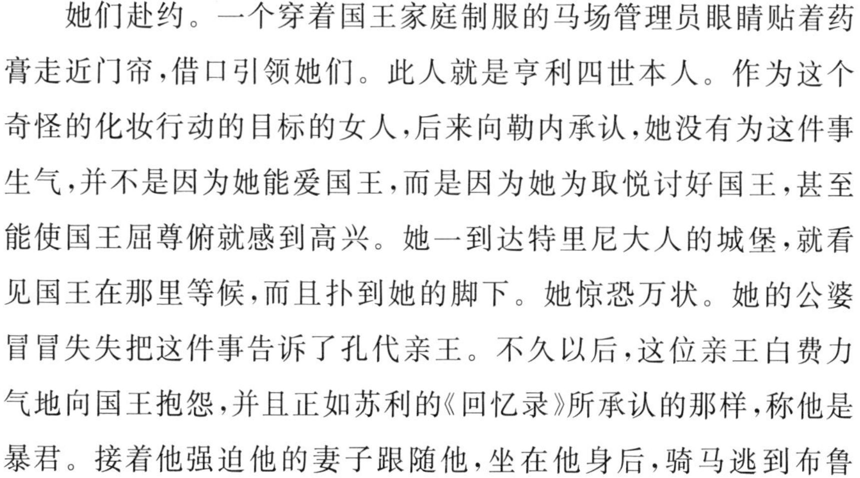

她们赴约。一个穿着国王家庭制服的马场管理员眼睛贴着药膏走近门帘，借口引领她们。此人就是亨利四世本人。作为这个奇怪的化妆行动的目标的女人，后来向勒内承认，她没有为这件事生气，并不是因为她能爱国王，而是因为她为取悦讨好国王，甚至能使国王屈尊俯就感到高兴。她一到达特里尼大人的城堡，就看见国王在那里等候，而且扑到她的脚下。她惊恐万状。她的公婆冒冒失失把这件事告诉了孔代亲王。不久以后，这位亲王白费力气地向国王抱怨，并且正如苏利的《回忆录》所承认的那样，称他是暴君。接着他强迫他的妻子跟随他，坐在他身后，骑马逃到布鲁

塞尔。

如果相信和遵从荣誉的和礼节的所有法则，如果相信和遵从所有为人之夫的、天然的和自由的权利，孔代亲王就无可指责之处，错在国王一人。当时国王和西班牙之间还没有战争，因此不能责怪孔代亲王避居敌国。然而，显然对那些具有王家血统的人来说，存在一些对别的男人来说并不存在的法律。亨利四世没有前呼后拥，没有任何仪式，来到高等法院，在下面的席位就座。法官席由普通执法吏守卫。国王让高等法院发布一条决定。根据该项决定，王侯可被判处国王陛下乐意下令执行的惩罚。毫无疑问，高等法院肯定国王不会下令进行此类判决。但根据上述决定，国王似乎有权下令判处死刑。但是，天然的公平和对人类的尊重不应该把这种权利交付给个人，即使是亨利四世那样的人。

有传闻说，这个伟大的国王在他的其他短处之外，还意欲在他那个年龄进行战争，以便从一个年轻女子的丈夫手中夺走这个女子。幸好这纯系虚构不实之谈。他既不可能为人如此不公，也不可能如此荒唐可笑。维托里奥·西里对他进行这一指控。须知，这个意大利人依附玛丽·德·美第奇，而不依附亨利四世。毫无疑问，这大大损害了亨利四世的声誉。仍然统治着法兰西王国的神圣联盟的残余分子、意大利和西班牙的异见党派对亨利四世肆意诋毁，恶意中伤，无所不用其极。他厉行节约，被指责为锱铢必较；他谨慎小心，被指责为徒劳无益。他的爱心没有使他受到尊敬。他有生之日不广为人知。他自己谈到了这一点。他只是在令人深感遗憾地去世后才受人尊崇敬爱。

# 第四十四章　亨利四世遇刺<br>高等法院宣布他的遗孀为摄政女王

自从《维尔万和约》缔结以来，法国尝到它过去几乎从未享受过的至福极乐。天主教的和新教的异见党派处于这个国王的明智的掌控之下。如果他的才能和善良没有使他的其他优长黯然失色，他就会被视为伟大的政治家。民众得以休养生息。达官贵人不像过去那样专横暴虐。农业处处受到鼓励。商业开始欣欣向荣。法律重新有了权威。这个君主生命的最后十年或许是君主政体最昌盛兴隆的时期。正如他已经改变了法国的面貌一样，他即将改变欧洲的面貌。他准备去国，前往援救他的朋友，创造德国的命运，率领世间曾经有过的最强大的军队。众所周知，他遭到一个民众渣滓中的卑鄙无耻的家伙暗杀。只有神圣联盟分子的和僧侣的恶棍的狂热盲信，才煽起了这个疯狂行为。

人类毫无止境的好奇心能够在拉瓦亚克的罪恶中追寻和探究到的一切、邪恶狠毒行为能够使人想出的一切，都应当归集到奇谈谬说之列。拉瓦亚克除了对迷信的狂热之外没有其他帮凶共犯，这一点确切无疑。人们已经注意到，因虔诚盲信而杀害弗朗索瓦·德·吉斯的第一个狂热的凶手，和本着同样的原则杀害亨利四世的拉瓦亚克两人都是昂古勒姆人。

这个刺客听说国王为了胡格诺派教徒的利益即将向天主教徒进行战争。民间风闻国王甚至即将前往攻击教皇。凡此种种都足以让这个恶棍横下一条心来。他在受审讯时对这一点供认不讳。他受酷刑时仍然坚持这一点。

对他的第二次审讯记录载明："他认为，对教皇作战就是对上帝作战，尤其因为教皇就是上帝，上帝就是教皇。"这些话理应永远在人们心中出现。这些话理应使人了解到防止本应使人明智和公正的宗教蜕化变质为荒诞和疯狂的妖魔何等重要。

在一个如此至关重要，而又如此聚讼纷纭、莫衷一是的问题上，历史学家们能够有法官的看法之外的其他看法吗？猜疑国王的妻子王后，怀疑国王的情妇韦尔纳依侯爵夫人参与了这一罪行是精神错乱、荒谬透顶之举。两个情敌怎能合谋引导拉瓦亚克动手呢？

指控德佩龙公爵[①]犯下这起罪行，其可笑的程度也不稍亚于上述的猜疑。民间种种千奇百怪的传闻，不应该成为不朽的历史著作。必须统一认识：只有拉瓦亚克改变了整个欧洲的命运。

这一件恐怖的意外事件发生于1610年5月14日晚，将近4点钟。事发后高等法院立即在奥古斯丁大厅开会，因为当时正在为祝圣典礼和王后加冕庆典两事进行筹备。掌玺大臣西勒里首先前往领受玛丽·德·美第奇的命令。

当玛丽·德·美第奇泪流满面，泣不成声，对这位大臣说："国王死啦！"这位大臣说："夫人，国王在法国绝不会死的。"对这个答

① 法国国王亨利三世宠臣(1554—1642)。

复真是好评如潮。其实这样一番话既不正确，也不能安慰人，既不真实，也不恰当。这是一种学究似的模棱两可、含糊其词的说法。它的根基是：血缘继承人的继承行为是理所当然、毋庸置疑的。如果没有血缘继承人，这个答复就会是错误的。而且在西班牙、英国同在法国一样，由儿子继承父亲。

德佩龙公爵没有穿太平盛世的礼服，来到高等法院。他同院长塞吉埃商谈了些时候，就把手按在剑的护手上，用威胁的口气说："这把剑还在鞘里。如果在法院散会前，王后还没有被宣布为摄政女王，就必须拔它出鞘。你们当中有几个人要求有充裕的时间来讨论这件事。他们这样谨慎行事，太不合时宜。今天能够不冒风险做到的，或许明天就不能够做到而不杀人流血。"

奥古斯丁修道院被警卫团重兵包围，无法进行抵抗。高等法院绝不愿意放弃为王国任命一位摄政的这种荣誉。过去谁也没有比这次更自觉自愿做过武力要求做的事。高等法院从来没有发布与此类似的决定的先例。这种新生事态授予高等法院所有权利中最大的权利。为了装装门面、走走过场，进行了商议讨论。王后被宣布为摄政女王。国王被杀害同作出这项决议只间隔三小时。

第二天八岁零九个月的幼王路易十三同他的母亲前来出席在这同一个奥古斯丁大厅举行的被称为御前审判会的会议。两位血缘亲王、四个世俗贵卿和三个法国元帅在上面的席位，在国王的右侧就座。左侧是四个红衣主教和四个主教。根据御前审判会的惯例，高等法院成员在下面的席位就座。这只不过一种仪式而已。

亨利四世的宏图大略、法国人的光荣和幸福，都随着他的去世而烟消云散。他的财富很快就被挥霍一光。他让庶民百姓享受的太平转化为内战。

法国被托付到佛罗伦萨人孔奇尼和他的妻子加利加伊手中。这个女人控制着母后。高等法院任命摄政之后,别人就什么事也不同它商量。它只是一个被人先用来充作一个光亮炫目的装置,接着又被锁藏起来的器物。它尽了它的职责,谴责所有宣传教皇绝对权力主义和教皇至上论的书籍。这些书籍含有教皇对国王拥有权力的疯狂愚蠢观点和曾经把刀子放到大批弑君者手中的可怕的准则。这些书籍今天受到各国的憎恶,既令人厌腻,又十分可恨。

# 第四十五章　伟人亨利的葬礼

法国国王死后四十天才为他们举行葬礼。这是一种习俗。亨利四世的置放了防腐香料的遗体封存在一具铅制棺材里。棺材上竖起一座尽可能体现他自然真实的形象的塑像。面对这尊塑像摆放着平时的王家膳食。肉食弃让给了穷人。教士夜以继日围着国王的塑像诵读祷文。这种习俗从亚洲传到我们法国这样的环境。要了解这种习俗的根源，必须回溯到古代的波斯国王。这种习俗极少被人保持和遵从。在一个生活必需品经常短缺的国家，它耗费过于巨大。亨利身后留下巨额财富。他的去世越令人扼腕叹息，他豪华的葬礼就越盛大。

6 月 29 日，他的遗体从卢浮宫的大厅运到巴黎圣母院，当天就存放在该处。第二天转运到圣德尼。他的蜡像由棺材后面的一副担架载运。国家的全部公务员都身穿丧服参加这个典礼仪式。但是，高等法院人员却穿着红袍，表示国王之死并不中断国家的司法裁判。

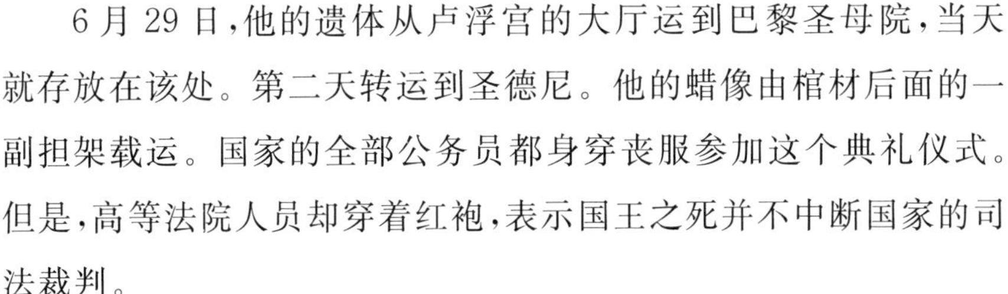

高等法院想紧随国王蜡像之后。但是，巴黎主教却声称这是他的权利。这个争议扰乱了这个典礼仪式很长时间。高等法院的执达吏想让担任大司祭的巴黎主教亨利·德·贡迪和昂热主教米龙两人退出葬礼。

殡车停了下来。民众惊讶不置并且万分愤慨。殡仪队伍行进次序理应安排得能够杜绝任何争议。但是,类似的争端却又在举行这类仪式时频频发生,屡见不鲜。必须求助于母后的决定。既然现在的问题是举行葬礼,而举行葬礼是教会的职能,那么率领警卫连的苏瓦松伯爵就必须把这两个主教安置在似乎应该属于他们的位置上。警卫队队员甚至动手抓捕一个反抗的法官。这个法官就是保罗·斯卡龙。他是著名滑稽可笑的诗人保罗·斯卡龙[①]的父亲。这个诗人因他妻子的缘故更加闻名遐迩。

殡仪队伍到达圣德尼后,国王的普通宫内侍从把棺材运进墓穴。豪华丰盛的饭餐总是这些盛大排场的结尾。在圣德尼主持宗教仪式,负责祭礼的德·儒瓦耶兹红衣主教和朗读祭文的昂热主教同全体教士在修士食堂晚餐。大厅安排了三桌酒席。第一桌是为亲王和王室的大官安排的。第二桌是为高等法院安排的,第三桌是为国王家中的所有官员安排的。



看来高等法院如果过去在这些仪式中被视为贵卿法院,那么高等法院法官就本应同身为贵卿的血缘亲王同桌就餐;看来高等法院法官既然在法院同血缘亲王一道出席,高等法院法官就能够同身为贵卿的血缘亲王同桌就餐。然而,所有习俗、惯例始终有矛盾之处。有人声称高等法院只是当血缘亲王和贵卿来主持掌管这个法院时才是贵卿法庭;还声称仪式、礼仪不准许王侯,特别是血缘亲王允准高等法院法官和他们同桌就餐。

---

① 保罗·斯卡龙(1610—1660),法国作家。在戏剧、滑稽叙事诗和小说创作方面有所成就。

这些关于等级地位的详情细节，是历史研究中最微不足道的细枝末节。所有因在先权而引发的争端，都是微不足道、无关宏旨的档案资料。

# 第四十六章　全国三级会议<br>迪佩隆红衣主教的奇特论点<br>高等法院的忠诚和坚定

玛丽·德·美第奇摄政时期局势混乱、国运衰微、严刑滥施、动乱频仍、风暴不绝。亨利四世呕心沥血、辛劳备至积攒的金钱，被必须争取的领主和敲诈勒索摄政女王的宠信贪得无厌地巧取豪夺一光。



佛罗伦萨人孔奇尼从未率领过军队的一个营，但却很快晋升为法国元帅。他伙同他那操纵控制母后的妻子加利加伊，在短短几年聚敛的钱财比当时好些国王的合在一起的钱财还多。在这种遍及各地的侵吞掠夺中，在这个众多异见党派相互倾轧的局面下，将近1614年末，在巴黎的同一个奥古斯丁大厅召集了全国三级会议。高等法院就曾经在这个大厅里授予了摄政权。从来没有一次三级会议比这次与会的人更多，比这次更徒劳无功。贵族院由一百三十二名代表组成。教士院由一百四十名代表组成。第三等级院由一百八十二名代表组成。高等法院没有一人列席这次会议。巴黎大学要求准许它与会，甚至让人知晓它指定的出席人员。但是这项要求却在普遍哄笑中遭到拒绝。它的指定被认为蛮横无理。它建立在过去愚昧无知的时代它享有的特权之上。人们让它感到时过境迁、今非昔比，习俗惯例也随之改变。

巴黎大学只进行过一次冒失鲁莽的奔走活动，高等法院则进行过一次在各个时代都堪受全国热烈鼓掌，但却在宫廷受到慢待冷遇的奔走活动。

毫无疑问，第三等级就是国家本身。当时它比过去任何时期都更是如此。过去没有像今天这样增加过出席全国三级会议的贵族代表的名额。与贵族和教士相比，民众为数众多，比例是一千比二。三级会议中第三等级院建议任何教权都无权罢黜国王，无权解除臣民对国王的忠诚宣誓。人们被迫建议制定这样一项仅仅所有的人的理性和所有的人的利益就已经在各个时期使之神圣而不可违犯的法律，这已经令人汗颜无地。但是，还更加令人感到羞愧的、会使后代惊愕的是，三级会议中的教士院的首领竟然把这项建议视为异端。

只要路过巴黎的费罗内里大街，只要对亨利四世遇刺殒命地点投以一瞥，就足以让人不会为看到第三等级的建议遭到反对而战栗发抖。

迪佩隆红衣主教能享有今日的所有权位，本应对亨利四世感恩图报，但现在却大搞阴谋诡计，在三个会议厅里滔滔不绝，高谈阔论，竭力阻止建立在自然权利之上的君王的独立和安全凭借王国的一项法律得到确定。他同意不准许刺杀君主。但他说教会有权罢黜国王乃是教义。

此人非常不配拥有他已经窃取的荣誉。应该清楚看到，授予教士们这种荒谬的剥夺和摆脱国王的权力，事实上就是把国王交到刺客和凶犯的手中，因为夺走一个国王的王冠而不夺走他的生命,这样的事古往今来极为罕见。国王一旦遭到废黜就不再是国王。如果他为他的王位而战,他就成为罪该万死的叛逆。迪佩隆还应看到,他所反对的乃是人类的利益;如果教会能够剥夺一个国王的话,那么它就更有理由有权剥夺国王之外的任何人。

迪佩隆在他冗长的高谈阔论中说,如果一个在他的加冕典礼中发誓成为天主教徒的国王成为阿里乌斯教派的信徒,或者穆斯林的话,难道没有必要罢黜他吗?这一席话使贵族团体大为惊愕不安。对这个问题,这个团体可以轻而易举地回答:国王加冕典礼并没有授予王权;加尔文教派教徒亨利四世被这同一贵族等级的最神圣的部分,甚至被某些主教,被威尼斯共和国,被佛罗伦萨公爵,被英国,被北方各国的国王,被所有没有戴上教皇的和奥地利家族的镣铐的王侯承认为国王。所有基督教徒从前曾经服从信奉阿里乌斯教派的皇帝。他们从来没有发动叛乱反对变成了异教徒的、他们称为叛教者的哲学家朱利安[①]。宗教与公民权利毫无共同之处。一个人虽然是伊斯兰教徒,仍然是他的父亲的继承人。信仰希腊教的二十万基督教徒,定居在君士坦丁堡,仍然承认土耳其素丹。一句话,整个地球的人应该齐声振臂高呼反对迪佩隆红衣主教。

但是,这位主教却和他的同事让贵族院相信人们需要罗马教廷,不应该用徒劳无益而又棘手难办的问题来冒犯得罪罗马教廷。每个等级都有一些应该留在一层薄纱之后的秘密。迪佩隆的这番有害的高谈阔论冲昏了贵族的头脑,更何况贵族也对第三等级心

① 朱利安(331—363),罗马皇帝。宣布与基督教决裂及宗教信仰自由。

怀不满。

国家在那些对它啧有烦言、怨声载道的人中间遭到粗暴的抗拒后，通过审慎明智的、口若悬河的和大胆无畏的公民、总辩护人赛尔万的喉舌求助于高等法院。高等法院在没有任何贵卿出席的情况下，就这个重大问题颁布一项恢复全部旧有法律并保证王室权利的决定。整个巴黎齐声欢呼，接受这项决定。一些回忆录记载，迪佩隆向王侯们埋怨这项决定，表示如果不撤销这项决定，他就不得不乞灵于开除教籍这个手段。

一个臣属对他的君王说："如果你不惩罚那些支持你的权利的人，我就把他们开除出教。"这看来真是匪夷所思。慑于教皇和教会的声威权势，母后浑浑噩噩，不能审时度势，兼之又处于帮派包围之中，于是懦弱无能地让她的御前会议撤销这项决定，甚至把高等法院的印刷工投入狱中，借口是他不隶属于那个在三级会议审议的问题上进行裁决的机构。高等法院采取了明智的预防措施，只限于恢复从前的决定。但是，这项预防措施毫无用处可言。一项卑怯的政策压倒了国王和王国的利益。人们已经看到到那时为止法国遭到的比这更大的灾害，但从来没有看到比这更加耻辱的灾害。

这个耻辱只在 1682 年，当教士大会在伟大的博絮埃的启发开导下从它的登记册中抽掉了迪佩隆发言，并尽可能消除了这个卑躬屈膝、背信弃义的遗迹时才得抹除。

# 第四十七章　德佩龙公爵和高等法院的争吵受到冷遇的谏诤

正当这最后一次全国三级会议徒劳无益地召开时，正当针锋相对的阴谋活动使法国宫廷动荡不安时，正当各个异见党派震撼各个外省时，德佩龙公爵和高等法院之间发生了一次使双方都大感不快的争吵。



德佩龙公爵过去深受亨利三世宠信，曾经迫使伟人亨利四世对他宽容、照顾；曾经在授予亨利四世的遗孀摄政权位后，顶撞掌控王后的孔奇尼和他的妻子。他狂妄自大使母后厌腻不堪。但是，他功绩犹在。他的巨额财富、他的显职高位，特别是他的步兵总大统领这个职位，使他权倾朝野，炙手可热。他总是要弄阴谋诡计，更是自高自大。他不是高贵而又令人信服，自豪而又很得体，而是事事趾高气扬，目空一切，令人无法忍受。

一次警卫团的一名士兵在普雷附近的圣日耳曼修道院杀死了他的一个同伴。警卫团团长的权力是让罪犯在他的军事法庭受审。死者和凶犯都已在修道院的代表国王执法的大法官手中。僧侣成了领主，而且竟然拥有司法审判机构，这是一种很大的流弊。但是，最后查明，开始审问的首席法官仍然是案件的主管。人们唯恐丧失这一点微不足道的权力。德佩龙公爵更唯恐丧失他自己的权力，于是再次要求把这个士兵解交到他那里，以便让他作为军人受到审讯。上述执法的大法官拒绝解交。德佩龙公爵于是让人砸烂监狱的门连同死人一起，抢走这名凶犯。大法官向高等法院告状。这个法院传讯德佩龙以表赞同。

这位公爵领主认为不是由高等法院，而是由御前会议来决定司法管辖权限。他把高等法院的传讯视为羞辱而非法律程序。他带领五百名贵族出庭，其目的只在于蔑视、嘲弄高等法院。这些随从全都脚穿皮靴，装有马刺，全副武装。高等法院目睹他带领这套人马，摆出这副架势来临，于是宣布休会。法官离会时，不得不站在道路两旁的用凌辱神气看着他们的年轻官员中间列队走过。这些年轻人还用他们的靴刺撕破这些法官的法官袍子。

结束这宗案件非常困难。一方面，良好秩序要求对高等法院真正赔礼道歉；另一方面，这个法院又需要慎重对待德佩龙公爵，以便让他对抗已在威胁要发动内战的孔代亲王。

采取了一项缓解措施：宫廷的一封御玺诏书命令高等法院中止针对德佩龙公爵的诉讼程序，接受公爵赔礼道歉。

公爵因此第二次现身高等法院，照例有一大群贵族前呼后拥。

他说："诸位大人，我请求你们原谅一个可怜的将领。他专心致志，行胜于说。"

这个例子是法律并非为有权有势者制定的证明之一。德佩龙公爵总是违法乱纪。正是在差不多同一个时期，他因不能容忍掌玺大臣迪维尔在卢浮宫教区的一次典礼仪式上走在公爵和贵卿的前面，粗暴地用手臂把这位大臣驱离他的席位和教堂，对他说一个有产者不应该弄错自己的身份。

正是这位公爵几年后率领五十名骑兵前往布洛瓦城堡劫持母后，把她带往昂古勒姆，接着又同相继登基的国王商谈。当时类似的大胆鲁莽的例子并不鲜见。法国不知不觉重新陷入亨利四世经过千辛万苦，殚精竭虑才使之脱离的法纪废弛、秩序荡然状态。

全国三级会议一事无成。异见党派声势大振。布荣元帅意欲自己建立一个强大党派，推促高等法院召集王侯和贵卿商议公共事务。母后惊恐万状，警觉不安起来，禁止领主们接受这项危险的邀请。高等法院院长和法官被召到卢浮宫。掌玺大臣苏利对他们讲了以下这番话："你们过问涉及政府的事的权利不多于了解账目和盐税的权利。"高等法院准备进谏。母后还召四十名行政官员到卢浮宫。她说："国王是你们的主子，如果你们违犯他的禁令，他就会使用他的权力。"她还说，高等法院里有一群异见党派分子。她禁止谏诤。但是，高等法院拟出措词非常激烈尖锐的谏诤。

5 月 22 日，高等法院首席院长德·凡尔登率领高等法院人员前来母后处宣读这些谏诤。这些谏诤明确涉及国家的统治管理。这些谏诤被听取之后，遭到忽视冷遇。事事都以登记国王的致高等法院的诏书结束。这些诏书命令外国犹太人离开法国。这是针对当时来到法国侵占法国人还是门外汉的商业贸易的葡萄牙犹太人中的大部分人的。他们大部分还留在波尔多，并继续从事禁止他们经营的种种商业贸易。

一项更特别关涉高等法院的事件是鲍勒特税[①]问题。这是一

① 鲍勒特为法国国王亨利四世的税务大臣。鲍勒特税为一种卖官年金。此税由鲍勒特经管故名鲍勒特税。

种年度税，是苏利掌理国政时一个名叫鲍勒特的人创设的。凡已获得法官职位者每年须缴付其职位收入的六十分之一，凭借这一手续，其职位可传给其继承人。正如出售某物一样，其继承人可以保存或将这一职位转售给他人。这也可能是苏利的那届内阁的唯一污点。

1614 年和 1615 年，三级会议强烈要求废止这项税收及卖官鬻爵的官职捐纳制度。内阁承诺废止，但只是一纸空文。把官职留给家人因而获得的好处，压倒缴付年税的负担。这项税款的征收真是千变万化。这项税收像几千年所有的法律和所有的惯例一样，曾经用二十种方式进行修改。然而，这种出卖司法职位的权利的耻辱以及把这种权利传给继承人的耻辱始终留存。自那以后有人声称黎塞留红衣主教在他所谓的政治遗嘱中认可并批准了这个耻辱的行为。人们还没有发觉这项遗嘱出自一个既无知、又荒唐的弄虚作假者之手。

# 第四十八章　昂克尔元帅和他的妻子被杀害

山雨欲来，重大事变正在酝酿，即将爆发。异见党派日益乖戾。昂克尔元帅孔奇尼没有进入御前会议，但他却领导这个机构。他主宰国政。第一血缘亲王孔代亲王被排斥于御前会议之外。他不幸认为自己不得不仿效他的父亲和祖父，拿起武器。这场内战历时短暂。继之而来是《路登条约》的缔结。该约赋予孔代亲王和赋予摄政女王几乎平起平坐、不相上下的权力。孔代亲王刚刚认为他拥有这个权力，孔奇尼就让人把他关进巴士底狱。这位亲王锒铛入狱，这不但未能扑灭内战的余烬，反而使之死灰复燃。领主、王侯和外省总督人人都打定他们认为最合乎己身利益的主意，却又朝定夕改。人人肆意抢掠。已经退隐于昂古莫瓦的德佩龙公爵仍然企图入主拉罗歇尔。德·勒斯迪基埃尔元帅是多菲内名副其实的君主。贡扎格家族的德·内维尔公爵在他的土地上雌伏以待，蓄势待发。亨利四世和加布里埃尔·德斯特雷所生的儿子旺多姆公爵、神圣联盟首领的儿子马延公爵和色当亲王布荣公爵元帅等人把他们的军队合并起来。他们全都声称，这是为了反对佛罗伦萨人孔奇尼，而非反对国王。

在风声鹤唳、草木皆兵的态势中，一个曾经被引领到路易十三身边并成为这个君王童年玩乐时不可须臾离的人物、一个阿维尼翁伯爵领地的年轻贵族，策划一场谁也始料未及的革命。国王当时十六岁半。这个年轻人说服国王。他声言：国王是独一无二能够治理好他的王国的人；母后既不爱国王本人，也不爱国家；孔奇尼是个卖国贼。在这个时期，这个孔奇尼甚至起过一种值得为他竖立塑像的作用。玛丽·德·美第奇过分的慷慨施与和挥霍浪费使他堆金积玉，大发横财。他于是自己出资募集组建一支五千到六千人的军队用以镇压叛乱分子。他支持法国，似乎法国就是他自己的祖国。上述的年轻贵族名叫查理·达尔贝，以吕依内这个名字为人所知。他把法国元帅孔奇尼近期的劳绩描述得十分可疑，以致他让国王同意暗杀这位元帅，并把母后投入狱中。

已被人称为正直义人的路易十三同意让人在他自己的或者他母亲的套间里杀死这位元帅。孔奇尼虽然那天没有在卢浮宫出现，但也只多活了一天。第二天他走进府邸的庭院时被人用手枪打死。维特里和几名贴身保镖是凶手。维特里被奖给法国元帅杖。玛丽·德·美第奇被关押在她的套间里。这个套间开向花园的门统统用墙封堵起来。不久以后她作为女犯被解送到布洛瓦。如前所述，三年后德佩龙公爵把她释放出狱。

昂克尔元帅夫人、王后贴身侍女埃勒奥诺蕾·加莉加伊立刻被捕，随身物品被搜光，被解送到巴士底狱，再从该处递解到拉孔西埃热里。

吕依内的宠信图谋侵吞这位丈夫和妻子的巨大财富，让人命令高等法院预审遇刺的元帅和他的可怜的遗孀的诉讼案件。至于元帅，他的遗体已无法找到，因为狂怒的民众已经挖出他的遗体将其碎尸万段。甚至他的心也被吃掉。这种暴戾恣睢、惨绝人寰的野蛮行径与曾经进行圣巴托罗缪日大屠杀的民众的所作所为真是不相上下，在一个今天被认为如此轻浮又如此温柔的国家，还真是难以想象、不可思议。很难找到什么可据以判处元帅夫人死刑的理由。这是一个高贵的、偕同王后来到法国的意大利女人。说实话，她做的大量善事、她的特异好运、她的古怪脾气，这些都是以往从不会据以砍掉任何人的脑袋的缺点和错误。

不得不认为她犯了曾经向马德里和布鲁塞尔写过几封贺信的罪行。但是，这一罪行还不足以对她重判。于是又想到让人宣布她为巫婆。当时人们想到巫术、魔术，就像想到宗教问题一样。这种迷信在所有迷信中最古老、最普遍。它从不信教的人，从犹太人一直传到最早的基督教徒中间，一直留存到些许哲学开始打开了被那么多世纪弄瞎了的人的眼睛的时代结束为止。

昂克尔元帅夫人曾经从意大利叫来一个名叫蒙塔尔托的犹太医生。她甚至小心审慎地为这件事呈请教皇允准。当时巴黎的医生在欧洲没有什么声誉。意大利掌握和拥有着各门技艺。有人声称犹太人蒙塔尔托是巫师。他在元帅夫人家中杀了一只白公鸡当成祭品。但是，他并不能治愈元帅夫人的忧郁病。这种忧郁病非常严重，以致这位元帅夫人并不认为自己是巫婆，而是认为自己中了妖术魔法。玛丽·德·美第奇对她说，洛林最后的红衣主教亨利，生过同样的病，曾经让米兰的僧侣驱邪。这位母后懦弱得让人召来两个米兰的驱邪者。这两个驱邪者为这个神志不清的元帅夫人在奥古斯丁大教堂做弥撒，并且向她保证她已经痊愈。

就亨利四世遇刺一事审讯了这位元帅夫人。她被问到她是否对国王遇刺一事毫无所知。她对对她施巫术一事的指控哈哈大笑之后，对已故国王之死号啕大哭，并让法官感到对母后的心腹的这项罪行指控多么残酷凶狠。

预审这起诉讼的两名独任推事中一人叫库尔坦。此人已经卖身投靠国王新宠并央求恩赐。另一个叫德斯朗德·帕延。此人廉洁奉公、刚正不阿。他从来不愿终审判处死刑，也不同意缺席审判。正式开庭审案时五名法官缺席。几名法官发言赞成单纯流放。但是，吕依内大声疾呼，强烈要求，以致多数法官赞成把一位法国元帅夫人当成女巫，对之判处火刑。她被当成民众渣滓中的一个女人拖到格雷弗的墓地。对她的全部恩典，就是在把她的尸体扔进火中之前，砍掉脑袋。

有人会认为这样一项判决属于十世纪。高等法院在谴责已死的元帅的同时，注意在判决中插入今后任何外国人都不得参加御前会议这一内容。这个条款比要求的分量更重。吕依内比孔奇尼更位高权重，本人是外国人，生为教皇的臣民。

# 第四十九章　高等法院作出的有利于亚里士多德的判决 一个教廷大使精明的诈骗 总辩护人塞尔万在高等法院发言时死亡



为了一起人不可能犯的罪而判处人火刑，这种荒唐而疯狂的行径并非法国所独有。几乎整个欧洲都感染了对魔法妖术，对魔鬼附身，对形形色色的巫术咒语的确信。有时甚至在信仰新教的国家，巫师和术士也遭到判处。这种迷信不幸总是与宗教相关。人类的智慧还没有进化到足以把上帝准许法老[1]有巫师术士，准许扫罗[2]有女预卜者的时代，同我们生活的时代区别开来。

有另外一种危险性较小的迷信。这就是对古代事物的盲目崇敬。普天之下，古往今来，在很多时代，这种崇敬都有碍思想的进步。对亚里士多德的崇敬，被推促发展到奴性十足、全无独立精神的轻信程度。他的著作的命运，同它首次在阿尔比教派时代在法国出现时的情况相比已经大大改变。曾经有一次宗教评议会把亚

① 古埃及君主称号。

② 基督教《圣经》故事人物，以色列的第一个国王。

里士多德斥为异端。但是，自那以后，他却专横独裁地统治着学校。

1624年，两个化学家在巴黎出现。化学是一门相当新颖的科学。这两个科学家接纳有别于亚里士多德提出的四种元素的五种元素。他们也不赞同这位希腊哲学家的关于范畴和物质形式的观点。他们发表了反对这位哲学家的这些观点的论文。于是，法国大学界大声叫嚷出现了异端。它向巴黎高等法院呈递诉状。谣言铺天盖地，来势汹汹，以致新博士们被投入监狱。一个执达吏当着他们的面把他们的论文撕得粉碎。这两个化学家以轻罪在高等法院的管辖范围内被判处流放。最后，同一项判决还禁止支持任何未获医学院批准的论文，违者处以死刑。

应该怜悯这些愚昧虚妄和等而下之的伪科学就这样败坏了人类的理智的时代。不幸的是，这些时代离我们的时代还并不遥远。我们有过蒙田[①]、沙朗[②]、德·图和洛斯皮塔尔这类人物。但是，他们传给我们的些许光辉已经熄灭。而且被这种光辉照亮了的人从来就寥若晨星。

尽管高等法院在研究王室的和国王的权利多于研究哲学之后陷入这些谬误，亦即陷入时代的谬误，它仍然始终继续破除罗马教廷过去亟欲引进各个地区、各个时期的另一种谬误，亦即几乎各个僧侣修会的谬误。这种谬误就是这种难以置信的自教皇格列高利七世起就已经产生的成见：国王是应由教会审判的人。人们已经

① 蒙田(1533—1592)，文艺复兴时期法国思想家、散文作家。

② 沙朗(1541—1603)，法国道德伦理学家。

看到，在 1614 年和 1615 年的三级会议上，这种成见压倒了民众的心愿和高等法院的积极性。这个令人憎恶的问题在一个把诽谤短文的发表归咎于一个名叫加拉斯的耶稣会教士的时机再度提出。这个教士是当时耶稣会教士中最危险的狂热分子。这篇短文责备法国国王和黎塞留红衣主教让法国与一些信仰新教的君主结成同盟。责备的理由似乎是他们因政治而不得不缔结的条约会与宗教有某些关联。在这些诽谤性的短文中，蛮横傲慢被推到极致，竟至宣称法国国王和他的大臣应被开除教籍。高等法院既少不了举行徒劳无益的仪式焚毁这些诽谤性短文，又少不了更加严肃认真地追查这篇文章的作者。

教士大会履行它的职责，对这本书加以谴责。然而，教皇特使斯帕达使用一个与意大利教士身份相称的诡计，让人把这项谴责译成拉丁法。这是一篇不忠实的译文，而且文内的谴责内容全部避而未译。他让几位主教签名，作为王国王室对罗马教皇表示忠顺的传世之作送到罗马。

高等法院发现了这一欺诈行骗、弄虚作假的行为，不仅谴责这篇拉丁译文，而且对进行这一欺诈行骗活动的外国人进行起诉。教士于是站在教皇特使斯帕达一边。他们举行集会。由于他们合法的大会已经结束，高等法院命令大会解散并根据法律勒令主教们前往住在他们各自的教区。然而，当时教皇在他的宗教团体所属的私立学校中势力非常强大，以致黎塞留红衣主教不得不既作为红衣主教，又作为首相，小心翼翼和他打交道。这整个案件移送御前会议审理。这个案件被大事化小，小事化无，平缓下来，不了了之，直到以后又出现了第一次使之死灰复燃的时机。当时没有什么别的政治活动。

恰好在这个时期金钱匮乏。这是无法大事化小，小事化了的事。吕依内公爵执政时期的对抗胡格诺教派的内战和黎塞留执政时期的瓦特林[①]之战耗尽法国全部人力物力。王国的胡格诺教派教徒受到黎塞留的迫害，重启战端。国王不得不亲自前往法院让人核查比尔索敕令。这些敕令往往主要谈及紧迫的需求，而非税收的平等比例以及民众的实利。总辩护人塞尔万在向国王奏呈他的致词时猝然死亡。他说："陛下通过赢得臣民之心，比通过降服臣民将获得更加牢固之光荣。"他说最后的话时哑然失声，中风倒地，奄奄一息，被人抬走。

《编年回忆录》一书的作者耶稣会教士达佛里尼为人严谨、好奇，声称这位总辩护人临终时就一件随后立即突然发生的案件谈话，反对耶稣会教士。

问题始终在于教皇对国王和对民众拥有的权力的这个可怕可憎的制度。似乎亨利四世的血已经使这条七头蛇的几个头又长了起来。意大利耶稣会教士桑克塔雷尔在一本得到这个修会的将军维特勒斯希认可，并献给萨伏依的红衣主教的书中发表了这个主张。从来没有谁用这样令人愤慨的方式抒发己见。根据习俗惯例，这本书在巴黎遭到焚毁。这些行动没有引发任何事变。高等法院再次对是否驱逐耶稣会教士一事进行讨论。这个机构命令教区主教、三位教区神甫和三位发誓修行者翌日出庭。他们到达聚集在通往法院的街道两旁的怒不可遏的民众中。当时身任教区主

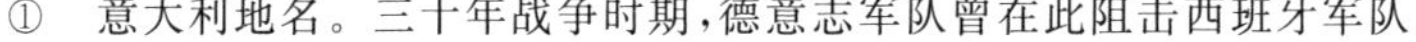

① 意大利地名。三十年战争时期，德意志军队曾在此阻击西班牙军队。

教的耶稣会教士科通发言。大家问他是否认为教皇有权开除法国国王教籍，是否有权剥夺他对法国的拥有权。他回答说："国王是教会的长子。他永远不会干出任何逼使教皇采取这种极端行动的事。"高等法院首席院长对他说："但是，你不像你的教派的总父亲那样思想吗？他授予教皇这种权力。我们的总父亲遵从他所在的罗马的意见，而我们遵从我们所在的法国的意见。假使你在罗马，你怎么办呢？""别人怎么办我们就怎么办。"这些答复可能为耶稣会教士招惹来他们的修会在法国遭到取缔之祸。他们签下了关于法国教会的，更确切地说，关于所有教会的自由的四项建议才得以了事脱身。这四项建议中部分是我们以后在1682年见到的建议。法国国王禁止高等法院走得太远，做得太过。

巴黎大学在亨利三世和亨利四世在位时期曾经是教皇全权主义者后，重新成了法国的国家机关。它不但仅发布反对桑克塔雷利和反对罗马的一切主张和要求的通告，而且下令这项通告每年公开宣读。宫廷不准许这项条款。谨慎对待无法足够抑制约束的事物，看来仍然何等重要。

# 第五十章　国王的母亲和大弟离开王国　高等法院的行为

黎塞留红衣主教在法国专制独裁。偶然性几乎总是重大命运的根源，或者说得更准确些，几乎总是被人称为偶然性的这根所有事件的不为人知的链条，最先使在玛丽·德·美第奇摄政时期在她身边出现了西戎修道院长（黎塞留），使她让他成为吕松的主教、国务秘书和她的家庭总监。接着，在分担了这位母后在昂克尔元帅和他的妻子被杀害后受到的困扰之后，由于母后的庇佑，他获得红衣主教这个显职高位，最后得以出席御前会议。他一旦权力在手并得到加强巩固后，就不容忍他的恩人同他分享。从那时起，他们就矛盾日增，反目成仇了。

路易十三体弱多病、才识疏浅、无法问政，离开首相寸步难行，不得不在他母亲和首相之间进行选择。他的母亲天生更多是为了搞阴谋诡计而不是为了治国理政。她珍惜自身的权势威望，胜于能精明能干地保存这种权势威望。她体弱多病、顽梗不化，一如其子，而反复无常、受人操纵、庸碌无能，则有过之。她甚至不能掌控她的家族，当然更不能掌控她的王国。黎塞留忘恩负义、野心勃勃、专横暴虐。但是，他功勋卓著。路易十三深感他这个首相对他来说必不可少，不可须臾离。他的母亲和他的兄弟加斯东越对这位首相抱怨连天、满腹牢骚，黎塞留就越势盛力强，权倾朝野。玛丽·德·美第奇和加斯东的宠信亲随通过那些在别的时期会发展演变为内战的异见党派活动，把宫廷和王国搞得动荡不安、国无宁日。黎塞留纵横捭阖、精明灵活，施用并非一直合法的严刑峻法平息了一切。

国王唯一的大弟加斯东离开法国，退居洛林。他的母亲玛丽逃往布鲁塞尔，公开置身于西班牙国王的庇佑之下。尽管战争尚未宣布，但这位国王对法国的敌意已经公开表露无遗。

洛林公爵的情况则不如此。法国宫廷不能把他视为敌对的王侯。但是，黎塞留红衣主教却发布了国王的一项声明。这项声明把所有陪同这位国王的大弟到他的退隐之地的朋友和仆从全都视为弑君罪犯。这项声明看来过于严厉，因为仆从可以跟随主子旅行而无罪过；当他们没有进行任何反对国家的活动时，就不得对他们进行任何指控。国王的声明需要进行登记时，这个问题长时在巴黎高等法院讨论。诉状审理庭的两位庭长加扬、巴里荣以及法官勒纳三人滔滔不绝、口若悬河，吸引来半数表决票。于是作出了一项赞成票和反对票票数相等的判决。

就在即将前往投票时，国王的大弟通过总检察官罗热奏呈国王一份请愿书。这份请愿书以这些话语开始："法国之子、国王陛下唯一的兄弟谦卑地恳求。"他在他的这份请愿书中声称，他从王国出走只是因为黎塞留红衣主教意欲让人暗杀他。他为此请求高等法院对此事予以证明。

高等法院首席院长勒热阻止这一文书直接奏呈国王，而由他亲自交到国王手中。国王宣布该文书污衅诽谤、恶意中伤，并将其废毁。如果这一文书在高等法院大法庭被人读到，高等法院就会在王位的推定继承人和黎塞留红衣主教之间充当仲裁者。

国王对高等法院的这项赞成票和反对票票数相等的判决大发雷霆，把高等法院有关人员召来卢浮宫，并下令这些人步行前来。高等法院全体成员在国王面前下跪。掌玺大臣对他们说，他们既无权利也无责任讨论国王的声明。总辩护人塔龙说高等法院这个机构应该始终遵行它以往一直公开宣称的对国王的服从。国王说："如果我想把某人培养教育得具有这种服从的德行，我就会把他安置在我的警卫队的一个连队里，而不是把他安置在高等法院里。"

国王放逐了加扬、巴里荣和勒纳三人，禁止他们五年内担任他们的现有职务。他亲自把那份赞成票和反对票票数相等的判决书撕得粉碎，扔到地上。



母后前往荷兰之前，像他的儿子加斯东那样向国王哀求，但同样无济于事。她的信函和请愿书高等法院都不敢接收。她让人把这些信函和请愿书印刷出来。这些文书今天还能在当时出版的回忆录中找到。这些请愿书以下面这些话语开始：

"法国和纳瓦尔的王后玛丽恳请……说：黎塞留红衣主教阿尔芒·让·迪普莱西使用各种阴谋诡计、鬼蜮伎俩，像去年那样力图毁损国王健康；他使用邪恶的主意把国王卷入战争，迫使国王亲自于盛夏酷暑置身疠疫猖獗为害的军中；他千方百计让国王对其亲随左右及忠心耿耿之仆从满怀偏见，心存疑惧；他企图使其亲信党羽身居王国要津，亦即把大量海防及边境要塞添加到布列塔尼及普罗旺斯政府管辖范围之内，以使法国处于两端受围状态，并通过这一手段能够取得他与之秘密串通的外国人的援助。”

这份请愿书以下述话语结束:“上述王后夫人恳求就以下两事向您作卑微谏诤:一,一个忘恩负义的奴仆目前正就,今后仍可能就上述夫人的婚姻和国王的出生对上述夫人进行的人身攻击以及毁损其名誉等粗暴行为引起的纷纷议论;二,所有包括在本请愿书中的有关财政浪费、武器购置、各省要塞、违反国家法律及其他已向王国全国公布并为王国全国所知的事。您会圆满处理此事。玛丽”

不会有读者看不出玛丽·德·美第奇的愤懑怨恨之情把她卷带越出所有界限。她作为哀求者求教于她从前曾经睥睨傲视的同一个高等法院。当她身为摄政女王时,曾以女君王的身份讲话,而今她却在她的请愿书中以一个不幸的女人的身份讲话。

黎塞留红衣主教让人在阿尔塞纳尔设置一个审判庭判处那些高等法院不愿判处的人。这个审判庭由两名国务参赞、六名诉状审理官和六名大御前会议参赞组成,于1631年9月10日开庭。

高等法院发布决定禁止这个审判庭开庭。这项决定遭到废除。高等法院再次被迫前往国王当时所在的梅斯向国王求饶。这个机构的人员等了十五天,并受到申斥。阿尔塞纳尔的审判庭的判决得到执行。

这些枉费心机的企图有助于加强巩固黎塞留红衣主教的权力。他强压、侮辱各个机构、团体。他放逐母后,使之床头金尽、一贫如洗,直到去世。他使国王的大弟惶惶不可终日,而又痛悔莫及。他使血缘亲王丧权失势,遭受屈辱。他使不喜爱他的国王俯仰由他,任其摆布。起而反对他的人无不只受到特派员的判处。

他甚至骄横狂妄到让他的特派员，亦即他的奴仆，就在吕埃尔，在他的乡间住房里审判马里亚克元帅。当时任总检察长的享有盛名的莫勒起而行动，维护遭到肆无忌惮、卑鄙无耻地违犯的法律的时候，这位红衣主教让人传唤莫勒到御前会议，并禁止他履行他的职责。最后他为千夫所指，受到国家所有机构、团体切齿痛恨。然而，他却在治国理政方面，凡所从事均成就斐然。这就使人对他敬怨交集、恨爱参半。

# 第五十一章　巴黎高等法院和教士大会撤销加斯东·德·弗朗斯和玛格丽特·德·洛林的婚姻

路易十三唯一的兄弟加斯东于1631年在南希娶洛林公爵查理四世的姊妹玛格丽特为妻。应办手续均已遵办。他时年仅约二十四岁。母后和洛林公爵同意并催促这宗婚姻。婚契已经通报教皇乌尔班八世。南希位于洛林红衣主教、图勒主教管辖的教区内。因此，这位主教特别免除公布教堂应公布的预备结婚的夫妇的姓氏名单。这对配偶当着证婚人之面结了婚。两年后，当加斯东二十五岁[①]时，夫妇两人在马林大教堂庄重地认可这次婚礼，以便正式补全所有可能发生的疏漏。他们相亲相爱。两人都远未抱怨这一被教皇和全欧视为合法而且牢不可破的结合。但是，这宗婚姻却使黎塞留红衣主教忐忑不安、警觉起来。他看到母后、国王的大弟、推定继承人同洛林公爵结成联盟同他分庭抗礼。

路易十三的所思所想与他的首相如出一辙，毫无二致。必须让高等法院和教士想他们的所思所想，并促使他们废止这宗婚姻。于是有人声称，加斯东结婚拂逆了他的兄长国王的意愿。但是，并无法律明确规定国王不同意时一宗婚姻无效。加斯东个人曾经冒

① 原文如此。

犯得罪过他的国王兄长。但是，为人弟者的婚姻难道仅仅因为他令兄长不悦这个理由就无效吗？路易十一还是太子时就不顾父王意愿，娶了一个萨伏依公爵的女儿为妻，并同这个女子逃离王国，而查理七世并没有试图把这个结合视为非法。

婚姻被视为一种圣事，或者一种公民契约。作为圣事，这是“一种只有死亡才能抹除的看不见的事物的看得见的标记、一种奥秘、一种不可磨灭的特征”。不管教会能够把什么概念赋予看不见的事物这个词，这个问题都显得不属于人类的判断的范畴。

至于公民契约，它通过各国法律把夫妻两人结合起来。废除这项庄严的契约，就是为最悲惨不幸的内战打开大门，因为如果加斯东的婚姻生下一个儿子，而法国国王又没有子嗣，这个儿子被教皇和欧洲各国承认为合法，在法国却被宣布为私生子，他还会有半个法国站在他那一边。

黎塞留红衣主教对将产生于废止这项婚约的行动的一目了然的危险却闭目塞听。他使出浑身解数，千方百计终于从对他切齿痛恨的高等法院和对他同样深恶痛绝的教士大会等两个机构那里取得一项有利于他的观点的决定。他的这种高傲骄横并不令人感到惊奇。这位红衣主教权倾朝野、势可敌国。他入侵洛林公爵的各个邦州，一切都屈从于他的意志。

总辩护人奥马尔·塔隆叙述说，高等法院开会，会上有人说希律[①]的兄弟费罗拉斯控告萨乐美[②]同阿拉伯的副长官西勒纳商讨

---

① 希律（公元前73—前4），罗马统治时期的犹太国王、希律王朝的创建人、基督教《圣经》故事人物。

② 基督教《圣经》故事人物。

他的婚姻。在迪戎[①]的传记中引证了普鲁塔克[②]的话。之后，高等法院下令逮捕洛林公爵查理、新洛林公爵弗朗索瓦(查理把他的公爵领地让与此人)以及他们的姊妹法尔斯堡公主。此三人被认为对国王的大弟——国王的唯一兄弟——犯有诱拐罪。

接着高等法院判处他们犯有弑君罪，流放他们出王国，没收他们的土地。

这项判决有两项内容令人吃惊：首先是因巴尔公爵领地而对一个身为国王封臣的最高亲王所作的宣判，但这个亲王根本没有在巴尔公爵领地嫁出他的姊妹；其次是假设的对国王的大弟的诱拐。国王的这位大弟是来洛林恳求洛林公爵把他的姊妹嫁给他的。很难证明玛格丽特公主强迫国王的大弟娶她。

正当高等法院进行起诉之际，教士大会颁布了一条规定王位继承人未获家族首领同意不得结婚的民法法律。一位蒙彼利埃的主教被派往罗马让教皇接受这项决定。教皇拒绝接受，并加以谴责。在教皇眼里行政管理条例并非教会法律。如果弱不禁风、朝不保夕的国王当时死亡，加斯东就会轻而易举让人把这同一宗高等法院和教士大会都宣布无效的婚姻视为十分有效。幸运的是，路易十三最终批准了他大弟的婚姻。但是禁止血缘亲王未经国王同意留下后代的这项法律自那时起始终继续有效。罗马的把这些婚姻视为有效的观念和看法也同样始终有效。国家分裂不和的根源盖源出于此。直至人人深信在巴黎为真而在阿维尼翁伯爵领地

① 古希腊僭主。

② 普鲁塔克(46？—120?)，古希腊传记作家、散文家。著有《希腊罗马名人传》。

为假这一情况无关宏旨，深信各个国家应根据本国的法律自行治理，而不唯教皇全权主义的神学是从，这个根源才被清除。

# 第五十二章　高等法院反对创办法兰西学院

高等法院没有片刻犹豫就推翻并废除了获得母后首肯，按照教会所有规定缔结的王国继承人的婚姻。它在十八个月内始终拒绝登记国王就创办法兰西学院一事向高等法院下达的诏书。以上两事怪异奇特、世所罕见。一些人认为，一项有利于大学和亚里士多德的决议发布后，这个机构对一个受到王家权威鼓励的、由思想开明、知识渊博的人士组成的团体心存疑惧，担心它会教授新事物。另一些人认为，高等法院不愿通过培育在法国人中无人知晓的雄辩术，使律师界的粗鄙文笔变成人们鄙夷轻蔑的谈资。最后，另外一些人想象，无日不受黎塞留红衣主教折磨凌辱的高等法院，希望轮到它来使这个红衣主教疾首蹙额。

粗俗的编辑、曾经就路易十三的历史写过一部十八卷的讽刺文集的拉瓦索尔说："创办法兰西学院是红衣主教[①]施行的暴政的证明。他不容忍忠诚老实的人自由聚集在一个私人的房间里。"

这个责难被人感到不值一驳，但不应在此略而不指出这位作家本应更好利用法兰西学院的头几次功课。这些功课本会教给他

① 指黎塞留。

使用稍较文明优雅的文体，使用令人反感较少的挖苦讽刺，使用更加合理明智的既无损于真实性也无损于语言和良知的方式写作。

法兰西学院的创办，是对在意大利的这类机构的模仿。特别因为各种各样的雄辩术，尤其是传道的和律师业的各种雄辩术，当时被粗俗低下的判断和见解以及糟糕透顶的、比最初几个世纪的愚昧无知更低下的趣味、爱好和议论研究败坏、玷污，这一创举就更加不可或缺。仍然笼罩着法国的野蛮粗俗风习，不允许最初的那些法兰西学院院士成为伟人。但是，这些院士却为那些成为伟人的人披荆斩棘，筚路蓝缕。他们为思想意识的改造奠定了基础。他们教导人怎样思想、怎样表达。这一点千真万确。黎塞留红衣主教创办这个机构真正为祖国立下殊勋。

高等法院之所以整整推迟一年登记国王下达的诏书，是因为它担心法兰西学院把有关出版业的裁夺权归于自己。黎塞留红衣主教让人对高等法院首席院长勒热说，他喜爱这些先生，正如他们喜爱他一样。最后，当这个机构经受核查时，高等法院把这一点添加到国王下达的诏书中：法兰西学院只通晓了解法语和一些它将编著的或者将送呈它评审的书。巴黎高等法院采取的这项预防措施证明法兰西学院的创办令人产生某些怀疑，使人感到不快。这个机构只享有荣誉性的特权，无法完成任何有用的事物。它的创办者本人甚至没有让它拥有一个会议厅。

# 第五十三章　巴黎高等法院向国王提供援助　它的多名法官被监禁　高等法院法官和审计法院法官在巴黎圣母院教堂拳脚相向，大打出手



1635 年黎塞留让人庄严宣布在德意志和西班牙对整个奥地利家族宣战之后，即将目睹王国于次年遭到侵犯和破坏。敌军渡河，攻占卡尔比，对皮卡尔迪和勃艮第大肆蹂躏。巴黎已经无险可守，暴露于敌人攻击之下。好些公民出离。守城部队屈指可数，士兵失魂落魄，四处分散。优秀的军官或深受黎塞留红衣主教怀疑，或被投入狱中，或被流放异乡。国库枯竭，财力耗尽。这个首相当时只被看作昏庸无能的暴君。

值此国家深陷危机之际，巴黎城自愿雇佣士兵六千五百名。高等法院决定征募两千五百名。教育界自身也承诺提供四百名士兵，黎塞留红衣主教对它们提供这些兵员是针对敌人还是针对他本人，捉摸不定，疑虑重重。

高等法院意欲任命十二名法官以便监督巴黎的防务，以便有助于征募巴黎应该提供的军队。

黎塞留首相觉得这样一个行动对他更是侮辱，而非援助。高等法院组建它的那个连队，在他看来并非为了把守巴黎的大门，也

并非为了履行王室高官和军队将领的职责。他知道有人在开会时对他大加议论。国王在卢浮宫召见各个法庭的庭长和年事最高的法官,向他们重申禁止他们插手国务。最后,首相和将领纠正了自身错误,敌军被驱逐出王国,高等法院服从王命。

只有使用巨额钱款才能结束这场战争。财政是行政当局的首要手段。使用这个手段总会受到干扰。黎塞留不是那个善于战前确有把握筹集四千万法郎,备办粮秣、军火、医药的苏利。他的健康状况、他的天才、他的志向都不允许他详察深研必不可少的细节。他这方面的粗疏大意,使他的荣誉一落千丈,大大降损。他不得不扣减国王应该付给市政府的靠利息或年金生活的人员的年金以及债券的过期未付款的四分之三。这次国家信用的破产实在令人憎恨。毫无疑问,较好的做法,是设置平等分摊的捐税。但这项举措是在对既不光彩、又耗尽资财的方法进行长期试验后才得以在法国付诸实施。自从苏利以后,政府只会设置毫无用处可言、崇慕虚荣的人用钱购买的官职,以及绝对依靠商人。

1635 年,黎塞留在高等法院设置了二十个新法官职位。这个机构对此大为震怒。对靠利息或年金生活的人造成的破产,使整个巴黎一片怒斥之声。这些国民的收入遭到剥夺,于是来到掌玺大臣夏托纳夫处抱怨诉苦。对他们的回答却是他们当中三人被送进巴士底狱。高等法院开会讨论此事,会上言词十分尖锐激烈。黎塞留红衣主教在这个机构里布设有卧底。他让人绑架加扬、香普龙、萨洛、塞万、蒂伯夫、博维尔、斯卡龙等人。国王一道敕令撤销第三诉状预审庭。被捕法官遭到流放或者关押。靠利息或年金生活者丧失了他们的年金和债券的过期未付款。

显然，黎塞留红衣主教的政府既专横邪恶，又暴虐无道。但他始终对异见党派进行打击镇压。这也是一目了然的事实。首相的血腥手段和骄横以及王国各类人的不满，是此后投石党之战①的种子。高等法院在黎塞留掌权时期失去了它要求收回的特权之后，在路易十三在位时期的最后几年只对抗审计法院。

这个君主剥夺了圣日尼薇对法国的保护之后，把这种荣誉授予圣母玛利亚。圣日尼薇过去一直被视为王国的主保圣徒，因为她是巴黎的圣徒。

这是在巴黎圣母院教堂举行的一个极其庄严的典礼。高级法庭法官出席。高等法院首席院长在宗教仪式行列行进时走在最前面。戴圆形法官帽的几位院长不容忍审计法院院长跟随其后。这位院长身材魁梧壮实，拦腰抱住一个戴圆形法官帽的高等法院院长，把他打翻在地。每个审计法院院长对一位高等法院院长拳打脚踢。自己也大挨拳脚。他们还袭击高等法院法官。蒙巴宗公爵手执刀剑，率领卫士前来制止这场混乱，其结果却是为这场混乱火上加油。双方都作记录口供。国王命令会后高等法院人员从巴黎圣母院的大门出入，审计法庭人员从小门出入。



① 投石党之战又称投石党运动或“福隆德运动”，为1648—1653年法国反对专制制度的两次政治运动。“福隆德”(la fronde)为一种投石器，在巴黎禁止使用，因此“福隆德”一词便转而具有破坏秩序、反对当局的意义。法国“福隆德运动”有两次。本书第五十六章所述为第一次，称为“法院福隆德”。第二次为1650年的“亲王福隆德”，以孔代亲王为首的法国贵族依靠西班牙军队与法国政府军对抗，1653年被镇压。此后法国封建制度进一步加强巩固。

# 第五十四章　马扎然内阁执政时期动乱开始　高等法院首次暂时停止它的审判职能

路易十三死后，高等法院顷刻之间就从黎塞留将它投入其中的屈辱境地跃升到权力的巅峰。德佩龙公爵刀剑在手，强迫它抓住授予玛丽·德·美第奇摄政职位的权力。在奥地利的安娜的眼中，这项新的权力似乎像君主政体那样古老。高等法院不受制约、充分行使这项权力。它不仅发布决定，宣布母后为摄政女王，还像废止一个普通公民的遗嘱那样，废止了路易十三的遗嘱。摄政女王和宫廷当时远未怀疑高等法院的权力，远未对它拥有的他们从中得到一切好处的一项特权提出质疑。高等法院在没有任何反对的情况下决定王国的命运。随后高等法院重新跌入路易十三之死曾经使之摆脱的困境。王后意欲亲自掌握全权，她也的确掌握了全权，直至路障时期[1]为止。

但是，在高等法院这样授予摄政职位并作为贵卿充斥的贵卿法院废止国王路易十三的遗嘱之前，必须注意到这一点：根据法

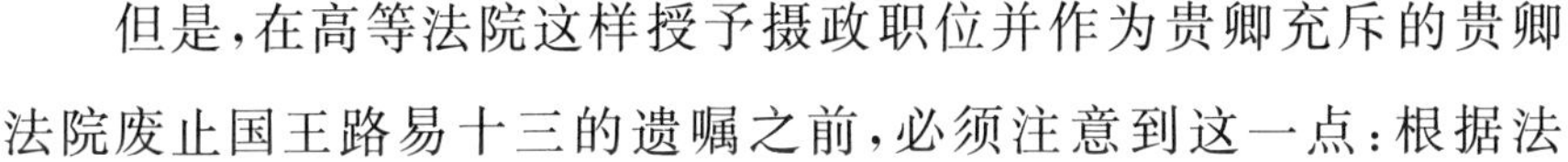

① 指后文谈到的投石党之战时期。

律，高等法院已不复存在。这位国王之死使这个法院解散。因此高等法院的几位院长和法官的职位必须得到新君主确认；他们必须重新宣誓。这个仪式在因亨利四世遇刺而出现的混乱和恐怖中无人遵从。掌玺大臣塞吉埃想恢复已被废弃的法律。高等法院回避此事，前往卢浮宫觐见母后。它向新王表示崇敬，并向新王表态，它遵从圣旨。问题并不在于职位确认，也不在于忠诚宣誓。

马扎然红衣主教专制独裁，操纵控制母后和国王，最初并无任何大人物对此有一言半句牢骚不满。人人都已习惯于接受一种权势和命令。马扎然是个外国人这个事实，竟然也无人耿耿于怀，说三道四，对之置评。以大孔代这个名字而名驰遐迩的昂甘公爵取得的胜利，使公众大大松了一口气，心情轻松；使母后备受尊敬。然而，这个财政金融的重要问题不久以后就开始酿成动乱。这个问题是一切事物的基础，往往引发革命，而又防止革命，平息革命。

马扎然对政府管理这一部分的了解比黎塞留更差。他把自己才智和能力的使用限于最主要之点上，限于他的政府的运作上，限于获得一笔一亿法郎的钱款上。搞阴谋诡计，他位列这个世界之首；搞其他事务，他位列这个世界之末。那些在他手下管理国家钱财的人，除了采取卑劣低下、谋略极差、歪门邪道的方法手段迅速获得援助外，别无其他意图。巴黎最穷的居民在巴黎城从前的范围界限之外修建了一些破烂不堪的房屋或者窝棚。一个名叫帕尔蒂塞利·德梅里的意大利人是马扎然的宠信，身任总监督官，谋求对贫穷家庭征收一项相当苛重的税收。这些家庭聚集起来，成群结队前往高等法院法庭鸣冤告状，在那里少不了受到好几位预审庭法官的激励鼓动。这几位法官要求预审庭开庭审理穷人控告政府的这场官司。政府行事十分笨拙，使整个巴黎民众颇为不快。这一笨拙举动使得民众怨声载道，啸聚会集。高等法院大法庭的一部分成员为了宫廷的利益，不欲容忍预审庭要求召开高等法院大会。

预审庭坚持不让。对宫廷来说，幸好当时高等法院的各个法庭已经分裂。诉状审理庭与预审庭对立；预审庭又与高等法院大法庭对立。诉状审理庭想受到与预审庭相同的待遇；预审庭想受到与高等法院大法庭相同的待遇。发生了关于地位、等级、排序的争吵。高等法院的年事最高的法官按照惯例位居并非戴法官圆帽的法院院长之前。在巴黎圣母院为格布里昂元帅举行的葬礼中，预审庭庭长在致悼词时抓住年事最高的法官萨瓦尔的手臂，把他拖离他的位置。高等法院首席院长叫来国王的出席这个仪式的卫士前来支持年事最高的法官。大教堂的人于是再次目睹法官为了追求一种虚荣的利益使得民众哗然、极度愤慨的场景。

母后居中调停。高等法庭信服她下达的命令，审理争端。她注意自己不发言表态。分而治之这句名言，马扎然真是烂熟于心，稔知其义。他想把高等法院弃置于这些争吵之中，借此使之受人鄙弃，为人不齿。但是，他让四名弓箭手抓捕预审庭庭长巴里荣，这样行事却过分令人鄙弃。他把这位庭长解送到皮涅罗。巴里荣对蹲监狱已经习以为常。在黎塞留掌权时期，他曾经被关押过。这次还有另外几人遭到流放。马扎然首相自以为权势已经强大，足以效法黎塞留红衣主教，虽然他并无其人之残酷、骄横和才能。

高等法院还已经使血缘亲王、贵卿等弃离它。血缘亲王弃离它，是因为它竟敢在举行一次奏感恩赞美诗的仪式时从伟人孔代的父亲那里抢夺居先权；贵卿弃离它，是因为它不愿容忍在御前裁判会上掌玺大臣前往投票时在求教于它之前求教于贵卿。这一切都使这个机构对宫廷来说十分令人不悦。过去使用它是为了授予摄政职位。这样使用它就像过河拆桥，鸟尽弓藏一样。

预审庭无法使它的被关押的成员获释，于是整整四个月停止审理和判决案件。这是此类违犯法律的第一例。几个诉讼人因此大受损害。另外一些诉讼人却把他人的财物扣留更久，借此获利。宫廷并不为此担忧。它认为高等法院同时令王侯、贵卿、民众颇为不满，就会永无信誉可言。就是这一点宫廷铸成大错。它没有预见到一旦时机到来，人人都会联合起来反对一个开始像昂克尔元帅那样极尽令人反感厌恶之能事的外国首相。

如果正如有个孔代那样的人统领军队，有个柯尔伯或者苏利那样的人掌理财政，奥地利的安娜摄政时期本会歌舞升平，国泰民安。虽然像这样两个优秀卓越的人物能否在当时拨乱反正，整顿秩序，以便克服十分愚昧无知的民族成见，以便设置毫无专横武断成分的普遍税收，以便发行以某些确实可靠的基金为基础的可以偿还的债券，以便既提倡商业，也提倡农业，以便最后进行在英国进行的事业，这一点仍然是可疑的，属于未定之天。

政府内部既存在愚昧无知，也存在挥霍浪费，还存在一种顽梗固执的急迫心态，企图使用急躁的手段从民众手里夺得一点钱款。这些钱款更少归国家所有。对修建在郊区的房屋征税一事，几乎没有产生任何效益。有人意欲强迫公民购买总额为十五万利弗的新公债。必须说服劝购，而不应强迫购买。民众的呼号在高等法院的拒绝行动的支持下，使这些令人憎恶的敕令毫无效用可言。

政府设想出比斯索敕令。仅仅这些敕令的发布就使这个政府蒙受耻辱、成为笑柄。这些敕令设置国王参议、柬薪稽查员、宣誓干草出售员、交易所经纪人、四年一次的财税收税员等职位，在所有行政机构中以钱为报酬加薪，最后是出卖贵族头衔。

发布了十九道这类敕令。路易十四穿着童装被带领到高等法院，让这些使人蒙羞受辱的敕令得以登记。他被安放在一张充作王位的小扶手椅上。右边是母后、叔父奥尔良公爵、大孔代的父亲、八个公爵；左边是五个红衣主教、黎塞留红衣主教的兄弟里昂红衣主教、利尼红衣主教和马扎然。他口齿伶俐，讲了下面的话："我的事务把我领到高等法院，掌玺大臣大人会解释我的旨意。"

掌玺大臣塞吉埃解释国王的旨意，宣读了十九道敕令。总辩护人奥马尔·塔隆按照习俗把膝盖抬到软垫长凳上，开始致词。此人是这个机构中最口若悬河、滔滔不绝的高谈阔论者。他对国王说："国王是太阳，当太阳穿过窗户只射进一个房间几道光线时，它的光丰足、有益。这是洪福齐天的标志。但是，想到这颗硕大的星辰整个进入，则是危险的。因为它会以它的活力摧毁进入它的轨道的一切……"



这篇特别对一个七岁的孩子来说相当冗长的高谈阔论发表后，王侯和贵卿投票。高等法院几位院长为这个投票次序不是从他们开始大发雷霆。他们的意见是要对国王进行谏诤。预审庭法官说，他们的良知不允许他们登记这些敕令。掌玺大臣回答说，关于国家事务的良知，具有不同于普通良知的另外一种性质。他擅自专横地使这些敕令得到登记。

# 第五十五章　财政管理引发的动乱开始



宫廷依然势力强大。马扎然红衣主教小心谨慎地对待著名的《蒙斯特[①]和约》。按照这项条约,法国人和瑞典人是神圣罗马帝国的立法者。该约最终于1648年缔结。孔代亲王因其历次作战胜利使法国在此约中占有优势。西班牙比法国更债台高筑,看来并非危险敌人。尽管它在新世界拥有大量财富,财源却与法国同样枯竭。治理无方、吏治腐败,这几乎是各个国家的命运。几个大人物的勃勃野心把这些国家投入战争。被人称之为政治的卑鄙无耻的阴谋诡计,使国家长期动乱、国无宁日,而此时边境又遭强邻蹂躏,经济被弃置不顾,异见党派迭起,帮派林立。这些党帮佯装提出的治腐救危良药,其实是各种祸患之中为害最烈者。

法国政府始终坚持奉行这种颇为不当的、用于一时应急救助的权宜之计。提高了对叉裂蹄动物及其他食品的进口税。设置了十二个诉状审理庭新法官职位。要求法官提前缴付称为鲍勒特税的年度税款。有人有先见之明,早已预想到一起如此无关紧要的案件会使国家鸡犬不宁、沧海横流吗?但是,大厦既然已经受到震

---

① 德国地名,1648年在此签订《威斯特伐利亚条约》的预备性条文。

撼，稍一刮风，就会掀翻倾塌。一场当时正使英国惨遭破坏、田园荒芜，使国王查理一世[①]在刽子手刀斧之下人头落地的内战，就肇始于一项对每吨货物征收两先令的税收。

马扎然万万没有想到在他颁布法令之时，高等法院竟然能与诉状审理庭法官联合起来。它经常责备这些法官使御前会议废除它作出的决定。高等法院将与审计法院合二为一，这很可能吗？它曾经在巴黎圣母院教堂与后者大打出手。它对大御前会议也心存妒忌。该会议决定各个高等法院的管辖范围，并剥夺了它们除有关滥用职权的上诉之外的一切教会诉讼事务。高等法院能够同间接税法庭和解吗？它曾经忧心如焚，看到这个机构掌握了关于财务的登记权和在这个方面的纠纷的审理权。更不大可能的是，国王的贵卿受到高等法院院长佯装的与他们之间的平等的冒犯，会站在这个曾经引起他们敌意的机构的一边。这些贵卿自以为身为贵卿，不但是高等法院的首要人物，而且是高等法院的精英。高等法院如果没有他们，只不过是个审理争端诉讼的普通法庭而已。高等法院只在他们大驾光临之时才能改变其性质。就这样，这种种情况凑在一起，促使母后和她的首相认为高等法院既无胆量，也无力量违反他们的旨意。然而他们错估形势，大错特错。邪恶的卖官鬻爵的官职捐纳制度引进法国。鲍勒特税又使这种制度永远存在。这两者是灾祸的首要根源。王国的全体行政官员和司法官员应当九年一次交付这种保证他们家庭拥有他们的官职的鲍勒特税。

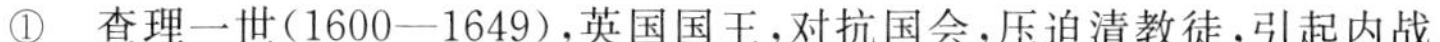

① 查理一世（1600—1649），英国国王，对抗国会，压迫清教徒，引起内战。

新敕令恢复为下个九年缴付这项税款的规定。这项敕令免除高等法院法官缴付这项税款,但作为补偿,却削减他们四年的薪俸。这些削减的薪俸非常菲薄,以至宁可不收取。但这一举措却令人颇为不快。宫廷为了安抚高等法院,把它列在这项削减规定之外,保留了它的成员的薪俸,以为使用这一权宜之计,可以迫使高等法院保持缄默。然而,事与愿违,适得其反。宫廷怎么会意识不到高等法院如果让自己被人用这种小恩小惠软化,显得为了一己私利而忘掉公利,它的声誉和影响就会在民众中一落千丈,丧失殆尽,因此它只能通过拒绝才能令人钦佩呢?

大御前会议、审计法院、间接税法庭首先派出代表集会,要求与高等法院联手反对上述敕令。高等法院没有片刻犹豫。被宫廷认为互相水火不容的这四个机构竟然联合一致。政府始终抱有定见,认为王权至高无上,应该废止它们的联合决定。马扎然法语讲得十分蹩脚,把这项决定称为多瓦尼翁决定(*l'arrêt d'oignon*)①,因而在民众眼中既可笑又可厌。宫廷命令遭到蔑视鄙夷。宫廷甚至禁止高等法院的各个法庭集会。而这些法庭偏要集会。母后下令逮捕大御前会议的五名参事以及间接税法庭的两名法官。这一严厉行动使社会上的有识之士群情激愤,怒不可遏,但未引发任何运动。

诉状审理法庭全体法官在他们那方面,在一个叫做王宫诉状审理院的法庭里签署发布了一份告示,承诺不能容忍设置十二个



① 联合决定法语为 l'arrêt d'union。马扎然把 union(联合)误念为 oignon(洋葱)。

新法官职位。他们停止向御前会议汇报诉讼事务。这正如高等法院停止宣判一样。母后召来高等法院诉状审理庭法官。她虽然性情温和，但讲话时言词有些尖刻。她对他们说，他们想限制国王的权力，这实在令人笑掉大牙。

帝王可以坚定不移采取有力行动，但应尽量避免态度生硬。诉状审理庭法官因母后这一席话态度更加坚定起来。掌玺大臣禁止他们履行职责。他们本身也不履行。

他们结成团伙，前往高等法院反对登记国王敕令。他们作为诉讼的当事人受到接待。一切集团之间的嫉妒、猜疑当时都让步给对内阁的仇恨。一切狭隘的利益都为对新生事物的热爱以及为激励整个巴黎城的异见党派精神作出自我牺牲。高等法院在它那一派内还没有一个王侯、贵卿，甚至还没有一个领主。母后对它异常愤慨，多次扬言她不容忍“这群流氓、恶棍侮辱国王陛下”。

这些话无助于使有识之士归返常态。高等法院要求实行行政改革，特别要求撤销被它视为没有名号的行政官员的、充作政府掠夺工具的、必须使法国永远摆脱的政府派驻外省的总督。

反对意大利人帕尔蒂塞利·德梅里的呼声更加强烈。此人先前升任总监后，曾因贪赃枉法、营私舞弊在里昂被判处绞刑，未执行。后来他却福星高照，跃至好运的顶峰。公众呼声非常强烈，异见集团非常顽强，以致宫廷认为不得不屈服让步，把这位总监放逐到他自己的土地并承诺撤销外省的总督。这种上级对下级表面谦虚有礼而心怀优越感的态度，未能安抚平息不满人士，相反却使之胆壮起来。国王的叔父、位居母后之下的国王指定的摄政官奥尔良公爵当时正紧随母后同高等法院谈判。他时而前往法院，时而在家中同这个机构的代表会商。这些奔走活动全都徒劳无功。

动乱丛生使得政府信誉丧尽，声望全无。它既无法得到拥护的徒众，也无法让普通捐税进入国库。它还不得不支撑一场耗尽国力的战争。母后沦降到抵押典当宫廷的和她本人的珍宝的地步，沦降到解雇国王和她本人的仆役的地步，沦降到节衣缩食的地步，还不得不求贷于宫中许多人。身陷绝境，但不像黎塞留那样坚挺对抗重重困难的马扎然红衣主教，劝她再次把她的儿子带领到高等法院，以便作出当时事态使之势在必作的承诺。

召开御前审判会并不比其他举措更加成功。总辩护人嘱咐年幼的国王思考天宫之间的自然钳制、天体的冲、构成地球之外的天使的美的相反的星辰方位的冲。但白费唇舌。掌玺大臣代表国王给予多于索求，只禁止法庭召开大会。举行这些会议应获宫廷批准。从第二天起举行会议。

尤其因为就在此时亨利四世的女儿、英国国王查理一世的妻子同她的孩子逃亡法国，尤其因为就在此时英国议会正在搭建让查理一世带去他的脑袋的断头台，高等法院的这种顽梗不化的态度对母后来说就更加令人感到痛苦。单单是高等法院这个名称，就使奥地利的安娜方寸大乱，虽然名为高等法院的这个巴黎法庭与英国的议会毫无共同之处。她忧心如焚，愁肠百结，卧病床榻，而民众对她却无丝毫怜悯之情。

# 第五十六章　街垒和投石党之战

不仅仅财政方面的敲诈勒索、横征暴敛激怒法院和公民，而且监禁、下狱和流放之类的大臣们无视王国法律用来进行报复的武器也都大大伤害民众感情，使得群情激愤。在伟人亨利四世明智而坚定的统治下，这些武器从未有人使用。在使用刽子手多于使用监狱看守的黎塞留的专制主义的统治下，这些武器几乎不惹人注目。

马扎然比黎塞留温和，没有让人流血，但他下令把除了与之争权夺位，除了在宫廷中利用威信和影响与之分庭抗礼之外别无其他罪行的博福尔公爵投入万森监狱。红衣主教雷兹在他的回忆录中写道："当人们看见尤利乌斯·马扎然让人把亨利四世的孙子关押起来并流放他全家时，又惊愕又尊敬。"他又写道："这个首相一周之内没有把人投入监狱，人们就认为应该对之感激涕零。"他又写道："夏佩兰特别赞赏这个非同寻常的结局。"

这个名字变得十分可笑的夏佩兰为所欲为，奴颜婢膝，赞赏这种滥用权力的行径。旺多姆家族在高等法院中有一些朋友。这些人憎厌鄙弃这种行径。他们总是激发挑动这个机构反对首相。

孔代亲王打赢了朗斯[①]之战，这使宫廷最终大起胆来向高等

① 法国地名。1648 年孔代亲王在此率军作战获胜，使得《威斯特伐利亚条约》得以签订。

法院复仇雪恨。院长波蒂埃·德·布朗克梅米尔和法官布鲁瑟尔两人被捕。宫廷也派人抓捕在逃的另外多名法官。

布鲁瑟尔是个年高七十三岁的老者,满头白发,备受民众敬爱。这是因为他住在一个下层百姓聚居地区,更因为他是高等法院中党派首领的工具。这些首领总是把他们自己的所思所想通过这位老人之口说出。他口无遮拦,提的意见最大胆无忌,认为这些意见出于他自己的所思所想。

这个老人被绑架后,下层民众像他们被抢走了父亲那样怒不可遏,于是起而造反。他们并没有受到任何政要挑动。布鲁瑟尔的女佣人开始起来闹事,第一个引发一场街垒战。有产者参加民众行列。高等法院加入有产者行列。不久以后,当时被称为大人物的人同高等法院联合起来。

法官遭到绑架以及民众群情激愤起而抗争后的次日,就是街垒日。民众重演他们在亨利三世在位时期的所作所为,而激烈狂热,鲜血流淌更有过之。雷兹红衣主教当时还是巴黎大主教的助手。他在回忆录中自吹自擂,声称他是引发内战的这场值得纪念的叛乱的唯一的发起人。毫无疑问,他的确在这场暴动中上蹿下跳,十分卖力,起了重大作用。

这位巴黎大主教当时有三个主要爱好:花天酒地、造反叛乱、追求虚名。同时可以看到此人有时恣情纵欲,卑鄙可耻,向宫廷布道说教,对他的恩人母后发难。

大家知道,最初内阁因街垒事件而惊恐不安,不得不释放被囚禁的法官。这种宽大纵容却使叛乱分子胆大包天起来。母后最后被迫两次携带她的国王儿子、亲王和首相逃离巴黎。她第二次从叛乱分子手中逃脱，是为了前往圣日耳曼。此行非常仓促急迫。宫廷人员在那里全都睡在麦秆上。孔代公爵深受王后眼泪感动，并且颇以身为王权保卫者为荣，准备封锁巴黎。高等法院在它那方面则招兵买马，任命将领，征募军队。每个法官被课税五百利弗。这个机构的二十个成员因在黎塞留掌权时期购买新设置的法官职位而遭到同僚仇恨，成为众矢之的。他们每人出资一万五千利弗以博取这个机构中其他人的欢心好意。这个机构命令拥有能通过车辆的大门的房屋的户主缴纳五十埃居。它用这笔抢劫来的、下令征收的、巧取豪夺得来的钱组建几个有产者团队。用来对抗宫廷的军队多于宫廷用来对抗叛乱的巴黎的军队。

高等法院在进行这种种备战的同时，宣布红衣主教首相为国家公敌及公共安宁破坏者，勒令他于八天之内离开王国。过了这个时限，命令法国人群起攻之。这是往昔君王对君王宣战的套话。



就在这时，大孔代率军七到八千人把巴黎封锁起来，使这座城市草木皆兵，惶惶不可终日。大家知道，大孔代曾经对这种他称之为夜壶战争的，而且他认为只能用滑稽可笑的诗来描述的战争何等轻蔑嘲笑。今天人们只记得关于这首次投石党之战的笑料，只记得因他们每人曾经向巴黎军队提供一万五千利弗而被称为十五—二十人的高等法院的二十名法官，只记得因当时雷兹红衣主教拥有科林多主教头衔而被称为科林多团队的大主教助手团队，而只记得被称为对科林多人的首次演出的这个团队的失败，最后只记得针对庆祝巴黎有产者的战绩的挖苦讽刺而又让人拍手称快的歌曲。

内穆尔公爵夫人说，在一次同几个造反派代表的商谈中，有人让他们相信孔代亲王一贯让人在他吃晚餐时为他端上一盘巴黎人的耳朵。尽管有这种种形成法国国民的特性的玩笑，鲜血仍然流淌，村庄仍被焚毁，田野仍遭破坏，抢劫仍然猖獗，不幸的人仍然成千累万。

就是在这个时期，马扎然红衣主教刚刚最终缔结了《威斯特伐利亚条约》①。他使阿尔萨斯并入法国版图。高等法院宣布他为国家公敌，下令全国对他共诛之，共讨之。

连篇累牍记载这些动乱，记载巴黎的异见党派，记载宫廷阴谋以及连绵不绝、时起时落的和解、破裂的细枝末节的书籍汗牛充栋。笔者在此只拟叙述涉及高等法院的事件。内穆尔公爵夫人的回忆录告知笔者，一个让大孔代下定决心袒助马扎然，并表态反对高等法院的理由之一是：某天他出席一次集会，以便平息新起的动乱。他在会上讲话时，做了一个得胜的将领的手势。这个手势被人当作是威胁。在这之后，嘉特苏法官对他说，这是个卑鄙下流的手势。被雷兹红衣主教经常称为巴黎高等法院预审庭的叽叽喳喳的咕哝埋怨，使这位亲王大发雷霆。他在高等法院中的朋友必须在嘉特苏法官那里为他辩解。但是对他这次愤怒火上加油的是一个更加崇高的动机，即救助受压迫的少年国王以及受凌辱的摄政母后。

使法国惨遭破坏、满目疮痍的历次内战，都比投石党战争引发的这次内战为害更烈，但是，哪一次也不比这次更无正义可言、更轻率冒失、更荒唐可笑。一个巴黎大主教和一个法院没有任何言

① 1648年参加三十年战争的德、法、西、瑞典等国分别在属于德国威斯特伐利亚省的蒙斯特和奥斯纳布吕克两地签订条约，合称《威斯特伐利亚条约》。根据这项条约，西班牙正式承认荷兰独立。

之有理的借口，就武装起来反对国王。这真是一件史无前例而以后也可能不为人仿效的事件。

在这首次小规模的投石党战争中，双方谈判多于作战。这就是马扎然的天性和才能。宫廷一名武装传令官由一名国王的普通宫内侍从伴随，前往巴黎高等法院。这个传令官没有受到任何接待，借口是传令官这样的人只向敌方派遣，而高等法院并非敌方。但是，几天以后高等法院却接见了西班牙国王派来的一位使节。此人以他的国王主子的名义承诺提供一万八千名兵员来对抗马扎然红衣主教。

西班牙的这项建议加速了法官、宫廷与投石党人之间的和约的缔结。母后把她的儿子带回巴黎，但是，事态却更加错综复杂、混乱不堪。

孔代亲王为他所立下的功劳索要高价。马扎然红衣主教觉得他漫天要价。他对这位亲王的抱怨不满所作的答复是让人把这位亲王、亲王的兄弟孔蒂亲王、亲王的妹夫隆格维尔公爵等人一并关进监狱。因布鲁瑟尔被监禁一事已经筑起街垒的民众，为大孔代被监禁一事在露天点燃节日之火。采用关押监禁这种令人不寒而栗、心惊胆战因而似乎可以确保公共安宁的办法却只不过引发了第二次内战。最高法院终于站在这同一位它曾经招兵买马、与之抗衡的亲王一边。有人看到大孔代母亲来到最高法院的大法庭的大门呈递她的诉状。全体法官经过时，她向他们鞠躬，央求保护。

波尔多高等法院向巴黎高等法院派出代表，同它联合起来。马扎然被迫从巴黎出走，亲自前往释放已被他转移到哈弗·德·格拉斯去的几位亲王。巴黎高等法院奉国王新近下达给全体臣民的对马扎然群起攻之的命令，作出判决将马扎然流放出王国。

高等法院发布第二项判决，委托比托和皮图两位法官前往边境对马扎然的情况进行调查侦讯，如果发现他，就把他作为犯人解送到当地高等法院的监狱。

高等法院发布第三项判决，悬赏索求红衣主教马扎然的人头，把赏金定为五万埃居。

高等法院发布第四项判决，出售马扎然红衣主教的家具什物和藏书，以取得支付索求这颗人头所需钱款。

高等法院发布第五项判决，派出两名法官前往调查侦讯马扎然红衣主教率领的一支小分队。正在此时这位红衣主教率领这支小分队返回王国同国王的军队会师。高等法院派出的两位法官中的一人——这同一个比托——被抓捕后，受到宽大待遇，获释返回，未付分文。

总辩护人塔隆于是在高等法院对大主教助手说："我们不知现在在干什么？"但是，王侯们、将领们、政党首领们、大臣们知道得并不更多。

这不仅仅是一场内战。这是一百场在宫廷、在巴黎、在外省、在熊熊烈火燃遍的各地每天都在更换目标、更换利益的小战争。王侯、首领、大臣、妇女，人人缔结协定、条约，旋即又中止和解除这些协定和条约。年幼的国王在他的王国的中部地区像逃亡者那样到处漂泊流浪。曾经是法国的保卫者、支持者的孔代亲王变成了这个国家的祸患。蒂雷纳[①]在背叛宫廷之后，却转而成了宫廷的

① 法国元帅。在路易十四登基之初，因与法国宫廷不和投奔西班牙，并率西班牙军队与法军作战。后与法国宫廷言归于好，率军战胜反对法国宫廷的孔代亲王。

解放者。

国王的事业终于胜出，占了优势。母后再度带领儿子凯旋巴黎。这同样的曾经极尽污辱之能事压垮了王家的民众，显示出他们反复无常、朝秦暮楚的特点，转向高等法院发泄他们的狂怒。在卢浮宫、在王宫和卢森堡，在法院的院子，在广场，在教堂，都有人高唱这首虽然写得非常糟糕，但却长期名传四方的歌曲：

黑暗的法庭的老爷们，
要把恩典施与战争。
你们指挥地球万物，
你们在卢森堡跳舞。
挑剔找茬的贱民，
木棍打响你们全身。
人们会看到安娜夫人
让你们死于车轮刑。

这首滑稽可笑的歌曲突显出在那个连最重大的事件也在酒吧间里，在滑稽歌舞剧剧场商谈处理的时代的精神和思想。国王把马扎然红衣主教再带回巴黎。巴黎全城平安无事。叛乱者受到惩罚。

# 第五十七章　巴黎内战结束<br>高等法院恢复它的职能<br>高等法院对马扎然发表讲话

对红衣主教雷兹的惩罚只限于把他关押在万森。对于一个在法国全国到处煽风点火、挑拨离间的人来说，这个惩罚真是轻而又轻。老法官布鲁瑟尔作为频仍的动乱与深重的灾祸的始作俑者而不自知，以辞去造反派授予他的巴黎市长这个官职了结了这宗案件。



国王在卢浮宫亲自主持审判会。他命令布鲁瑟尔、弗勒里、马蒂诺、佩罗等法官以及另外几位法官离开巴黎，但不久以后他们就被召回。

马扎然红衣主教凯旋京城。曾经悬赏索求他的人头，并拍卖他的家具以偿付杀手的高等法院的法官，几乎全体先后对他恭维祝贺，又因受到他亲切和蔼的接待更感到羞辱。

大孔代比别人高傲自尊，他受到复仇思想激励，丝毫不愿在一个曾经剥夺他的自由的外国人面前弯腰折背、低三下四。他宁愿继续进行那场已由巴黎高等法院发动，当时波尔多高等法院仍在坚持的内战。这个亲王此时正率领曾经被他打败的西班牙军队。最后，刚刚摆脱了异见党派活动的巴黎高等法院，正如它曾经判处马扎然那样，对这个亲王进行缺席审判，没收其在法国的全部财产。这个机构是曾经用来打击伤害它的法国国王主子，这个主子接着又用它来打击敌人的武器。

路易十四这时尚未亲政。有人甚至怀疑他是否有能力挽缰掌舵，治国理政。但是，自 1655 年起，他却让人感到他那高傲自负的个性。高等法院决定就一项有关货币的敕令进行谏诤，干预此事。首相声称，货币法院已经组建，高等法院不得过问此事。国王骑马离开万森，穿着长靴，手执马鞭来到高等法院。他对首席院长说："大家都知道你们的集会造成的灾难。我命令你们停开你们已经开始的讨论敕令的会议。首席院长大人，我禁止你准许召开这些会议。（他把身子转向预审庭的法官）你们，我禁止你们要求召开这些会议。"听了国王的这席话大家噤若寒蝉，一言不发，老老实实服从。自这个时刻起，在这个国王的统治期间，帝王的权威不再遭到反对。

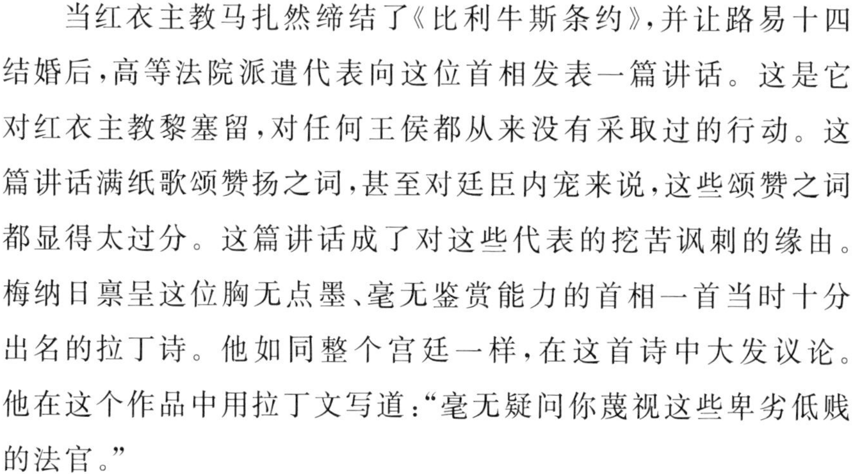

当红衣主教马扎然缔结了《比利牛斯条约》，并让路易十四结婚后，高等法院派遣代表向这位首相发表一篇讲话。这是它对红衣主教黎塞留，对任何王侯都从来没有采取过的行动。这篇讲话满纸歌颂赞扬之词，甚至对廷臣内宠来说，这些颂赞之词都显得太过分。这篇讲话成了对这些代表的挖苦讽刺的缘由。梅纳日禀呈这位胸无点墨、毫无鉴赏能力的首相一首当时十分出名的拉丁诗。他如同整个宫廷一样，在这首诗中大发议论。他在这个作品中用拉丁文写道："毫无疑问你蔑视这些卑劣低贱的法官。"

有人在高等法院大法庭里大发牢骚，抱怨连天。但是，这个机构能为它遭受的奇耻大辱报仇雪恨的时代已经一去不复返了。宫廷认可这种屈辱。梅纳日自我辩解。他丝毫不想用 robes(长袍)这个词来指高等法院这个机构,虽然这个词的确只能指这个机构。高等法院认为回击这个侮辱是降低自己的身份。

# 第五十八章　路易十四亲政以来的高等法院

路易十四自亲政以来，把国家各个机构都约束在其职责范围之内。他事事进行革新：在财政、军纪、海军、治安、教会、司法等方面莫不如此。在司法诉讼程序方面有不少武断和任意之处。他首先想到要使诉讼程序在整个王国统一起来；如有可能，要根除一切流弊。但是，这个宏伟的图谋1667年才得以部分实施。实现这一宏图伟略需要时间。必须治疗更加紧迫凶险的恶疾。

正当整个这次普遍改革开始打下基础之时，王国的贵卿和巴黎的戴圆形法官帽的院长之间发生了一场值得铭记在心、令人难忘的争论。不错，在这场争论中个人的浮名和虚荣的利益似乎重于国家的利益。但问题最终还在于对整个行政管理来说不可或缺的秩序和礼仪。贵卿们除了陪同国王出席御前审判会外，不再来高等法院。他们抱怨自从路易十三去世以来，高等法院的院长可以随意先于他们发言和表态。这件事在国王御前会议上当着血缘亲王和大臣的面进行了讨论。

贵卿们再度提出：从本源上讲，他们是国家天生的法官；他们继承了王国古代贵卿的各种权利；吉斯家族、克莱弗家族和贡扎格家族拥有贵卿领地，曾经享有与勃艮第公爵、吉埃内公爵、诺曼底公爵等的特权相同的特权;蒙莫朗西、于塞兹、布里萨克、拉特里穆伊以及其他被授予这种显职高位的人有与吉斯之类的人曾经拥有的地位相同的地位;这种显职高位是继承性的,不像法院院长职位那样要遵从鲍勒特税的规定;最后,高等法院的法庭因贵卿出庭,因拥有贵卿法庭这个称号而获得它最大的荣誉。

高等法院的各个院长声称:他们同首席院长形成一片,合为一体;院长的整体代表国王;高等法院就是贵卿法院,这不仅因为贵卿已经得以出席这个法院的审判,还因为他们自己也在这个法院受审。

路易十四及其御前会议决定:归还贵卿原应给予他们的荣誉;在重大庄严的会议中他们率先发言。

高等法院院长仍然保有在国王不出席,而且由首席院长,而非由掌玺大臣收集、记录选票的普通会议中享有率先发言权。首席院长们不但坚持只在采纳院长们的意见之后才采取贵卿的意见,而且还坚持要在这些院长面前脱帽,坚持要求征求贵卿的意见时戴帽。贵卿对此经常抱怨不满。但是,这个争论一直悬而未决,是未获任何解决的大量争论之一,其数量大得不可思议。

自1655年起,国王总是脚穿粗大长靴,手执马鞭,来到高等法院,禁止各个法庭集会。他发言时趾高气扬、唯我独尊,以致自此时起,人们预见王国将会发生彻底变化。

1657年国王颁发一项此后又于1673年修订的敕令,规定高等法院今后只能在登记敕令一个星期之后提出意见。

国王始终对高等法院在他未成年时期的过火做法和恶劣行径耿耿于怀,愤愤不平。这种愤懑之情,甚至使他下定决心于1669

年来到高等法院大法庭下达敕令，取消母后于1644年授予各个高等法庭的贵族特权。然而，这项当他的面登记了的敕令却毫无效果可言，惯例和习俗仍然强于帝王的命令。

为了国家的福祉，路易十四准备作出更加重大的决定。不久以后，他让一项全国统一的法律生效。这项法律确定了所有司法法院——民事法院或者刑事法院——的诉讼程序。他确定了法官的诉讼费，确定了在何种情况下准许法官把这种费款收为己有，在何种情况下禁止他们收受。

终于有了一部确定的法典，至少是一部诉讼方式的法典，因为审判方式在民事案件和刑事案件两方面都始终过于专断和随意。

路易十四在他漫长的统治时期，自从他在理政治国方面挽缰掌舵以来，既不埋怨任何高等法院，也不抱怨任何团体。

必须指出，在他同妄自尊大的教皇英诺森九世奥德斯卡尔西之间的长期争吵中，法国各个高等法院和教士始终竞相支持法国的宫廷反对罗马的言行。这场斗争从1680年一直持续到这位高级神职人员去世。这是自路易十二以来法国国内从未有过的、罕见的举国上下齐心协调一致。高等法院甚至亟欲使国家彻底挣脱罗马教会的枷锁。它一直撼摇这副枷锁，但从未砸碎。



总辩护人塔隆和总检察官阿尔莱1687年就他们所称的对英诺森九世的谕旨的滥用进行上诉。此举让人清清楚楚了解到，法国在教义方面同罗马教坛联合统一，而在其他方面则同罗马教坛分道扬镳，截然分离多么轻而易举。

主教们直到那时没有到达这个地步。但是，受到伟大的博絮埃启发推动的教士于1682年严正地否定迪帕佩隆红衣主教的学说和主张，这已经非同寻常。这位红衣主教和他的学说以及主张仍在1614年的三级会议中占有上风，这是颇为不幸的。

这些作为法国国家公民胜于作为罗马公民的教士在四项值得记忆、令人难忘的提案中作出这样的解释：

1. 上帝并未在俗间事务方面授予彼得及其继承者任何直接的或者间接的权力；

2. 法国教会认可康斯坦茨的宗教评议会，该会宣布普世宗教评议会在教权方面高于教皇；

3. 在法兰西王国及法国教会中被接纳的教规、惯例、习俗、做法应该不可动摇；

4. 教皇有关信仰、教义的决议在被法国教会接受后才确实可靠。



实话实说，这四项决定只不过是用以对抗罗马教廷数不胜数的侵犯行为的盾牌而已。几年以后，路易十四自以为足够强大，可以忽略这些防御性武器，于是准许教士抛弃这些决定，而那些同样的曾经效力反对英诺森十一的主教中的大部分人却向英诺森十二求饶。可是，只应该懂得法律而非政治的高等法院一直以一种不屈不挠、坚定不移的气概保存这四项决定。

高等法院在有关教皇谕旨《上帝唯一子》的滑稽可笑，而又几乎不祥有害的这一事件上却并非同样不屈不挠。教皇的这道谕旨1713年从罗马下达。人们十分清楚，这道谕旨系三名耶稣会教士在巴黎伪造。这道谕旨谴责最为人接受，甚至最不可违反的准则和格言。谁会相信一些基督教徒可能曾经谴责过这项建议："礼拜天阅读虔诚的书籍，特别是《圣经》是有益的。"以及下述建议："对被不公正地开除出教这种惩罚所怀的恐惧，不应该阻止我们尽我们的义务。”

但是，出于爱好和平安定，高等法院仍然于1714年把这项谕旨登记在案。这实际上是对之厌恶，试着千方百计加以修改削弱。这样一种登记与其说是赞同，毋宁说是谴责。

国王意欲他的敕令获得登记。在这之后如果有人愿意，就对他书面谏诤。高等法院没有进行任何谏诤。

路易十四对高等法院表面上对他百依百顺、唯命是听感到心满意足。不久以后，他让这个机构成为他的遗嘱的受托保管者。这份文书妥藏在一个特别为此修建的房间里。但这个文件以后正是被同样那些他所委托的人废止。这是他始料未及的。他只需对这个文书包含的条款稍加思虑，就应该料到这个情况。但是，他过于专制独裁，以致认为他死后也应该如此。

# 第五十九章　奥尔良公爵摄政

路易十四于1715年9月1日去世。高等法院不待人召集就于翌日集会。王位推定继承人奥尔良公爵偕同亲王和贵卿与会。

王宫被警卫团重重包围。已与高等法院主要成员会商采取措施废止已故国王的遗嘱。这与当年他的父王的遗嘱被废止如出一辙。

这项遗嘱拆封之前，奥尔良公爵发表谈话，要求他主要根据他的出生权，而非根据路易十四的临终旨意执行摄政。

他说："不管以何种名义我都应该企求摄政。大人们，我敢向你们保证，我凭我对国王效命的热忱，以及对公众福祉的热爱，尤其在你们的忠告良谋和你们的明智谏诤的帮助下，我应该受之无愧地获得这一职位。"

向高等法院保证按照同样的、已被路易十四废止的谏诤行事，这是曲意逢迎，讨好这个机构。路易十四只准许高等法院在服从国王旨意之后书面对他进谏。路易十四的遗嘱很快被低声宣读，这只不过是走走过场，履行一项普通的手续而已。这项文书实际上剥夺了奥尔良公爵的摄政权位。路易十四生前已经设置一个行政委员会。该会讨论的所有事项都以多数票决定，仿佛他生前已经组成一个国务委员会，仿佛他死后仍然应当执掌统治国家的大权。奥尔良公爵居于这个委员会之首，只拥有裁决权。路易十四的，实际上已被承认的，但生于双重偷情的儿子曼恩公爵[①]负责照料和保护路易十五的人身安全，并作为最高指挥官统率组成国王侍从人员的，并构成一支将近一万人的队伍的军队。

这些条款和安排在一个生怕把孙子的生命和财产委托给一个本应继承这些财产的人的一家之主的身上，本会十分明智，但在君主制度下却难以实施。这些规定和安排分散权力，因而取消了权力。它们似乎在酿成内战。它们与已被接纳的惯例背道而驰。这些惯例代替基本法（如果地球上有这种法律的话）。

高等法院发布一项早已作出的决定。这项决定用特异的词语拟就。这绝对不是一项判决，绝对不是一项申请，绝对不是一种普通司法程式，没有任何可争议之处。这项决定称："高等法院合议庭讨论了有关事宜；已经宣布，现在再宣布奥尔良公爵大人为法国摄政王，在国王尚未成年期间管理王国政务。高等法院命令：波旁公爵自即日起在奥尔良公爵的统领下为摄政委员会首领，并在奥尔良公爵缺席时主持摄政委员会。高等法院命令：血缘亲王年满二十三周岁也有权列席上述委员会。在奥尔良公爵大人宣布他愿在所有事务方面均按摄政委员会多数票的决定行事之后（有关官职、税收、特赦、封地等事务除外。这方面他在与摄政委员会商讨后，不需遵从摄政委员会多数票决定，可以把这些权益授予他认为适当的任何人）。高等法院命令：奥尔良公爵大人可组建摄政委员会，甚至这类他认为适宜的委员会，并准许他让他认为最有资格的



① 其母蒙特斯庞夫人曾为路易十四情妇。

人进入该委员会。凡此种种均须遵循奥尔良公爵大人已经宣布的他将通知高等法院的计划。高等法院命令:曼恩公爵任国王陛下教育的总监;对上述国王陛下的侍从部队甚至对用于保卫国王人身的部队拥有的全部权力和统领指挥权仍然属于奥尔良公爵大人;曼恩公爵对国王侍从部门的首领波旁公爵不具有任何等级优势。”

高等法院如此行事,是以至高无上的统治地位表达和显示自身。这种统治者的用语是因为亲王和贵卿在场而依法获得批准吗?这样一次会议不管多么庄重,丝毫不代表全国三级会议。这次会议并不代表一个孩童国王讲话。它做些什么呢?它使用一项通过两个先例——玛丽·德·美第奇的例子和路易十四的母亲奥地利的安娜的先例——获得的权力。这两个女人都以同样的理由获得摄政权位。

高等法院是否应该把它拥有这项重大特权归恩于亲王和贵卿出席这次会议?贵卿是否应该把拥有任命王国摄政王的权利归恩于高等法院?这两者一直都难以辨明弄清。种种说法都疑云笼罩、真伪难辨。正如人们已经看到的那样,在法国历史的研究中,每前进一步都证明任何事物都不能用独一无二的、恒久不变的方式解决处理,而偶然性、当前利益、一时的意志却往往成了立法者。

当路易十四私生的,后被认为婚生的儿子曼恩公爵和图卢兹伯爵被剥夺了1714年他们的父亲庄重地授予他们的特权时,事情已经一目了然、清清楚楚。高等法院发布一项永恒的、不能取消的、具有肯定的科学性、充分的权威和王室权力的法令,宣布这两人为血缘亲王以及在真正血缘亲王族系统绝嗣的情况下的王位继承人。

三个血统相同的血缘亲王，亦即在奥尔良支系之后法国曾经有过的仅有的三个血缘亲王，连同也投了票的好几名贵卿，同意上述法令。路易十四的这两个儿子因而在授予摄政王权位的御前审判会上享有随附于血缘亲王的显贵地位的荣誉。

但是，不久以后，同样这些亲王——波旁公爵、夏罗莱伯爵和孔蒂亲王——却向年轻国王奏呈一份申请书。该文书旨在在高等法院的举行的新御前审判会上取消赋予被认为婚生亲王的非婚生亲王的权利。就这样，不到六个月巴黎高等法院就成了国王摄政权位和王位继承事宜的仲裁者。

被认为婚生亲王的非婚生亲王提出更充分的理由。血缘亲王作出十分有理有据的答复。贵卿们介入。最高等贵族中三十九位领主声称这一重大案件是国家案件，应召集全国三级会议进行审理讨论。



一百多年来，此类案件还闻所未闻、见所未见，而又为人企求审理。人们开始对已经计划完毕的拉斯体制担忧。这个体制使法官们忧心忡忡，忐忑不宁。他们始终对新生事物心怀疑惧。一个庞大的反摄政王的政党已在筹建。三级会议的大会能够使国王陷于巨大危机之中。但是，有时想取三级会议而代之的高等法院远不希望召开三级会议。它拒绝接受1717年6月17日由一名执达吏送达总检察官和首席书记官的贵族的抗议书。它甚至让执达吏停职六个月。

曼恩公爵和图卢兹伯爵于是亲自把诉状呈递给高等法院大法庭，声称此事有关王位继承，不能仅由一位成年国王或者仅由全国三级会议审理。高等法院大法院颇感不安，不予答复。

最后，7 月 2 日，摄政王颁发一项于 7 月 8 日轻而易举就获得高等法院登记的敕令。该敕令剥夺了路易十四的被认为婚生儿子的非婚生儿子的血缘亲王称号。这个称号是他们的父亲违反各个民族和王国的法律授予他们的。只为他们保留了像血缘亲王那样穿过一段高等法院里的被称为镶木地板的特权。这段镶木地板是一个木质的圈围地段。他们穿过这个地段前往就座。在这个世界的所有荣誉中这肯定最微不足道、无足轻重的。这样一来，路易十四所创建的事物统统遭到废弃。甚至连他的政府的形式也彻底改变。御前会议被用来代替国务秘书。

这个时期摄政王本人同高等法院之间产生了一种奇特的分歧。他问高等法院，当摄政王和高等法院这个机构的人员同在宗教仪式行列中行进时，在这个典礼上人员的位置怎样排序。这是关于在人称八月圣母日的这一天前往巴黎大教堂的宗教仪式行列问题。在这一天路易十三把法国置于圣母玛利亚的佑护之下。对于摄政王提出的上述问题，高等法院回答称，王国的摄政王应在两个法院院长之间行进。摄政王自己则认为有义务以国王的名义发布一项摄政王应该独自在高等法院人员面前行进的敕令。这似乎是自然而然、顺理成章的事。但是，正如人们已经屡见不鲜的那样，这却又一次让人看到在法国没有任何一成不变的事物。

再者，摄政王丝毫不反对高等法院已经习惯于像一个法官那样始终称他为，并习惯于在致函他时称他为 Monsieur[①]。而与此



① Monsieur 为对法国国王的大弟的尊称，似可译为阁下或殿下。

同时，高等法院致函掌玺大臣时称这位大臣为 Monseigneur[①]。全国三级会议的贵族团体把 Monseigneur 这个称号给予摄政王。这又是法国的一种普遍矛盾。奥尔良亲王对此并不介意，一门心思考虑实际权力，对传入的习俗和惯例的可笑之处则嗤之以鼻，一笑置之。

① Monseigneur 为对王族、主教等的尊称，似可译为大人或阁下。

# 第六十章　财政及奥尔良公爵摄政时期的拉斯体制

在实行劳(Law)或者拉斯(Lass)体制之前,在法国只有屈指可数的几个金融家、几个大商人对货币、货币的实际价值、货币用于计算的价值、货币流通、外汇交易、公共信用等问题了然于心,有清晰的概念。这个劳的体制震撼、开导了法国。这些问题让摄政王和高等法院十分操心烦神。



此后成为法国元帅的安德里安·德·诺阿伊公爵-贵卿是财政委员会的首领。他不是苏利,也不是一个亨利四世式的人物的首相。他天性更加热情、更加激烈、更加多才。他发表看法直抒己见,但却不够勤奋,学养较差。他前来掌理国家财政。就任之前他没有进行任何准备。他不得不用他那迅速敏捷、系统清晰的思想来弥补他欠缺的基本知识。

在这个内阁执政之初,国家必须支付年金和债券等的过期未付款共九亿马克。国王当时的收入不超过六千九百万马克(三十法郎为一马克)。1716 年,诺阿伊公爵乞灵于设置一个对抗金融家的法庭。职能部门对四千四百一十人的财产进行了调查研究。他们缴纳的税款总共将近两亿一千九百四十万利弗。但从这笔巨额钱款中收进国王的保险柜的只有七千万利弗。必须另觅蹊径,另辟财源。

1716 年 5 月，摄政王准许苏格兰人拉斯建立他的银行。这家银行的资金仅由一千二百股组成，每股股值为一千埃居。当这个机构的运作因此大受限制，它拥有的证券和票据不多于现金时，其结果就是有大量赊欠并因此影响王国财富。但是，当拉斯把一家名叫西方的公司成功地并入他的银行之后，当他承担经营一个当时只值四百万马克的烟草农场时，当他年底进行塞内加尔的商业贸易时，所有这些企业都合并在这单独一个外国人的手中。这使王国的巨商富贾、大金融家们极为眼红。高等法院过早地惊恐警觉起来。掌玺大臣达格索在举止作风方面在宫中是个品德高尚的人，在法律方面是个学识渊博的人，但了解王国内政情况却比较肤浅。他处理事务对人苛求，又犹豫不决。但他为官清廉、刚正不阿。他竭尽所能，反对拉斯的谋取私利、野心勃勃的革新。

这时组建了一个相当大的反对奥尔良公爵的摄政权位的政党。曼恩公爵夫人是这个党派的灵魂。曼恩公爵本人为讨好妻子也加入该党。波利尼里克红衣主教置身该党之内积极活动。好几个领主等待时机亮相表态。这个党派暗中与西班牙首相阿尔贝罗尼协调配合。一切尚处于高度保密状态。奥尔良公爵对此只不过满腹猜疑而已。他必须准备一场看来已无法避免的对西班牙的战争。与此同时，他还必须付清一部分路易十四遗留的巨额债款，还必须制定若干他作为摄政王认为有用，而掌玺大臣达格索却认为有害的条例和规章。他把掌玺大臣流放到他的乡间住地。他任命出身古老贵族家族、遇到困难无所畏惧、处事果敢快速、当机立断、孜孜不倦、大公无私、坚定不移，但强横专制，是他所能找到的最佳专制工具的国务参赞、警察总监德· 波尔米·达让松为掌玺官和副掌玺大臣。此人一举而跃升到达格索的职位,掌管国玺;一举而跃升到诺阿伊公爵的职位,掌管财政。但是,他是尽其所能,以建立即将全面展开的拉斯体制作为条件才跃居这两个职位的。拉斯即将成为王国全部钱财的绝对主人,而被宣布为副掌玺大臣的掌玺官达让松在这一局博弈中只有为一个外国人的任性妄为、反复无常的行为签字盖章的职能。

首先,他毫无保留,积极支持拉斯体制。不久以后,他就感到这个体制奇特怪异,有种种弊端。这个体制的极端荒谬性和疯狂性之一,就是贬低货币代之以纸币和票据,而不是使纸币和票据同货币互相支撑。拉斯模仿他在瑞典、威尼斯、荷兰以及其他国家的所见所闻,组建了一家总银行,为国家立了一大功。但是,他把这家银行的股票的价值拔高到一种虚幻的价值,加上一些虚构的商业公司,这就使这些信用票据同在王国流通的货币不成比例,因此把法国弄得天翻地覆,沧海横流。

重新铸造货币,使之开始大幅度贬值。1718 年 5 月 3 日,内阁发布命令:将自路易十四死后曾经多次迅速变动,当时等同四十利弗的一银马克改为等同六十利弗;把称为国家票据的政府过去的承诺证券连同一笔现金带到造币厂的人,就会收到总共付给他们的钱和证券。

这种操作十分荒唐,且不公平,产生的有害后果如下:

一个公民把旧货币两千五百利弗连同国家票据一千利弗带到国王的造币厂,被给予现金新货币三千五百利弗。这个公民自以为得计,赚了大钱,实际却大大亏赔,因为他只被付给具有欺骗性名称的钱三千五百利弗，约值五十八马克。他实际上损失四马克以上，此外还损失了他的全部国家票据。

政府还比个人承受的损失更大。它欺骗国民，自己也上当受骗。因为在以法定价值计算的税款支付中，它实际上少收三分之一。总的说来，国家因这种货币的伪劣化，还遭受另外一种损失：这些货币在国外重铸，外国人从法国人那里收到值六十利弗的材料却只付还法国人四十利弗。

这充分证明，摄政王也好，掌玺官也好，尽管都颇有头脑，都博学多才，但对他们从未丝毫研究、涉猎过的财政却浑浑噩噩，一窍不通。对摄政王正确进谏的高等法院，对这个行道了解也不更多。它的劝诫固然合法合情，却构想很糟。它对钱估价错误。在这个计算错误之外，它发表下述言论，铸成更大错误："关于外国人，如果我们从他们那里取来固有价值只为二十五利弗的一马克银子，我们就将被迫付给他们六十利弗。他们将从我们这里取走的，他们用我们的货币付还我们。这笔钱只让他们付它的固有价值。"

固有价值既不是二十五利弗[①]，也不是十利弗，也不是五十利弗。利弗或者法郎这个词只不过是个任意的术语，源出于一个真实古代名称。一银马克[②]的唯一固有价值就是一马克[③]银子，就是重八盎司的半利弗[④]。只有重量和成色形成这种固有价值。

摄政王十分克制温和地答复高等法院，对这个机构讲了这番

① 此处的利弗为法国古代的记账货币名。

② 此处的马克为货币名。

③ 此处的马克为重量单位名。

④ 此处的利弗为重量单位名。

话："我权衡考虑利弊得失，但我不能推卸发布这道敕令。我将下令再进行审查，以便加以补救。"

摄政王的学识既然不足以指出高等法院弄错了问题，他实际上就没有考虑权衡这些缺点和弊端。这个机构根本没有说所当说，而摄政王也根本没有答所当答。

高等法院不满足于摄政王的答复。几乎所有明智通达之士对拉斯的怨言责难使得这个机构激怒乖戾起来。它的几个成员受到曼恩公爵夫人、波利尼亚克红衣主教和另外几个心怀不满、居心叵测的异见党派分子煽动。

第二天高等法院的各个法庭开会。参加者达一百六十五人之多。这些法庭发布一项决定，禁止服从国王敕令。

摄政王只以这项决定有损国王权威为由加以废止，并派两个警卫连队进驻造币厂。他仍然容忍高等法院派出代表前往向国王本人进谏。七名院长和三十二名法官前往卢浮宫。这次行进被认为会煽动民众。但是，只不过有人在他们路过时聚集观看而已。



巴黎人只忙于拉斯使之进行的炒股活动。那些被告知四法郎值六法郎的下层民众急急忙忙前去造币厂，并让高等法院前往徒劳无益地向国王进谏。

拉斯把西方公司并入银行以后，又并入对他来说价值极大的烟草农场。

高等法院采取大胆措施，禁止王家货币的收税员携带钱款前往银行。它重申它过去发布的反对在国家财政金融部门雇用外国人的决定。最后它颁令对拉斯先生进行个人传唤，接着颁令将其逮捕。

奥尔良公爵于是决定让国王在杜伊勒里宫举行御前审判会。国王的侍从拿起武器包围卢浮宫，进行自卫。高等法院人员奉命身穿红袍，步行到达。这次审判会令人难忘：它让人对掌玺官执有的国王下达高等法院的诏书进行登记，以此作为开始。到那时为止高等法院一直不愿接受掌玺官执有的这种文书。掌玺官达让松先生接着致辞，以此拉开会议的序幕。以下是这一致词的最值得注意的话语：

"似乎它（高等法院）甚至已经把自己的举动提高到这种程度：声称未经它同意，国王就不能有任何作为；它下达进行它喜好的事的命令无需钦准。

这样高等法院就可无国王而为所欲为；国王无高等法院则寸步难行。高等法院将很快成为国王不可或缺的立法者。陛下能于喜好之时示知臣民他意欲何为的情况已不复存在。"

上述谈话发表后，宣读了一道禁止高等法院过问任何国务、任何财务、任何年金支付以及任何有关财政问题的敕令。国王的辩护人德拉莫瓦尼翁大人总结这道敕令，同时作了谦逊稳重的声明。高等法院首席院长要求准许进行审议。

达让松大人回答说："国王意欲受人遵从，而且就在此时受到遵从。"

立即宣读了一道新敕令。这道敕令恢复贵卿对戴圆形法官帽的法院院长的在先权，恢复贵卿先于戴圆形法官帽的法院院长的发言权。这些权利贵卿以前并不想在御前审判会议上取得，他们会在更有利的时机要求得到。

最后，这次令人难忘的会议结束。结束时涉嫌与高等法院联系过于紧密的曼恩公爵遭到贬降。他被解除了国王教育总监之职。这一职位立即授予波旁-孔代公爵。曼恩公爵还被剥夺了血缘亲王的荣誉。为图卢兹伯爵则保留了这项荣誉。

高等法院在这次庄严的会上受到如此羞辱，于次日发布一项决定，宣称它未能，也不应，亦不欲与发生在御前审判会的事有任何瓜葛。这次会议上的发言十分尖锐激烈。好几名高等法院法官被怀疑为曼恩公爵的异见党派出谋策划，更准确地说，为公爵夫人的异见党派秘密策划革命。没有证据。正在搜寻证据。

8 月 28 日与 29 日之间的夜晚，火枪手分队把高等法院院长布拉蒙、法官费多·德·卡朗德和圣马丁等人从他们家中抓走。从第二天起，就有人向国王提出新的谏诤。

掌玺官态度生硬，冷冷地回答说："涉及的事均系需要保密，并对之保持缄默的国家事务。国王不得不让人遵从他的权威。高等法院将来的举止表现将决定陛下对此机构的印象和感情。"



高等法院于是停止对案件进行审判。9 月 5 日，摄政王派德菲亚侯爵命令这个机构恢复行使它的职能，同时让它心存召回该院被流放人员的希望。高等法院遵令照办。在一段时间内，一切恢复常态。

布列塔尼高等法院致巴黎高等法院一封慰问信，并就巴黎高等法院三名法官被绑架抓捕一事对国王进谏。奥尔良公爵于是开始猜疑在西班牙受红衣主教阿尔贝罗尼煽动的曼恩公爵的异见党派在布列塔尼已拥有大批党徒。但这并未阻止他释放三名被捕法官。他的坚定总是伴有宽容。

# 第六十一章　财政总监苏格兰人拉斯　他的活动　国家资财耗尽

想了解情况的人都会发现，在路易十四童年，最微不足道的原因都会使巴黎高等法院武装起来，并引发一场内战；但也会发现，在路易十五童年，国家遭到的破坏却丝毫没有引起骚乱。原因一目了然。黎塞留红衣主教使得民众人人乖戾起来，但并没有加以压抑。路易十三去世时还有一些大人物，事事都散发出异见党派的气味。路易十四去世时情况截然相反。人们已经习惯于桎梏和枷锁。势盛力强的人物极为罕见。有个理由更加充分有力，这就是拉斯体制在刺激诱使所有公民贪欲的同时，使得他们变得对其他事物漠不关心，麻木不仁。当局威信逐日增强巩固。西班牙大使塞拉马尔亲王的密谋[①] 1719 年在巴黎被揭露。密谋的参与者遭到监禁和流放。不久后法国向西班牙国王宣战。这种种事件和有关传闻在巴黎只有助于维持几个无钱炒股、懒惰成性的中、短篇小说作者的生计。摄政王需要五千万法郎支撑这场对西战争。拉斯用纸来制造这笔钱款。

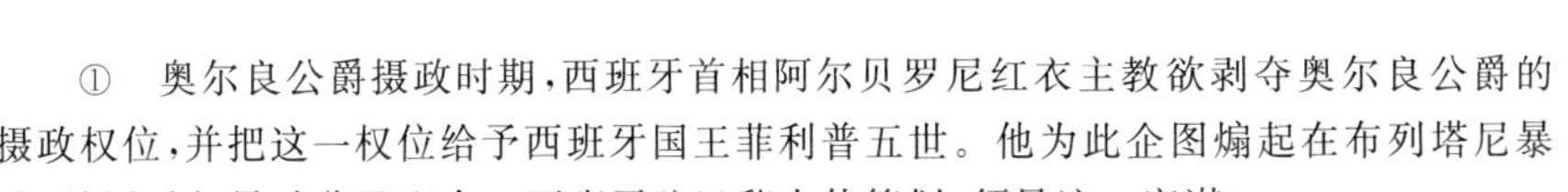

① 奥尔良公爵摄政时期，西班牙首相阿尔贝罗尼红衣主教欲剥夺奥尔良公爵的摄政权位，并把这一权位给予西班牙国王菲利普五世。他为此企图煽起在布列塔尼暴动，并派兵与暴动分子配合。西班牙驻巴黎大使策划、领导这一密谋。

这个已经成为天主教徒，但尚未合法入籍法国的苏格兰人，最终被宣布为法国财政总监，但高等法院发布的对他的拘捕令仍然有效。

这是一个应邀前来医治一个国家，用他的伪劣药物毒害这个国家和自己的江湖医生。人们对他的体制非常痴迷陶醉，以致他在法国购置土地分文未付。他只用钞票付给预付款。他当上了圣罗什天主教堂区的荣誉财政管理员。他给予这个教区十万埃居，但付的是纸币。

在把货币的法定价值抬升到过高的价格之后，价格持续减降。公众担心钱的这种贬降，认为根据拉斯的许诺，票据具有一种不变的价格，于是成群结队，急急忙忙把钱带到银行。爱开玩笑的人对他们说："先生们，别担心，有人会从你们那里把钱全部取走的。"

王国所有的钱变成了什么呢？精明能干的人进一步紧缩这些钱。拉斯把其中大部分浪费在创建那个最后在他垮台后还长期存在的东印度公司上。他至少对国王带来这个好处：让人认为如果他的这个体制的一部分温和节制，就会十分有用。然而，他却用纸币来偿还国家的全部债款：已经取消的捐税、王家票据、市政府年金。全体债务人用纸币来付给债权人。法国自认为富有。豪华奢侈与这种信心同步增长。然而，不久以后，人人都看到自己一贫如洗，只有那些弄明了事实真相的人除外。这是拉斯体制引入语言的一个新术语。最后他竟敢让人发布一项委员会的决定，禁止家中保存的现金超过五百利弗，违者没收。暴政的荒谬真是莫此为甚，达到极致。高等法院对这些过火行为厌倦不堪，被御前会议的大量互相矛盾的决定弄得麻木不仁，不进行谏诤，因为如果这样行事，它就得每天谏诤。

骚动日益严重。有人认为可以用使全部钞票面额减半的办法加以补救。这一招只能促使人人都感到国家处于糟糕透顶的状态。人人都因身无分文，丧失拥有的一半票券，而倾家荡产。虽然人们甚少思考，但却感到另外一半也已丧失净尽。

政府惊愕不已，而又心中无数，毫无定准，撤销了令人憎恶的禁止在家中保存货币的命令，允许从国外引进金银，似乎人们能够用购买之外的其他手段引来这些金银。政府对自身处境浑然不知，手脚无措。任何措施对缓解公众的惊慌不安都无济于事。

摄政王被迫解除掌玺官达让松的职务，并召回掌玺大臣达格索。

拉斯把召回书送达掌玺大臣，后者从不应从其手中收受任何物品的人的手中接受了这封召回书。当拉斯仍在掌理财政时，对这位复位的大臣来说，返回御前会议任职是与他自身的为人，与他的地位颇不相称的。他同意一些遭到高等法院反对的新的虚幻不实的安排举措，耐心容忍被派遣到篷图瓦兹的高等法院人员遭到流放。他这样就似乎进一步牺牲了他的个人荣誉。高等法院这个机构自建立之日起从来没有被整体流放。在别的时期，对这个机构的这一在权力威信方面的打击，肯定会激起巴黎反抗，引发叛乱。但半数国民只关注自身破产，另外半数则只关注即将化为乌有的纸面财富。



高等法院的法官人人都收到一封密札[①]。国王的卫队占领高

① 或译为御玺诏书。此为由国务秘书副署的国王信函。执有此函可无须对涉嫌犯罪者进行审判便加以囚禁或放逐。

等法院的大法庭。这支队伍又被火枪手替换。火枪手团队当时由清一色的年轻人组成。这些人处处表露出他们那个年龄的欢快活泼、乐乐哈哈的气质。他们玩乐嬉戏，在法国王室标志的百合花徽下进行审判。正如在喜剧《好打官司的人》那样，他们判处一只猫死刑，他们创作歌曲，把高等法院置诸脑后，忘得干干净净。

炒股活动仍在继续。御前会议的自相矛盾的决定举不胜举。混乱至于极点，无以复加。民众缺乏面包，短少金钱，成群结队奔向银行把面值十利弗的钞票换成钱币。在拥挤不堪的人群中有三人窒息死亡。民众把他们的尸体抬到王宫的院子里，但只能向摄政王高喊："这就是你们的体制的成果。"这一意外事件本会引发激烈骚乱，开启一场投石党运动时期那样的内战。奥尔良公爵让人平平静静埋葬了这三具尸体。他增设民众能用钞票兑换钱币的处点。局势缓和平静下来。

拉斯既无法抗阻他作为其始作俑者的混乱状态，也无法抗阻公众仇恨。天怒人怨，他很快就辞去官职。他离开这个王国时比他进入时更加穷困潦倒。他是自己的幻象的牺牲品，但带走了他重新建立柯尔伯创立的印度公司的荣誉。他用纸币使这家公司死而复生，但这家公司自此以后花费了巨额钱款。

# 第六十二章　康布雷大主教、杜布瓦红衣主教内阁执政时期的高等法院和教皇谕旨《上帝唯一子》

高等法院坚持不懈反对拉斯体制的巧取豪夺，并非这个机构遭到流放的唯一原因。它还同另一个其荒谬不经的程度并不稍低的体制——有名的教皇谕旨《上帝唯一子》——进行斗争。这项谕旨长期以来就是公众嘲笑的对象，是耶稣会教士要弄阴谋和对反对派进行迫害的缘由。

有人说过，这项谕旨由三个耶稣会教士炮制于巴黎，由路易十四送往罗马，由教皇克莱门十一世签署，激起有识之士的公愤。受到这项谕旨谴责的主张，大部分都以自由意志的玄奥的、形而上学的问题为中心内容。这些问题冉森[1]派教士并不比耶稣会教士和教皇召开的红衣主教会议了解得更加深透。

两个宗教派别都把一个受到健康的哲学谴责的原则作为它们的截然相反的观点和思想意识的基础。这个原则就是设想永恒的生灵本着一些特殊规律运作。就是从这个原则萌生出一百种关于圣宠的看法。这些看法全都深含奥义，难于理解。因为欲知上帝

① 冉森(1585—1638)，荷兰天主教神学家。创立冉森教派，反对耶稣会，被罗马教皇斥为异端。

如何行动，就必须是上帝本身。

奥尔良公爵对冉森教派教士的狂热崇拜，和对莫利纳[①]教派教士的荒谬无稽同样嘲笑。他在摄政之初，让耶稣会教士党饱受国民怒斥和轻蔑。他长期偏袒在路易十四在位时期惨遭耶稣会教士勒泰利埃[②]迫害的诺阿伊红衣主教及其徒众。但是，在一场短期战争之后，当他同西班牙国王菲利普五世止戈息武，言归于好；当他企图让法国国王和西班牙的公主，以及让他的女儿之一与阿斯杜里亲王结为伉俪时，已经星移斗转，时过境迁。西班牙国王菲利普五世处于一个名叫多本东的耶稣会教士、他的听忏悔神父的掌控操纵之下。耶稣会会长要求在法国把教皇谕旨当作信条接纳这一点，作为这项婚约的首要条款。这真是笑料一个，与引入欧洲一部分的一些习俗十分相称。根据这些习俗，两个大王侯之间的婚姻取决于一场关于有效圣宠的争论。但是，只能以这个条件获得西班牙国王的同意。

周密安排这个新的故事情节的是修道院长杜布瓦。此人后来成了大主教康布雷。他希望获得红衣主教的尊荣。这是一个干劲十足、易于冲动，但精明灵活的人。他在一段时期曾任奥尔良公爵的家庭教师，最后他安排娱乐消遣事务的大臣变为国务大臣。诺阿伊公爵和卡尼里克侯爵在对摄政王谈到他时，都只称他弗里篷诺修道院长。他道德败坏，他的行为放荡，因此染上恶疾，他外表卑微，他出身低贱，凡此种种都使他受尽嘲笑和奚落，而无法抹除。

① 莫利纳（1535—1600），西班牙天主教耶稣会神学家。提出莫利纳主义，引起多明我会与耶稣会之间长期的神学争论。

② 路易十四的最后一个听忏悔神甫。

但他仍然主理王国事务，职权丝毫不减。

他比上诉主教，比王国各个高等法院对教皇谕旨《上帝唯一子》更加蔑视。他大概曾经试着使伊斯兰教的古兰经在法国被接纳，只要这部经书稍微能促成他的晋升。

他是那种青年时代受教于朗克诺的著名的尼农[①]的，摆脱了成见的胸襟旷达者之一。他两年后去世，死时就身在该地。他曾经经常对他的朋友说，他将寻找死而无需教会行圣事的方法。他信守自己作出的承诺。

这就是那个头脑里装着要完成路易十四未竟事业的念头，迫使诺阿伊红衣主教撤销他就教皇谕旨提出的上诉，并让这项谕旨毫无限制在巴黎高等法院获得登记的人。

当时有个名叫郎格的苏瓦松主教。此人被认为笔下功底不错，因为他写作时喜造长句，动辄引用教会祖先的言谈和文章。他与此后撰写《玛丽·阿·拉科克》一书的人为同一人。杜布瓦邀他编写一部既能满足附从教皇的神甫，而又不使红衣主教诺阿伊的那个党派感到惊恐和不快的教义汇编。郎格认为他的著作会带来教会的安宁，认为他将得到杜布瓦为自己取得的那顶帽子。

杜布瓦对诺阿伊红衣主教极尽阿谀奉承、讨好迎合之能事，威胁巴黎高等法院，如这个机构拒绝登记，将将其流放到布洛瓦。他长期受到来自两个方面的拒绝，但毫不灰心丧气。

他首先设想，他如果让教皇谕旨在巴黎高等法院之外的另一个法院登记，巴黎高等法院就会因担心人们将习惯于对它弃之不

① 尼农(1620—1705)，法国女文学家。

顾而变得更加驯服。他因此求教于大御前会议。他在这个机构遇到的抗阻,同在巴黎高等法院遇到的不相上下。但他仍不灰心气馁。这个法院只由约五十名普通成员组成,问题只在于同人数比这更多的有权列席这个法院的人一道前往该院。

奥尔良亲王把全体亲王、全体贵卿、一些国务参事、一些诉状审理庭法官带领到该院。掌玺大臣达格索把他所有的原则全部抛到九霄云外,忘得一干二净,投身这件事情中。他是国务秘书杜布瓦的工具。他已经不可能再进一步降低身份,更卑躬屈节了。

教皇谕旨正如一个国家的法律或者教会的戒律一样,轻易就以多数票在巴黎高等法院获得登记。这个法院非常不愿前往布洛瓦,极其厌倦于留驻蓬图瓦兹,承诺在人们不再求助于大御前会议的条件下进行登记载录事宜。它因而"根据教会的教规,根据国王的关于向未来宗教评议会的上诉的准则"登记了它曾经在路易十四统治时期已经登记过的教皇谕旨。

这次登记尽管意义含糊不清、模棱两可,却使宫廷大喜过望,心满意足。诺阿伊红衣主教庄严地收回了成命。罗马深感满意。巴黎高等法院返回巴黎。皆大欢喜。不久以后,杜布瓦晋升为红衣主教及首相。在他任职首相期间,事事都荒唐可笑,但倒也平安无事。

这种过于荒唐可笑的状况达到这样的程度:1712 年召开的教士大会公开奖给一个补鞋匠一笔年金,因他曾在他的居住区大声呼喊拥护教皇谕旨《上帝唯一子》。

只需指出这一点:1722 年,当杜布瓦一身二任,集红衣主教和首相两职于一身时,奥尔良公爵让他在御前会议上,在血缘亲王之后居于首位。黎塞留和马扎然两位红衣主教曾经敢于位列血缘亲王之前，但这种令人难以接受的例子无人起而效尤。这两个只具有外国显职高位的红衣主教就座于属于国家的王国贵卿、法兰西元帅以及掌玺大臣之前，是件非同寻常的事。杜布瓦主持会议之日，诺阿伊公爵、维勒鲁瓦和维拉尔两位元帅离开会场。达格索掌玺大臣缺席。根据惯例进行了商讨。每个党派都递交了诉状。掌玺大臣和诺阿伊公爵坚定不移。达格索维护他的职位的特权，反对杜布瓦，效果好于他跟随苏格兰人拉斯返回巴黎时他维护这个职位的尊严的效果。但结果却是，他第二次被遣回他在弗雷纳的田园。当时，他无权无势，人微言轻，甚至在后续几届内阁掌理国政期间都没有被召回。他只在红衣主教弗勒里执政期间才东山再起，再现身于宫廷，只在他被召回十年后才重新掌管国玺。

对诺阿伊公爵来说，杜布瓦红衣主教首相乐于把他流放到利穆赞的布里弗·拉加亚尔德小城或者市镇一段时间。杜布瓦是一个名叫布里弗·拉加亚尔德的药剂师的儿子。诺阿伊公爵过去在他的故乡和在他出生地都没有放过他。投桃报李，礼尚往来，这位红衣主教首相现在把他对他曾经开过的玩笑还给他，把他囚禁在他父亲的小店铺附近。

在一生逆来顺受，十分旷达，总的来说仍不失为一个颇有风趣、博学多才的人的杜布瓦死后，与这个人物在这两方面十分相像的奥尔良公爵亟欲自任首相。他没有因为教皇谕旨事件迫害过任何人。高等法院和他之间没有任何纠葛和争执。

波旁-孔代公爵继摄政王公爵之后进入内阁，掌理政务。但是，前弗雷儒斯主教、此后即成为红衣主教的修道院长专制独裁，掌理教会事务。在波旁公爵担任首相期间,这个修道院长暗中进行烦扰,使人不得安宁。但是,他一旦终于罢免这位首相后,就公开烦扰,虽然他装着为人行事温良和蔼。

# 第六十三章　波旁公爵内阁执政时期的高等法院

波旁公爵仅仅因为奥尔良公爵死后他争分夺秒，迅即行动，经由一道隐秘的楼梯登上当时刚刚成年的国王的住处，告知国王这位亲王之死，要求国王授予他官职，并获得弗雷儒斯主教弗勒里不敢使之变为拒绝的“是”这个词，才当上了首相。国家当时由普里侯爵夫人和帕里斯兄弟中的一人操纵控制。侯爵夫人是一个名叫普勒纳夫的粮商的女儿。帕里斯的兄弟中的一人从前也是粮商，名叫帕里斯－迪韦内。普里侯爵夫人是个二十四岁的年轻女人，波旁公爵对之颇为倾心。帕里斯－迪韦内在财务方面学识丰富。他当上了亲王首相的秘书。正是他想出让年轻的国王与波兰国王斯塔尼斯拉斯·勒琴斯基的女儿结为伉俪这个点子。勒琴斯基失去了瑞典国王查理十二给他的波兰后退隐于韦桑堡。财政尚未重建，需要税收。迪韦内对所有贵族的、平民的以及教会的地产收入征收五十分之一的实物税。这是一种国王喜庆登基税，另一种税称为王后腰带税。关于更新和重建管理经由水路运往巴黎的商品的局、所的敕令，以及其他一些敕令，全都令国民大感不快。他们目睹自己受到这样一个新人和一个其行为作风不齿于人、饱受诟病的女人的掌控，已经十分恼怒。

高等法院拒绝对这项敕令进行登记。必须引导促使国王举行一次会上所有事项都奉帝王之命得到登记的御前审判会。掌玺大臣达格索这时远在外地。由掌玺官达尔梅农维尔执行宫廷旨意。这道敕令为高等法院保留了谏诤自由。但是,这个机构的成员奉命在事关谏诤时只在从事业务工作十年后才拥有表决权。这个时限后来减至五年。

这个新内阁使教士、贵族和民众同样大为不满、愤愤不平。几乎整个宫廷同心协力、团结一致反对这个内阁。弗雷儒斯主教利用这个局势,轻而易举就让人流放了波旁公爵、他的秘书和他的情妇。他就像创建一个修道院那样,不费吹灰之力就成了王国的主子。说实话,弗勒里并没有首相这个头衔。然而,他虽然除国王御前会议参赞这个头衔之外别无其他头衔,却比昂布瓦兹、黎塞留和马扎然等三位红衣主教更加专制独裁、更集大权于一身。他以最简单朴素的外表执行最不受限制的权力。

# 第六十四章　弗勒里红衣主教执政时期的高等法院

为了当上红衣主教，杜布瓦已经让人接受了教皇谕旨《上帝唯一子》、教义以及过去曾经被他嘲弄不屑的教皇的装腔作势的表现。自从波旁公爵被革职以来，弗勒里就有了首相这种尊荣。他用他为自己制订的方针和原则来支持罗马宫廷的思想。他天资平平，缺乏激情和热劲，但却爱好秩序。他认为秩序在于服从教皇。他通过一项他认为不可或缺的政策，做了耶稣会教士勒泰利埃利用派性以及掺有恶意和欺诈的狂热做过的事。他签发更多密札，在他的内阁的任期内采取了比勒泰利埃听路易十四忏悔期间更加严厉的行动。

1730 年，奥尔良教区的三名本堂神甫暴露了国家各个等级对于教皇谕旨的真实想法和感受，敢于像所有公民思考的那样讲话表态，被他们的主教开除教籍。他们根据向四十名辩护人所作的咨询，把他们被开除教籍一事作为他们的主教滥用职权行为，向高等法院上诉。这些辩护人可能像红衣主教会议那样把事情弄错。他们的意见并非法律。他们充当辩护人仅仅为了发表意见。他们使用他们的权利。弗勒里红衣主教让人针对他们所作的咨询发布一项予以痛斥的御前会议的判决。该判决判处这些人收回前言。

判处一些法律家用他们自己的思想方式之外的其他方式进行思考，这是一种难于让人执行的强制执行性行为。整个巴黎的和鲁昂的辩护人团体签署一项颇有说服力的声明，在这项声明中对王国法律进行了解释。他们全都停止为人诉讼，直到他们的声明，说得更确切些，直到他们的怨言被宫廷认可为止。这次他们获得他们之所求。一些只有理智这种武器的公民胜利了。

就是将近这个时期，辩护人采用了同业公会这个名称。他们觉得团体这个词过于普通。虽然他们既非国家的一个等级，也非军队的一个等级，也非宗教的一个修会；虽然辩护人同业公会这个词对他们的职业来说是绝对外来的、陌生的，但因他们经常重复使用这个词，以致公众已对之习以为常。

正当这个微不足道的争执滋生两个党派之间的仇恨之际，一个人称帕里斯修道院长的副祭在圣梅达尔公墓的坟墓似乎成了教皇谕旨的坟墓。

这个帕里斯修道院长是一位高等法院法官的兄弟，死时一再向未来的宗教评议会就教皇的谕旨提出上诉。民众把多得难以想象的圣迹归因于他。白天黑夜都有人去他的坟墓用法语祷告。用法语向上帝祷告被认为是侮辱只用拉丁文祷告的罗马教会。

这个新圣徒的伟大圣迹之一是他使那些向他祈求保佑的人抽搐、惊厥不止。从未有过比这传播更广、更被人深信不疑的盲目崇拜。

这种新的疯狂愚蠢行为在通情达理、清醒明智的人的眼中，并不利于冉森教派教义，但却在全国激起一种对教皇谕旨的、对所有来源于罗马的事物的憎恨。有人仓仓促促、匆匆忙忙印刷出版了

《圣帕里斯传》。“圣罗马教会的最杰出的、最受尊敬的红衣主教们、整个反对异教徒的基督教界的宗教裁判所的总法官们的神圣团体”，严正宣布把那些阅读那个受真福品者副祭的传记的人开除出教，并判决焚毁这本传记。举行了特别的、隆重的仪式执行上述判决。在面对拉米纳弗修道院的广场上竖起一个巨大的绞刑台。距离绞刑台三十步的地方有个巨大的柴堆。红衣主教们登上这个绞刑台。那本传记用细铁链捆扎，交给红衣主教教长。这位教长把它转交给宗教裁判所大法官。大法官把它转交给法院的书记官，书记官书记把它转交给司法官。司法官把它转交给执达吏。执达吏把它转交给弓箭手。弓箭手把它转交给刽子手。刽子手把它举在空中，同时庄严地把身子朝着四个基本方位转动。接着他为这个犯人——这本传记——松了绑，一页一页把它撕碎。每页浸泡在煮沸的树脂中，接着把树脂倾倒在柴堆上。民众高声诅咒冉森派教徒，要求把他们革除教门。

罗马装腔作势演出的这出闹剧，使圣梅达尔的那些闹剧接连出台，其声势有过之而无不及。在整个法国，除了耶稣会教士和拥护罗马的党的主教外，全都属于冉森教派。巴黎高等法院不断颁布决定，对抗那些要求临终的人接受教皇谕旨和拒绝为那些桀骜不驯的人举行圣事，并拒绝给予他们墓地的主教。当时只以促使苏格兰人拉斯改宗而为人所知，但已打算获得一顶红衣主教的帽子的修道院长、昂布伦的大主教，认为一封措词激烈的反对高等法院的信可以使他戴上这顶帽子而受之无愧。高等法院即将按照惯例焚毁这封信。但御前会议的一项废除这封信的决定抢在法院之先作出。

这些被欧洲的其他地区不屑一顾的鸡毛蒜皮小事引起的纠纷无日不在高等法院和主教们之间与日俱增。诺阿伊的继承人、巴黎大主教万蒂米尔作了一场言词激烈的教士训言反对辩护士。巴黎高等法院严厉谴责此人。

弗勒里红衣主教让御前会议撤销高等法院的决定。正如高等法院有时停止审理和判决案件一样，辩护士们停止为人辩护。他们似乎比高等法院更有权利中止他们的职能运作，因为法官曾经宣誓出庭，而辩护士们并没有宣誓为辩护人。红衣主教首相流放了他们当中的十一人。国王禁止高等法院介入此事。当然，既然没有辩护人，也就难于进行判决，这个机构就非介入不可。国王于是补偿自身，发布一项反对判处《受真福品者圣帕里斯的一生》一书的教皇谕旨以及反对其他谴责蒙彼利埃主教柯尔柏的教皇谕旨的决定。这位主教是极其恶劣的、大量动乱之源的教皇谕旨《上帝唯一子》的公开敌人。

高等法院认为它如果在弗勒里红衣主教缺离期间对国王讲话，就可能感动国王。它知道这位红衣主教首相当时在他在伊西村拥有的一所乡间小房里。它的几位代表乘这个时机前去宫廷。国王不愿接见他们。他们坚持要见国王，但仍被驱离。他们在大街上遇见自伊西村返回的红衣主教首相。当时名声远扬并且是代表之一的皮赛尔修道院长对红衣主教首相说，高等法院从来没有受到如此冷遇。红衣主教首相维护御前会议的权威，认为承认有些事要在形式方面重新处理就可以摆脱困境。皮赛尔修道院长反驳说形式的价值不比内容更大。双方争执不决，不欢而散。

宫廷十分为难，把十一个辩护人从他们的流放地召回，以使司法工作不致中断。但是，红衣主教首相坚持阻止国王接见高等法院代表团。

一封密札召见他们到凡尔赛。掌玺大臣达格索以国王的名义斥责他们，并命令他们把登记簿上的有关当前争端的决定的所有记载统统删除。由于这一向红衣主教首相屈服的行动，高等法院最终在过去曾经长期对它有好感的人当中威信丧尽、信誉扫地。高等法院奉命不得以任何方式介入教会事务。这类事务全部移交御前会议处理。由此，弗勒里红衣主教首相似乎废止，而且如果他能够的话，的确本会废止，由于滥用提出的上诉。这种上诉是法国教会捍卫自身的自由的唯一壁垒和国家以及高等法院的最古老的特权之一。马扎然红衣主教可能从来不敢采取这个步骤。黎塞留红衣主教可能不愿意如此行事，而弗勒里红衣主教却把它当成一件简单平常的事做了。

高等法院惊愕不已，开会商议。它宣布如果基础这样遭到破坏，它将不再管理司法审判事务。几位代表前往国王所在的贡比涅。高等法院的首席院长想讲话，但国王让他保持缄默。

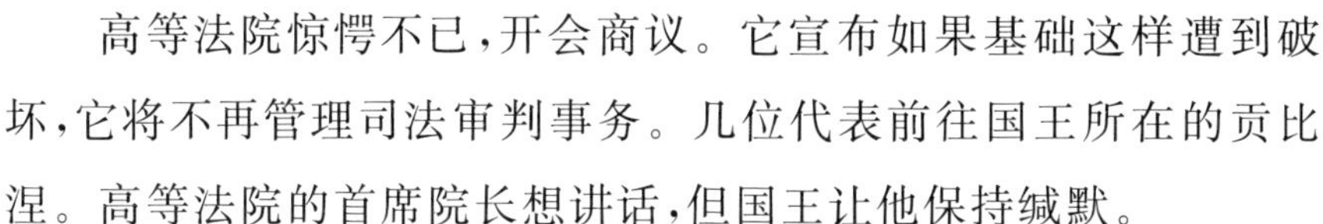

皮赛尔修道院长大胆书面呈奏国王他经过深思熟虑后的所思所想。国王拿来这个书面材料，并让国王秘书莫尔帕伯爵把它撕毁。皮赛尔修道院长遭到放逐。法官蒂通被押解到巴士底狱。

高等法院再度派出代表讨还皮赛尔和蒂通两位法官。代表团在贡比涅出现。

弗勒里红衣主教首相流放高等法院院长奥吉耶、法官德·弗雷万、罗贝尔和德·拉福特里埃。教皇谕旨的拥护者们滥用他们的胜利。阿尔的一个大主教在他的教士训言中侮辱了王国的所有的高等法院，把它们看作暴动分子和叛乱分子的渊薮。在主教训谕中人们过去从未见过歌曲。阿尔的这位大主教却让人看到这样的新事物。在这道训谕中有一首反对巴黎高等法院的歌。这首歌以这些诗句结束：

西米斯①我央求你复仇
反抗这些造反的乌合之众。
你难道不了解这些家伙的狂妄骄横？
不，你的手中我不再看到杆秤。
为什么你仍在眼前留着你的蒙眼袋？

埃克斯的高等法院让人烧掉教士训言和这首歌。弗勒里红衣主教首相明智地让人流放这首歌的作者。



1733 年这一年在主教训谕、高等法院的判决满天飞中，在社会动乱频仍中度过。政府已经让人关闭了圣梅达尔公墓并禁止在那里显现圣迹。但是，参加动乱者前去房馆里秘密跳舞，甚至在好几个高等法院法官家里秘密跳舞。

弗勒里红衣主教首相预见到一场对抗奥地利家族的战争会得到支持，因此不愿为了一些如此为人所不屑的利益打一场内战。这次他把教皇谕旨、动乱、圣迹和主教训谕等都束之高阁，弃置一旁。他能屈能伸，懂得退让屈服之道。他召回被流放者。已经恢复履行职能和义务的高等法院一如往昔，向公民宣判案件。红衣

① 西米斯，希腊神话中司法律与正义的女神。

主教首相手腕灵活巧妙，使用国王诏书向高等法院退还对圣迹和对动乱的审理权。高等法院审理这类属于治安管理对象的闹剧，不需要任何国王诏书。此时，高等法院对这一关怀的表示十分满意，以此为荣，以致它下令逮捕几名骚乱者，虽然这些骚乱者受到一个名叫杜布瓦的院长和几名自己在这些喜剧扮演了角色的法官的公开保护。所有这些荒唐愚蠢举动引发的谣传都被 1733 年的那场战争[①]平息。这个原因使其他谣传烟消云散，消失净尽。

① 法国国王的岳父斯塔尼斯拉斯・勒琴斯基于 1733 年被选为波兰国王之后，俄国人立即入侵波兰。他避难于但泽港，向路易十五求援。俄、法两国因此兵戎相见。

# 第六十五章　高等法院　动乱
# 1752年以前巴黎的疯狂

高等法院因此在这场幸运的、顺利的战争中平安无事。公众刚刚发觉一些在巴黎大学进行答辩的支持教皇绝对权力者的要求的论文受到谴责和批判，一封路易十四致路易十五的信[①]、另外一些卑鄙可耻的讽刺作品以及几个支持教皇法的主教的信就有人让人焚毁。最令人难忘的，也最不值得记忆的事件，是高等法院的一个名叫卡雷·德·蒙塔热龙的法官的事件。此人是个生意买卖人的儿子，愚昧无知、弱不禁风、贪淫好色，而又毫无灵性。冉森派教士让他冲昏了头脑。他变成激烈的动乱分子。他认为自己见过一些圣迹，甚至制造过一些圣迹。他那个党派的人委托他负责一部巨型的圣迹汇编。他说这些圣迹经过四千人查验证实。这个汇编附有一封致国王的信。卡雷其人傻里傻气地在这封信上签了名，并疯疯癫癫，亲自带着这封信去凡尔赛。这个可怜虫在他这封信中对国王说，他年轻时生活放荡淫乱，他曾经放肆到成为自然神论者的地步，似乎对一个神的了解和崇拜可能是他的荒淫放荡结出的果实。愚蠢的盲目狂热就这样让人进行思考推理。1737 年 8

① 原文如此。

月29日，卡雷法官携带他的汇编和信件前往凡尔赛。他在途中等待国王，他见到国王后跪下，奏呈他的圣迹。国王收下，转交给弗勒里红衣主教首相。当局弄明白了这是怎么回事后，就发出一封密札，下令把卡雷法官投入巴士底狱中。次日他在巴黎家中被捕。他像真正的殉教者那样吻了吻这个密札。高等法院为此集会。以前一封密札送交血缘亲王及王国贵卿波旁公爵时，高等法院没有发表任何言论。它这次却派出代表为卡雷说项。这个行为使得犯人被递解到阿维尼翁附近，接着又被解送到瓦朗斯城堡。他后来在该地发疯死亡。在英国这样一个人物只会在被全国民众嘘叫，喝倒彩之后脱身了事。他本来不会关进牢狱，因为看见过圣迹根本不是什么罪行，因为在英国这个法治国家，笑话绝对不会受到惩罚。巴黎的骚乱者把卡雷安置在宗教信仰的最伟大的听忏悔的教士的行列中。

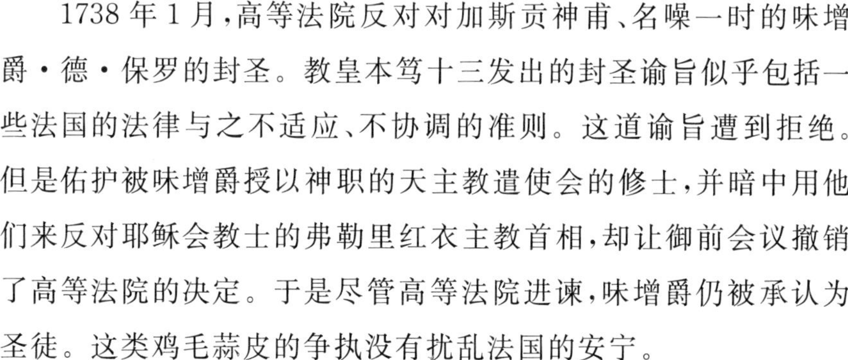

1738年1月，高等法院反对对加斯贡神甫、名噪一时的味增爵·德·保罗的封圣。教皇本笃十三发出的封圣谕旨似乎包括一些法国的法律与之不适应、不协调的准则。这道谕旨遭到拒绝。但是佑护被味增爵授以神职的天主教遣使会的修士，并暗中用他们来反对耶稣会教士的弗勒里红衣主教首相，却让御前会议撤销了高等法院的决定。于是尽管高等法院进谏，味增爵仍被承认为圣徒。这类鸡毛蒜皮的争执没有扰乱法国的安宁。

弗勒里红衣主教首相去世和1741年的战争①失利以后，高等

① 1740年神圣罗马帝国皇帝查理六世去世，其女玛丽亚-特蕾西继承王位。普鲁士国王向玛丽亚-特蕾西提出以割让西里西亚为条件换取他对皇位继承的承认。遭到拒绝后，他出兵强占西里西亚，挑起战争。西班牙、法国等都加入普鲁士一方。

法院东山再起,重振威势。税收使人愤慨万分,大臣们被责备犯的错误使得民怨沸腾、举国骚动。宗教纠纷的传染病同乖戾的人心,使骚乱蔓延,遍及各地。弗勒里红衣主教首相去世前曾经把一个名叫布瓦耶的,他曾使之成为王太子的家庭教师的德亚底安修会[①]教士作为他在处理教会事务方面的接班人。此人把他作为僧侣的一切学究气带到他那默默无闻的大臣职位上。他让法国教会中的主要职位全部由那些把过去过于有名的《上帝唯一子》教皇谕旨视为信条和国家法律的主教据有。多亏此人而获得巴黎大主教职位的博蒙深信他将对冉森教派斩草除根。这位大主教唆使和怂恿他那个教区的本堂神甫拒绝把被称为临终圣体,意为旅途干粮的圣餐,发给那些曾经就教皇谕旨上诉,以及向进行上诉的神甫忏悔的濒临死亡的人。继这种拒绝发给圣餐的行为而来的是,应当剥夺已被确认为冉森派教徒的埋葬权。在有些国家这种拒绝埋葬,是一种该当受到最严酷的肉刑的罪行。在各个国家的法律里,拒绝向死者尽最后的义务,是一种应受惩罚的不人道的行为。



一个圣日尼薇司铎名叫布瓦坦修士。他是圣艾蒂安-迪蒙教区的本堂神甫。他拒绝为一个著名的大学教授、有名的罗兰的继任者行圣事。巴黎大主教没有觉察到,本欲强迫他的教区的教徒尊重教皇谕旨,结果却使他们养成了不尊重圣事的习惯。科凡死时没有领圣体。埋葬他时有人刁难作梗。他的侄儿夏特莱的参事最后强迫本堂神甫给他墓地。然而,这同一位参事六个月后,1750年年终病情严重,濒于死亡时,却因埋葬他的叔叔而受到惩罚。同

① 天主教修会,1524 年创立。

一个布瓦坦拒绝给他圣体和圣油，向他指明，如果他不出具一纸证明，证明他收受过一个遵从教皇谕旨《上帝唯一子》的神甫的赦免，他就不会领到圣体，也不会被涂圣油，也不会被人安葬。取得这种证明——告解证——开始被巴黎大主教付诸实施，成为惯例。这种专制暴政的改革，被所有严肃认真的有识之士视为对平民社会的侵害。其他人则只看到其中的荒谬可笑之处。对巴黎大主教的轻蔑不幸落到宗教身上。高等法院宣布这个本堂神甫煽动暴乱，对他加以训斥和警告，判处他布施，并让人把他关押在孔西埃耶里几个小时。

高等法院为阻止巴黎大主教的改革继续进行，多次向国王进谏。这些谏诤大受国人赞许认可。国王丝毫不愿为此事连累自身，整整一年让这些谏诤如石沉大海，得不到明确答复。

在此期间，巴黎大主教撤换了一个女修道院院长和总医院的一个女财务管理人，因而变得让人笑话，为千夫所指，万人憎厌。这两人长期以来由高等法院的法官安置在这两个职位上。借口冉森教派问题对人撤职查办，看来是在利用对折磨侮辱高等法院的渴求煽动起来的荒诞反常的行动。这种渴求比对宗教的虔信的煽动力度更大。国王创建的，至少国王被认为是其奠基人的总医院由在俗的高等法院和审计法院法官以及宗教界的巴黎大主教管理。很少有与负有大量家庭职责的妇女相联系的宗教职能。但是，由于这些妇女有时也能让孩子背诵教理问答，因此巴黎大主教坚决认为这些职位隶属他。整个巴黎群情激愤，怒不可遏。医院停止布施。高等法院意欲起诉。御前会议宣布支持巴黎大主教，因为“教会的”一词似乎保证它的权利。高等法院求助于惯常的谏净,丝毫不愿登记国王的声明。

对这个在二十分之一税和在驿站年金两个问题上大肆刁难作梗的高等法院这个机构,人们已经怒不可遏。国王禁止这个机构今后插手医院事务并把这些事务全部移交御前会议。第二天高等法院首席院长莫佩乌、其他两名院长、辩护人和总检察长被召到凡尔赛,奉命带去高等法院的登记簿,以便所有已经作出的关于此事的决定全部删除。从来没有一件比这更微不足道的事在有识之士中间引发比这更大的骚乱。高等法院停止发挥它审理案件的职能;辩护人关闭他们的办公室。司法程序因一个医院的两个女人的问题而中断。但是,可怕的是,在发生这些异乎寻常的、荒唐可笑的争吵期间,穷人因无人救助而死亡。天主救济院的贪图钱财的行政官员却因可怜人的死亡而大发横财。在党派思想左右主宰一切的时期,就不再有什么慈悲可言。穷人成千上万死亡。谁也不去思考这个问题。生者为一些愚蠢荒谬的言行互相诽谤,互相撕裂。

国王让他的火枪手把敕令书送到高等法院的每个成员手中。法官们事实上遵旨行事。他们恢复开庭审判。但根本没有收到密札的辩护人没有在辩护人席上出现。他们的职能是自由的。他们的职位绝不是用钱买的。他们有权为别人的案件进行辩护或不进行辩护。他们当中谁也没有出庭。他们和高等法院串通联手,越来越激怒宫廷。最后,辩护人恢复诉讼活动。案件像往常一样审理。似乎什么都抛到脑后,被忘得干干净净。

圣艾蒂安-迪蒙的本堂神甫布瓦坦修士再次在巴黎激起争吵和笑谈。他拒绝对一个名叫勒梅尔的,在教皇谕旨《上帝唯一子》

发布期间曾经支持过冉森教派，支持过颇不得力的穷神甫授圣体和临终涂圣油。这次这个修士被命令接受个人传讯。这次高等法院各个法庭集会要求给修道院长勒梅尔临终涂圣油。法院的一个秘书向大主教发出出席高等法院的邀请。这位大主教回答称他因有颇多教会事务羁身不克前往高等法院参加审理案件，并称拒绝给予勒梅尔教士圣体和圣油一事系奉他之命。高等法院法庭开会至半夜，这样一次集会从无先例。布瓦坦还被判处施舍财物。高等法院命令巴黎大主教别再干丑事以免激起公愤。总检察长奉高等法院之命于圣枝主日前去劝说这位大主教为奄奄一息的修道院长勒梅尔涂圣油。这位大主教却对这位院长之死听之任之，并迅即前往凡尔赛向国王抱怨高等法院插手神职事务。高等法院首席院长德·莫佩乌则立即前往凡尔赛。他禀奏国王，法国发生教会分裂，巴黎大主教引发国家动乱，有识之士群情激愤。他恳请国王降旨平定动乱。国王把一个蜡封的包裹交到他手里，要他在集会的法庭中撕开。高等法院法庭开会，宣读了国王签署的一份下令取消对布瓦坦的诉讼的文书。宣读后，高等法院下令逮捕布瓦坦，并派遣执达吏前往逮捕此人。这位本堂神甫逃之夭夭。国王撤销逮捕令。首席院长德·莫佩乌会同好几名代表就教会分裂的危险、宗教的滥用，以及所有这些不幸的争吵在全国散播的怀疑的、不信神以及不受束缚的思想，向国王奏呈比过去奏呈的谏诤内容更充分、更有说服力的谏诤。

第二天高等法院再次集会。它发布一项著名的判决书，宣称它将决不停止禁绝丑事发生；教皇谕旨《上帝唯一子》的内容绝非信条；绝不应该让被告逃脱司法诉究。在巴黎这项判决书售出十多万份。人人都说:“这就是我的告解证嘛。”

由于德亚底安修会修士布瓦耶已经让人把巴黎的主教职位给予一个立宪派高级教士,由于这位高级教士也把一些神甫职位和教区给予同党的教士,只剩下七到八个本堂神甫依附法国教会过去的系统。

巴黎大主教纠集和煽动教皇法支持者签署并奏呈国王一份维护告解证、反对高等法院决定的请愿书。高等法院各个法庭立即集会向圣让-昂格雷弗的个本堂神甫下达命令。此人是上述请愿书的起草者。御前会议撤销高等法院的命令,并支持这位本堂神甫。高等法院再次停止履行自身职责,而且除了针对本堂神甫的案件外,不再进行任何判决。佩戴圣像者被投入牢狱,似乎这些可怜的人无需教堂本堂神甫的帮助完全有权自由佩戴圣像。

各地有人前来高等法院抱怨对临终者拒绝行圣事。朗格尔教区的一个本堂神甫,公开让被控信奉冉森教义的两个女孩领圣体,对她们说:“我给你们圣体,就像耶稣给犹大圣体一样。”这两个女孩同犹大毫无相似之处,呈交了诉状。那个自比耶稣基督的人当众认罪,并付给两个女孩三千法郎。她们就用这笔钱结了婚。好些主教训谕和好些宣布教会分立的文章被焚毁。民众拍手称快,把这些东西称为“欢乐之火”。王国其他高等法院也在它们的管辖范围内同样行事。宫廷有时废除所有决定,有时则因感到不胜其烦,疲于应付,于是听之任之。两方面的文章著作充斥各地,泛滥成灾。有识之士无比激动、怒火中烧。最后,巴黎大主教禁止圣梅达尔的教士为一个圣阿加特女修院的修女佩尔佩蒂行圣事。高等法院命令他让她领圣体,否则没收他的圣职收入。

国王过去为自己保留了对所有事务的审理权，斥责高等法院并撤销了对巴黎大主教的年金的扣押。高等法院想召集贵卿开会，被国王禁止。高等法院各个法庭坚持，并声称修女佩尔佩蒂案件关涉贵卿领地的本质。它们作出决定称："这些禁令大大涉及宫廷的和贵卿的本质以及亲王的权利，以致高等法院不可能在他们缺席的情况下审议此事。"1753年1月24日，国王的御前会议一反通常的形式，就此事作出一项决定，通知高等法院的书记官。高等法院就此事向国王本人要求"废除这项通知的原稿和抄本，以此赔礼道歉。"

这个机构始终同样激奋热切地对那些鼓吹教会分裂和叛乱的本堂神甫起诉。有个名叫布托尔的狂热盲信分子是普勒西-罗森维里埃的本堂神甫。耶稣会教士在他家中做了一次布道。几个在这个教区有乡村房屋的行政官员对耶稣会教士和这个本堂神甫都颇为不满。布托尔怒气冲天，疾言厉声要他们离开教堂，称他们为冉森教派教徒、加尔文教派教徒和无神论者，对他们说，他将是第一个把手浸在他们的鲜血中的人。然而，高等法院只判处他无期流放。

巴黎大主教不站在这个狂热盲信者这一边。但是，关于拒绝行圣事的问题，高等法院的决定总是遭到撤销。由于这个机构意欲迫使首都的大主教发放圣体，那些副主教就未被放过。一些执达吏经常被派往奥尔良或者夏尔特尔让人领取圣体。没有一个星期高等法院不在它的管辖范围发布发放圣体的决定；没有一个星期御前会议不发布不发放圣体的决定。使有识之士激怒乖戾起来的是修女佩尔佩蒂遭到劫持一事。巴黎大主教奉宫廷之命让人劫持这个女孩，因为这个女孩不顾巴黎大主教的命令意欲领取圣体。她的修女伴侣们被分遣到各地。圣阿加特的小修院被解散。冉森教派教士大声疾呼他们散发的讽刺小册子遍布法国全境，传到各地。他们宣告王朝覆灭。高等法院始终深信圣阿加特一案需要召开王国贵卿会议。国王则坚持认为发放圣体并非贵卿领地事务。

在朴野无文、蒙昧无知的时期，诸如此类的幼稚可笑的言行，本会颠覆法国。狂热崇拜用最细小的借口武装自己。单单圣事这个词，就可能使从王国从此端到彼端血流成河。主教会停止城市的圣事活动。教皇会支持主教。有人则会招兵买马，手执刀剑发放圣体。但是，所有正直诚实的人对这些争论的内容和实质的鄙视，拯救了法国。民众渣滓中的三百或者四百个动乱分子的确认为必须为教皇的谕旨，为修女佩尔佩蒂自相残杀。国家其余的人则无所不虑。高等法院因它反对巴黎大主教、反对御前会议的决定而深受民众喜爱。但是，人们仅仅喜爱而已。任何家长的脑袋里都没有像投石党运动时期有人所做的那样，突然出现拿起武器或捐献钱款支持这个机构反对宫廷的念头。高等法院深受公众爱戴，顽强坚持它的它认定正确的决定，但并不起来造反作乱。

# 第六十六章　巴黎的疯狂(续)

拒绝举行圣事以及民事法庭和教会的企求之间的争执冲突，在巴黎、亚眠、奥尔良、图尔等教区此起彼伏、层出不穷。耶稣会教士在这场大火灾中暗地大肆煽风点火。冉森派教士怒不可遏，大声疾呼。教会分立似乎即将爆发。高等法院已经准备好内容广泛、说理充分的谏诤。它将向国王派去一个规模庞大的代表团。国王不愿接见这个团体。他先要求看看这些陈述和劝诫针对的项目和问题。于是向他呈交了这些项目和问题。国王阅后回答说，他已经审查过这些谏诤的缘由和内容，不欲再仔细听取。

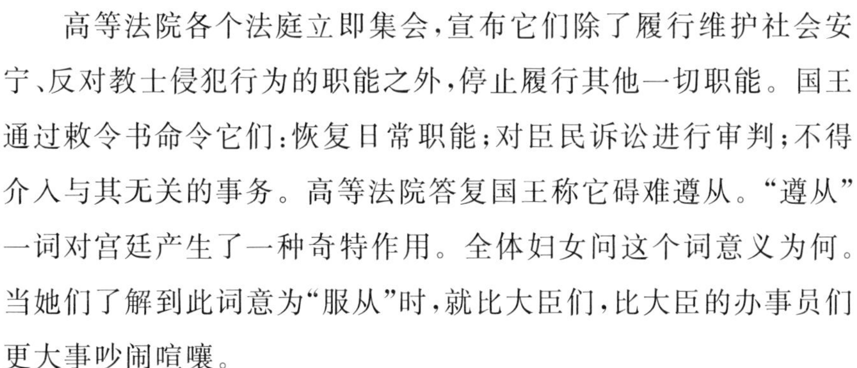

高等法院各个法庭立即集会，宣布它们除了履行维护社会安宁、反对教士侵犯行为的职能之外，停止履行其他一切职能。国王通过敕令书命令它们：恢复日常职能；对臣民诉讼进行审判；不得介入与其无关的事务。高等法院答复国王称它碍难遵从。“遵从”一词对宫廷产生了一种奇特作用。全体妇女问这个词意义为何。当她们了解到此词意为“服从”时，就比大臣们，比大臣的办事员们更大事吵闹喧嚷。

国王召开大御前会议。向除高等法院大法庭的法官之外的高等法院的所有成员发去密札。5 月 8 日和 9 日之间的夜晚，国王的火枪手在全城来回巡逻，并让高等法院的全体院长、诉状审理庭的和预审庭的法官离开巴黎前往他们的流放地。修道院长肖弗兰被押送到蒙圣·米歇尔，接着又被押送到冈城堡。一个有名的征税官的孙子弗雷蒙·德·马齐院长被押送到皮卡尔迪的哈姆城堡。莫罗·德·纳西尼院长被押送到圣玛格丽特群岛。贝斯·德·利斯被押送到皮埃尔-昂西斯。

高等法院大法庭法官集合起来。他们成为例外，没有受到这次普遍惩罚，因为他们之中有好些人领取宫廷发放的年金。他们的高龄也使他们变得比较顺从和灵活机变。有人本来希望他们更加温顺。但是，当他们聚集起来时，就受到与激励高等法院预审庭法官的精神相同的精神控制左右。他们说，他们愿意遭受与他们的袍泽遭受的流放同样的流放，而且在这同一会议中，他们下令逮捕几名本堂神甫。国王把这个高等法院大法庭派往蓬图瓦兹，正如奥尔良摄政王曾经把该庭流放到该地一样。当这个法庭在蓬图瓦兹时，它只负责审理分立教会的罪行案件。没有任何个人案件呈交它审理。

但是，必须准备并安排对国民案件进行审理判决。于是设置了一个由六名国务参事和二十一名最高法院诉状审理庭法官组成的法庭。这些官员在大奥古斯丁开会。他们似乎不敢在法院中集会。惯例和习俗在人身上具有这样一股强大的力量，以致国王在谈到他使用他某种学识的和他充分的权力设置的这个法庭时，却不敢使用他的权力使他的这项设施在他的国家参议会上得到登记，虽然这个机构和其他法庭都有登记册簿。人们当时能够找到的只不过是个低级司法机构的夏特莱。该机构以从不进行任何登记事宜著称。在它拒绝登记的这一决定诸多理由中，它举出克罗泰尔一世和克罗泰尔二世[①]曾经禁止人们违反法兰克人的古代法令。宫廷满足于撤销夏特莱所作的拒绝登记国王设置的这个法庭的决定。奉宫廷命令,上述法庭的一个代表团奉派前往夏特莱删除了登记簿上的决定,自己进行登记。这个无用的程序作出后,夏特莱进行了一项更为徒劳无益的抗议。这个到那时为止只称为法院休庭期间的紧急议事审判庭的上述新设置的法庭的名称被人更改。它接受了王家法庭这个名称。它不设在奥古斯丁,而设在卢浮宫,但却并不因此更受公众欢迎。密札发给夏特莱的全体成员,以便在王家法庭这个名称下登记所有人们不愿在法院休庭期间的紧急议事审判庭的名义下登记的事物。这种微不足道的遁词和借口损害了王权的尊严。民事副长官非常明确地登记了国王的命令。

根本没有进行任何讨论商议。整个巴黎纠缠不放,嘲笑这个王家法庭。这个机构也对此习以为常,以致它本身也嘻嘻哈哈,在谈笑逗乐中开会,以它的决议为题大开玩笑。

然而却发生了一起严重事件。一个名叫桑德兰的坏蛋被夏特莱判处绞刑后,向王家法庭上诉。王家法庭维持原判。夏特莱声称只应向高等法院上诉,并拒绝对这个罪犯执行绞刑。负责这一刑事案件的独任推事名叫米隆,因未教人绞死桑德兰而被关进巴士底狱。夏特莱于是也像高等法院那样停止履行它的职能。这样一来,巴黎就没有任何司法审判机关。三名最积极肯干的法官遭到劫持。半个巴黎嘻笑逗乐;半个巴黎怨声载道。动乱分子断言

① 两人均为墨洛温王朝时期的法兰克王国奠基者克洛维的后裔。

这些纠纷将以悲剧的形式告终。在巴黎被称为好群体的人都肯定诸如此类的事都将只不过是一出拙劣的闹剧而已。

其他地区的高等法院对巴黎高等法院亦步亦趋。哪里拒绝行圣事,哪里就有法院作出决定。而这些决定又被撤销。巴黎的夏特莱混乱不堪。王家法庭几乎被闲置一旁,无所事事。高等法院遭到流放,但一切却都平安无事。行政管理部门展开活动,发挥效能。市场井然有序。商贸欣欣向荣。文艺演出使城市感到欢快。诉讼案件既然不可能得到审判,这就使打官司的人不得不妥协和解。受到聘请的不是审判官,而是仲裁人。

正当司法官员就这样贬降衰微之时,教士却得意洋洋。被高等法院流放的教士全部返回。受到法院命令处置的本堂神甫重操旧业。当时内阁的想法是袒助教会,反对高等法院,因为到那时为止,无法指控巴黎大主教违抗圣上,而高等法院却被指责拂逆圣意,违抗圣旨,证据确凿。但是,整个法院都急于下海经商,因为它无所事事。必须结束这种无政府状态。不能撤销高等法院,因为国家必须清偿债务,因为国家已经囊中羞涩,不名一分。既然民众不会那么温良恭俭让、柔顺老实得绝不打官司,就不能让高等法院始终处于流放状态。

最后,国王趁贝里公爵出生之际宣布大赦。高等法院被召回巴黎。首席院长德·莫佩乌在民众欢呼声中在巴黎受到接待。王家法庭撤销。但是,召回高等法院比安抚有识之士,稳定人心容易得多。这个机构刚刚集合起来,拒绝行圣事情事又再度发生。

巴黎大主教在这次告解证战中,比任何时期都更加引人注目。因其明智而曾经对国王颇有影响力的高等法院首席院长德·莫佩乌终于让人了解到这位巴黎大主教的过于极端的行为。国王意欲测知了解这位高级教士是否像高等法院那样违抗圣旨。他下令不得再使用他那股危险的热劲扰乱国家。巴黎大主教博蒙则声称，更须服从上帝而非服从人。国王将其流放。但是流放到孔菲扬他的乡下住宅，距巴黎两里。他在孔菲扬为非作歹，和在他的大主教辖区为非作歹毫无二致。

高等法院那时完全有自由撰写证明文书，对付那些拒绝为临终的人行圣事的屡教不改者、助理神甫、本堂神甫和佩戴上帝像者。博蒙不屈不挠，一如过去高等法院坚韧不拔。国王把他流放到其教区的最后一个小镇香波。高等法院过去曾在法国全境被视为法律的殉道者。这位大主教则在他那小党派内被视为宗教信仰的殉道者。他又从香波被押解到拉尼。属于他那个异见党派的奥尔良和特鲁瓦两地的主教受到轻微惩罚。他们去了他们的别墅。这样就了结了他们的案子。但是，那个因其引起纷纷议论的生活作风而弄得他那股热劲显得滑稽可笑的、债台高筑的特鲁瓦主教却被关押在阿尔萨斯的一些僧侣所在地，并不得不辞去他的主教职务。

国王降旨对一切教会事务保持缄默，但谁也不遵旨照办。

索邦神学院过去属于冉森教派，当时却是宪政主义者，曾经支持与王国的准则背道而驰、截然相反的论点。因此高等法院命令教长、长老、居民代表、六名过去的神学博士和教授以及学院的抄写手携带登记册前来。他们受到斥责。他们所作的结论全被删除。命令他们按照国王的声明保持沉默。

索邦神学院声称，既然高等法院对索邦神学院各个学院内部发生的事不沉默保密，因此正是高等法院自身违反了保密禁规。高等法院禁止这些博士集会。这些博士声称由于高等法院中断了开庭，他们就将停止他们的日课。必须发布决定，强迫他们继续学习。荒谬可笑的事必然掺进这些争吵。

1755 年整整一年都在这些关于细枝末节的争吵中度过。国民开始烦腻厌倦起来。一个更加重大的景象展现出来。法国受到一场致命的战争[①]的威胁。在这场战争中，英国从法国国王手中夺走了它在北美大陆拥有的全部土地和资产，摧毁了它的各支舰队，破坏了法国人在大印度和非洲的商业贸易。准备这场战争需要金钱，而国家财政管理却极其糟糕。根据惯例，未获高等法院登记不得设置新税。这个时刻让人感到高等法院忆起它仍在流放之中的时刻。国王在保护这个机构不受立宪派主教攻击之后，现在反过来保护这些主教不受高等法院攻击。宫廷事物真是变幻莫测、瞬息万变。1756 年召开的一次主教大会对王国的各个高等法院抱怨连天，大加指责。这次会议似乎受到听信。此外，国王采纳了大御前会议的意见，反对对他的审判权提出异议的巴黎高等法院。宫廷支撑下一次战争十分困难，这使得有识之士更加傲慢、更加苛严。

高等法院把它从前制订的对付立宪派的谋略的矛头整个转向大御前会议。它于 2 月 18 日召开王侯和贵卿会议。国王顿时获悉此事，禁止王侯和贵卿接受邀请赴会。高等法院坚决维护它邀请贵卿的权利，但白费力气，其结果只是使宫廷大为不悦。没有一

① 指英法两国争夺海外殖民地的七年战争(1756—1763)。

个贵卿与会。

最令政府感到不快的是，王国各个高等法院的结合。此举是在等级的名义下进行的。巴黎高等法院是第一等级。所有高等法院似乎形成代表法兰西王国的同一机构。等级一词受到掌玺大臣德·拉莫瓦尼翁严斥。必须对新税进行登记，但却什么都没有登记。无法用谏诤来支撑战争。这个事由比教皇谕旨、动乱以及关于反佩戴圣像者的决定都更为重要。

国王在凡尔赛召开御前审判会议。王侯和贵卿与会。高等法院成员分乘五十四辆四轮豪华马车前往。但是，此前它曾决定对此不置一词。它也的确未作任何表态。但两项二十分之二税以及其他一些税收尽管高等法院反对却得到登记。自从这个机构能在巴黎集会之日起，它就对在凡尔赛举行的御前审判会进行抗议。宫廷万分恼怒。立宪派教士认为时机有利，于是肆无忌惮，无视法纪，变本加厉行动。几乎王国的所有高等法院都向国王进谏。波尔多和鲁昂两地的高等法院已经停止审理和宣判案件。国民中最健康的部分极为不满，怨声载道："为什么惩罚法庭行动中的个人?"

在举行了多次秘密御前会议后，国王宣布于12月13日举行一次新御前审判会。他偕同血缘亲王、掌玺大臣及全体贵卿来到高等法院。他让人宣读一项敕令，其主要条款如下：

1. 尽管教皇谕旨并非教规，仍应服从和接受；

2. 尽管有秘密团体的保密禁规，主教只要出于善意仍可言所欲言；

3. 拒绝行圣事问题由教会法庭而非非宗教法庭审理，除非被视为滥用情事而被上诉；

4. 先前与争执有关事件应统统不再计较。

在教会事务方面及有关高等法院管理方面发布命令如下：

1. 只有高等法院大法庭有权审理总的管理案件；

2. 各法庭未经高等法院大法庭批准不得聚会；

3. 只有总检察官有权检控；

4. 国王对获准的谏诤作出答复后下令立即对所有敕令进行登记；

5. 任职未满十年者在各法庭的集会中无表决权；

6. 未满二十五岁无豁免证书；

7. 禁止停止宣判案件，违者以抗命不从论处。

这两道敕令使高等法院这个机构惊愕不已。撤销高等法院第三和第四预审庭的第三道敕令，摧垮了这个机构。国王会后离开会场，穿过面露出惊愕和沮丧的民众汇集成的巨大人流。他刚刚离去，高等法院的大多数法官就签名辞职。第二天和第三天高等法院大法庭同样行事。最后只有戴圆形法官帽的法官和十名法官未签名。如果说国王此举令高等法院惊异的话，高等法院的决议令国王的惊异程度也并不稍低。这个机构镇静而坚定，但是整个巴黎的言论却激烈而冲动。



递交的辞职书共一百八十份。国王全部收受。还剩下十位院长和几个高等法院法庭的法官组成这个高等法院。这个机构因此被人看作已经彻底解散。看来填补空缺并非易事。巴黎大主教的朋党比过去更加趾高气扬，气焰万丈。正当一起始料未及的事件惊震法国和欧洲之际，告解证、拒绝行圣事等，使整个巴黎鸡犬不宁、城无宁日。

# 第六十七章 达米安刺杀国王

自从 1744 年以来，在所有文章和公共谈话中，法国国王都被人取了“亲爱的”这个绰号。这个称号首先是巴黎民众给他的，接着被全国认可。但是“亲爱的路易”当时在巴黎人中并不像过去那样受人珍爱。一场指挥失当的对英格兰和对德意志北部的战争、在战争中挥霍浪费的钱财、过分慷慨的施与、将军们和大臣们接二连三一犯再犯的错误等，都使法国人痛心疾首，激怒万分。当时宫廷有个千夫所指，而又丝毫不应蒙受此恨的女人。这位夫人 1745 年被国王下诏册封为蓬帕杜尔侯爵夫人。虽然她远未成为专制独裁者，却被认为是国王的操纵左右者。国王家族不喜爱她。这种憎厌之情加深公众仇恨，使这种仇恨合情合理。卑微的民众把一切都归咎于她。高等法院的争吵使这种憎恨之情达到顶点。宗教争吵终于刺伤了所有的心。动乱分子，特别是残酷的、恶魔附身的狂热分子，他们整整一年扬言必须流血，上帝要求流血。

一个名叫戈蒂埃的人是费里埃尔侯爵的管家。他的兄弟是高等法院的一名法官。戈蒂埃是最狂热、最积极的动乱分子之一。他有过一些十分轻率冒失的言论。他被认为对政府恨之入骨、不共戴天。他因让人分发《手抄新闻》，政府曾于 1740 年把他关进巴士底狱。自此时起，他就时不时发泄不满。他的一些谈话虽然含糊不清，却给予民众渣滓中的一个恶棍深刻印象。这个恶棍的的确确是个疯子。他名叫罗贝尔-弗朗索瓦·达米安。他的父亲是个破产农庄主。达米安这个卑鄙无耻之徒不值得为了了解他于1715年1月9日生于一个名叫拉蒂厄洛瓦的小村子这件事所进行的调查。这个村子位于阿图瓦的蒙希－勒－布雷通教区。他当时四十二岁。他过去曾经当过仆役、锁匠学徒、士兵、厨房侍者。他还在巴黎耶稣会社团当过十五个月食堂雇工。他被赶出这个社团后，曾经返回该团一次。他最后结婚成家，有了孩子。他在耶稣会社团总共待了三十个月后，第二次离开。离开后在巴黎先后接连为好几个东家干活。他当时没有什么社会地位，在法官和教士争吵最激烈的时期，他常去法院的大厅。

这个大厅当时是所有被称为冉森教派教徒的人的聚会场所。这些教徒吵嚷喧闹永无休止。这些人谈话时的那股冲动狂热劲头，点燃了达米安已经过于发烧的想象。他向谁也不敞开心扉，单独一人设想出最疯狂的、从来没有进入过谁的脑袋的图谋。他后来在受审期间和遭到严刑拷打时对这个图谋供认不讳。他在耶稣会社团干活期间注意到几个新手在认为自己蒙冤受惩时用小折刀防身。他想象捅国王一刀，不是为了杀死他（因为这种小折刀杀不死人），而是为了给国王一个忠告，为了让国王担心有公民会用一种致命的武器对付他。

1757年1月5日晚7时，国王偕同太子在高官和卫士的前呼后拥之下正准备登上豪华四轮马车前往位于特里亚农的凡尔赛宫，突然在这些高官和卫士中间被人捅了一刀。这一刀刺在第五根肋骨下面，深入肌肉四法分。国王用手去按住他的伤口，抽出时手上染有几滴鲜血。

国王转过身来，看见那个戴着帽子的恶徒。此人正好在他身后。在这之前他乘天黑，穿过国王的卫士群向前走，身上裹着男子礼服。国王的卫士把他当成国王的侍从。他被捕后，从他的口袋里搜出三十七枚金路易和一本祈祷用书。他说："要照顾好王太子大人。他今天整天别外出。"他胡言乱语，大声喊叫讲出的这番话只是为了吓唬宫廷，的的确确也让宫廷人员惊恐不安、瞠目结舌。国王被扶到床上，还不知道自己的伤情轻重如何。他的脉搏跳动稍快，但没有发烧。他首先要求叫一位听忏悔神甫前来。但没有找到。最后来了一位普通教士听他忏悔。

按照王国的法律，罪犯首先被押解送到宫廷大法官法庭。笔者注意到，过去对雅克·克莱门的尸体起诉时就是这样行事。



国王的卫士一旦抓获达米安，就把他押往一间被称为卫士沙龙的低矮房间。卫士首领阿延公爵、掌玺大臣拉莫瓦尼翁、掌玺官马肖尔、一个从一个驿站雇员的儿子后来成为外交国务秘书的鲁耶等人迅即赶来。卫士已经把罪犯衣服剥光，让他全身裸露，并取走一把在他身上搜到的双刃刀。双刃之一是一把长四寸的小刀。罪犯就是用这把小刀袭击国王，刺穿国王身穿的斗篷和其他衣服。斗篷很厚，以致万幸国王的伤口只稍大于针刺的伤口。

宫廷大法官的副手名叫勒克勒克·迪·布里耶。他以宫廷大法官的名义到达事发现场之前，几名卫士盛怒之下，在对他们的主子的生命危险还没有准定，心中无数的情况下，用烧红了的火钳夹这个恶徒，而掌玺官马肖尔甚至出手帮助他们。

罪犯在面对宫廷大法官副手布理耶进行的第一次审讯中说，

他出于宗教原因刺杀国王。

举行第二次审讯后，卫队代理队长贝洛在狱中。这时宫廷大法官的卫士都不在场。达米安对贝洛说，他认识高等法院的很多法官。贝洛写下他口授的这几位法官的名字：拉格朗日、贝兹·德·利、拉纪尧姆、克莱门、朗贝尔、法院院长里厄·博南维里耶（他想说的其实是布兰维利耶）。这位院长的父亲是当时王国最富有的银行家、著名的萨米埃尔·贝尔纳多。他之所以采取了布兰维利耶这个姓氏，是因为他娶了这个显赫的姓氏的家族的女儿为妻。把女儿嫁给那些其财富使其社会地位大大高于破落贫困、不齿于人的贵族的巨富商贾的儿子，在当时上等贵族中是相当普遍的习尚。

达米安也写下同一个法庭的首席庭长马齐的名字，再加上“以及几乎全部”这几个字。他在这张名单下面写道：“他必须宽恕他的高等法院恢复原状，支持它，他承诺不对上述人员及机构采取任何行动”，并签了他的名。

达米安口授给卫队代理队长贝洛一封相当长的奏呈国王的信。信中有这些主要的话：“如您在从现在起几年之内不采纳您的臣民的意见，您和太子大人以及其他一些人将死亡。一位如此善良仁慈的君王因对他完全信任的教士过于仁慈宽厚，不能对其自己的生命感到平安无虞，这会是极为令人不快的。如果您没有善良仁慈地下令在您的臣民临终时对他们行圣事，您的生命就不会平安无虞。巴黎大主教是一切动乱之源。”

这封有罪犯签名的信，在奏呈国王并随后交给司法官吏的档案室后，宫廷中有几个人主张传讯达米安指名道姓的那几个高等法院的法官。这至少表示该函陈述各节已被听取。这几个人声称，此举会使高等法院这一机构丧失它对宫廷经常的过分束缚和阻碍产生的影响。内阁当时正分成彼此公开敌对的、分别以达让松公爵和掌玺官马肖尔为首的两派。达让松公爵公开与蓬帕杜尔侯爵夫人相处不睦。掌玺官则是侯爵夫人的亲信和顾问。公爵和掌玺官并没有言归于好，但却协调一致想让人把侯爵夫人赶出宫廷。他们意欲通过其成员家庭与所有家庭有联系，并易于形成公共舆论的高等法院，煽起全国民众反对侯爵夫人。由于人们对刺伤国王的刀是否有毒尚心中无数，就认为，或者让人认为：国王的状况凶多吉少；而且在人们即将发现王国所处的险境中，必须遣离这位夫人并责成高等法院负责对达米安的诉讼事宜。两者都获钦准。掌玺官前往告知蓬帕杜尔夫人她必须离去。她起初未能见国王一面，认为自己已经没有希望，于是下定决心离去。但她很快镇定起来。首席外科医生宣布国王伤势并不危险。接下来只受人关注的就是，一起如此古怪离奇的谋杀需要如何惩处。

达让松伯爵被责成安排起草一封国王下达当时正出席会议的高等法院大法庭的二十二名法官的信。艾诺尔院长拟就此信。国王在信中要求光荣复仇。接着国务秘书圣弗洛朗坦伯爵 1 月 15 日寄出几封国王致高等法院的诏书。诏书的签名为费利波。1 月 17 日晚 10 时，三辆四匹马拉的并由警卫团六十名近卫兵、四名副长官和八名下副长官护送的豪华马车点着火炬，获准离开凡尔赛。很多骑警队分队在前面开路。此行取道沃吉拉尔。整整一个警卫连后来又加入护送行列。一个瑞士连队列于街道两旁。可能有人把这次进入当成是某位大使进入。街道两旁还部署有其他警卫连队。徒步和骑马的警戒部署在这条路上。

禁止公民站在窗前观看违者处死这一说法不确。这一荒谬不经的谎言的的确确出现在这个时期的新闻报道中。这些用钱雇人撰写的新闻报道出自那些地位卑微因而无法消息灵通的人的笔下。

当国王责成人员不全的高等法院大法庭审理达米安案件时，仍然流放了十六名呈请辞职的法官。他们甚至蒙受这种羞辱：让担任警戒的弓箭手自 1 月 27 日起到 30 日止把他们软禁在家中，直到他们离开前往流放地为止。高等法院大法庭向国王进谏，但未被听取。这个法庭舍弃它的机构的其他部分。它是当时唯一肩负预审达米安案件职责的法庭。关于这一案件整个巴黎都在作最坏的也最互相矛盾的猜测。

很快就轮到大臣们遭到流放。路易十五已经流放了好几个为他效劳的亲随近幸。他就这样对待了服装保管总管、宫廷中最正直诚实的拉罗什富科公爵、他儿子的家庭教师夏蒂翁公爵、他最资深的大臣莫尔帕伯爵、始终在欧洲享有隆名盛誉的掌玺官肖弗兰、巴黎高等法院的全部法官、大批其他行政官员、主教、修道院长、神甫以及各行各业、各种身份和各种社会地位的人。

曾经让人辞退莫尔帕伯爵的蓬帕杜尔侯爵夫人同样让人辞退了掌玺官马肖尔和达让松伯爵。公开敌人的辱骂比同党的人的背叛或者软弱更容易被人原谅。侯爵夫人向达让松伯爵建议同他言归于好，为他牺牲掌玺官。伯爵拒绝。当时伯爵和掌玺官两人身败名裂已经肯定无疑，无法挽回。他们于 2 月 1 日同一天收到密札。这往往就是法国大臣的命运。他们流放过别人，也轮到自己被流放。他们投毒，也轮到自己被人投毒。这些千真万确的事散见于外国报刊，此处收集起来并无取悦于人或者加害于人之意，只不过使那些在历史上寻求慰藉的人获得知识，如此而已，别无其他。

在由高等法院大法庭预审的达米安一案中，罪犯始终坚称宗教让他下定决心袭击国王，但他从未企图杀死国王。他从不改口，声明自从整个高等法院遭到流放以来，他的计划就已经构想完毕，他就已经打定主意。

他被问到有人在一个曾经在一段时间雇佣他当仆人的名叫科尔涅·德·洛纳的索邦神学院博士的家中发表过什么言论时，他回答说，有人在这个博士家中说高等法院的人是这个地球上最大的无赖和最大的坏蛋。他的这些答复和他的行动统统是精神失常者的所说所为。

他被问到他为何让贝洛写下高等法院的几个法官的名字，为何他加上“几乎全部”这几个字时，他回答说：“因为他们几乎全都对巴黎大主教的行为怒气冲天，大发雷霆。”

国王贴身卫队的掌旗官瓦雷耶被传来同他对质，这个掌旗官硬对他说，他说过如果有人砍掉四五个主教的脑袋，他就不会为了宗教刺杀国王。对此达米安回答说，他没有说过砍脑袋，而是说惩罚他们，他没有谈过用什么肉刑惩罚。他始终说“如果没有巴黎大主教，此事就不会发生；他袭击国王只是因为有人拒绝对老老实实的百姓行圣事。他加上这一句，自从巴黎大主教以身垂范，为人作出一些这样好的榜样以来他就不再去忏悔”。

特别在3月26日这一天对他的审讯中，他声称如果他不常来法院大厅，他本不会犯罪的，他在那里听到的演说让他下定犯罪的决心。

最奇特怪异的是，首席院长问他他是否认为宗教准许人刺杀国王，他三次说他无可答复。

当着五位血缘亲王、二十二位公爵贵卿、六位戴圆形法官帽的法院院长、七位荣誉法官、四位诉状审理庭庭长、十九位高等法院大法庭法官的面，对他的宣判进行了一读之后，对他施行了楔子审讯。这些楔子深深插入他被两块木板紧紧夹住的两腿之间。他开始大喊大叫："就是巴黎大主教这个恶棍，什么都是他造的孽。"接着，他陈述说，是一个高等法院的法官的兄弟费里埃尔先生的名叫戈蒂埃的代理人当着这个费里埃尔的面对他说："只有杀死国王才能了结这些争吵。"他又说他同戈蒂埃住在同一条街上。他还说，他听这番话说了十次，还加上这一句："这可是项殊堪嘉奖的业绩啊！"

在他被夹住的两腿中间插入第八根，也是最后一根楔子时，他仍然重复他是受到这个戈蒂埃的言谈和那些他在法院听到的言论的激发。审讯完毕，立即让多米尼克-弗朗索瓦·戈蒂耶同他对质。这位对质人先说，他没有什么要责备他的，但是他否定了他的全部陈述。也召来费里埃尔先生同他对质。这位先生让人相信达米安有几次给他带来高等法院的一些判决书。他竭尽全力为他的仆人戈蒂耶辩护。

万事俱备让这个恶棍接受肉刑。对他处决时，有一种前所未有的排场和庄严气氛。一个紧靠市政府大厦的大门，四边各一百尺长的场地用栅栏围了起来。里里外外都设置了巴黎夜间巡逻警戒。法国警卫队部署在各条大街上。瑞士兵警卫队遍布巴黎全城。将近五点钟，罪犯被安置在一个长宽各八尺半的刑罚架上。用粗绳子把他捆绑住。这些绳子用铁箍拉住。铁箍固定他的臂膀和大腿。他的手被放在一个盛满点着的硫磺的火盆里烧，以此作为开始。紧接着，他的肩膀、大腿、胸膛都被用烧红的夹钳钳烙。融化的铅混合着松脂和滚烫的油倒在他所有的伤口上。这些反复施加的酷刑使他发出令人毛骨悚然的叫喊。四匹壮马由四名死刑执行人的仆从用鞭子抽着，拉拽系缠在受刑人血淋淋的和肿胀的伤口处的绳子。这些拖拽和摇动动作持续达一个多小时之久。受刑人的手脚被拉长，但未分离。死刑执行人最后割下几块肌肉。于是手脚先后分离。达米安失去两只大腿和一只手臂，但还在呼吸。当剩下的那只膀臂脱离浑身是血的躯干时，他才咽下最后一口气。他的四肢和躯干被抛到设置在离绞刑架十步远的柴火堆中。

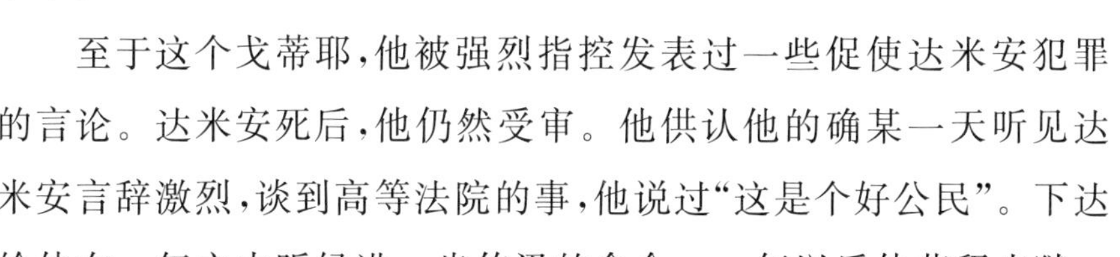

至于这个戈蒂耶，他被强烈指控发表过一些促使达米安犯罪的言论。达米安死后，他仍然受审。他供认他的确某一天听见达米安言辞激烈，谈到高等法院的事，他说过“这是个好公民”。下达给他在一年之内听候进一步传讯的命令。一年以后他获释出狱。

在同一时期，国王让人绑走三十四名反对布尔索敕令的贝桑松高等法院的法官。弓箭手把他们带到外省。王国的各个高等法院向国王呈递诉状。辩护人全都不在巴黎为人进行诉讼。国民全被激怒。

国王为了平息这些呼声，给予两名达米安案的报案人每人一笔六千利弗的年金，给予首席书记官两千，给予副书记官一千五。

在战场上抛头颅、洒热血的军官中能获得如此优渥奖赏者寥寥无几。当局希望借此使高等法院的其他法官返回岗位,尅尽厥职。正当大手大足向高等法院大法庭发放养老金之际,有人提出偿还对十三名被放逐的法官的欠款。但是,钱款短缺。正把人卷入其中的那场不祥的战争弄得国库空虚、民穷财尽,人口锐减。每六个月就撤换一次财政大臣。总是召请新大夫来治病。这表明国家已经身患沉疴,病入膏肓。必须同已经递交了申请辞职书的高等法院大法庭、高等法院预审庭、高等法院诉状审理庭的新大夫进行商谈。这些辞职书退还了他们。他们恢复自己的职能,但却变得更为乖戾。

被关在监狱中的三名法官也送还雷恩高等法院,而这个高等法院却更加激怒。

高等法院一旦显得平静下来,巴黎大主教博蒙却并不如此。他再度激起似乎已经缓解平息的争吵。他拒绝施行圣事,对修女宣布禁治产。此前国王曾经致函教皇本笃十四,请求他教他平息动乱的办法和手段——很难获得的办法和手段,博蒙却在他那方面挥笔撰文,使教皇变得乖戾起来,也使国王和教皇都大为不悦。路易十五已经习于流放此人,把他遣往佩里戈尔。1757 年就这样结束。

# 第六十八章　取缔耶稣会教士

所有长期以来耶稣会教士的遭到诟病指责的行为已为世人所知。一般而论，他们被认为精明能干、殷实富有、事业顺利，但却与国家为敌。实际上，他们并不如此。但是，当他们有了影响，获得信誉时，就加以滥用。其他一些修会比他们富裕得多，但并没有像耶稣会教士那样搞阴谋诡计，迫害他人；并没有像耶稣会教士那样为千夫所指，万人所恨。

有人声称，他们的将军轻率冒失，在罗马伤害了法国大使。这位大使是那些为国效劳，功绩卓著的人中之一。他良好的天性应该受到谨慎对待，而不是受到轻慢冒犯。耶稣会将军因了解他的修会的信誉和影响，几乎不再依附于谁，因而行事更加无忌莽撞。这一点在随后发生的事件中更加凸显。

自从1747年以来，在马提尼克岛有个名叫拉瓦莱特的耶稣会教士。他是几个传教会的上司，其职务是让黑人皈依基督教。他宁肯让黑人为他自身利益干活，而不关怀他们得救。在经营商贸方面，此人既是多面手，又大胆敢闯。他同一个在多米尼加岛安家落户的、名叫伊萨克的犹太人合伙。他同欧洲各个主要城市都有联系往来。他最大的客户是耶稣会教士萨西。此人是传教会的总财务管理教士。他住在巴黎的发愿修行院。内阁根据马提尼克岛居民1753年的诉状,以拉瓦莱特从事大规模的垄断活动为由把他召回法国。但是,耶稣会教士却争取到把他送回他的教士岗位。这件事让拉瓦莱特付出的代价只不过是作出以后只过问争取人的灵魂的行动,不再装备船舶经商的一纸承诺。他的上司于是任命他为总巡视神甫和宗座监牧。他拥有这些头衔,前往继续他的商贸活动。英国人干扰妨碍他。他们抢走他的船只。拉瓦莱特和萨西因而破产。破产数额之巨大,超过他们已经丧失的钱财,因为英国抢走的实物售价不到我国货币一百二十万法郎,而这两个耶稣会教士的破产却高达三百万法郎。

马赛两个从事大宗买卖的商人古弗尔和利翁西,在这一事故中一下就亏损一百五十万利弗。耶稣会在巴黎的传教会的财务管理教士奉他的将军之命提出赠献五十万法郎抚慰他们。他提出赠献这笔钱,但实际上并没有交给他们分文。他把其中一部分用于归还所欠几个巴黎债主的债。这些人的叫嚷看来比那些更远地区的债主的叫嚷更加危险。



这两个马赛人去他们所在的城市的领事裁判所互相起诉。1759年11月19日,拉瓦莱特和萨西因与这两人有连带责任被判刑。但是,怎样让人付给两位耶稣会教士一百五十万法郎呢?同样的债主和另外几个人,要求该项判决对整个设在法国的商社都具有执行效力。这项判决于1760年5月29日在涉案人未到庭的情况作出。然而,让商社支付钱款和从萨西以及拉瓦莱特这两个耶稣会教士那里获得钱款同样困难。

正如人所共知,这并非耶稣会教士造成的首次破产。大家对塞维利亚的那次破产还记忆犹新。此次破产曾于1644年迫使一百个家庭沦落到沿门托钵，乞讨度日。这些耶稣会教士发给破产家庭赦罪符，并接纳这些家庭主要的和最虔诚的成员进入他们的修会。这样他们才算是债务得以清偿。

他们可以就马赛商事裁判官的判决向一个政务会议的委员会当面上诉。这个委员会系为审理所有关涉美洲贸易的纠纷而设。但是，向他们提供咨询的国务顾问和合伙人却劝告他们去巴黎高等法院打这场官司。他们听从这个劝告。但这个劝告却对他们十分不利。这起案件在高等法院大法庭进行了十分严肃认真的答辩。辩护人热尔比耶对他们痛加驳斥，因此声誉鹊起，与从前阿尔诺和帕斯吉耶之类的人获得的声誉不相上下。

经过多次开庭审问，总辩护人、圣法尔戈的勒佩勒蒂埃大人，总结概述整个案件，让人了解到：拉瓦莱特作为罗马教廷总巡视神甫，萨西作为传教会的财务管理教士，两人都是银行家；这两位银行家是耶稣会驻节罗马的将军的代理商；这位将军是该修会所有商行的总管。根据总辩护人所作结论作出判决如下：判处耶稣会教士的将军和整个商社归还债款；并支付利息和诉讼费；赔偿五万利弗。1761 年 5 月 8 日。

耶稣会教士的将军不受强制约束，法国的耶稣会教士也是如此。公众对上述判决欢呼雷动，拍手称快，令人难以置信。几个耶稣会教士胆大包天，头脑简单，前去旁听庭审。下层民众对他们又是嘘叫，又是挖苦，把他们赶出法院。欢乐与仇恨同样普遍存在。人们对受耶稣会教士迫害记忆犹新。他们自己也承认，公众搬来他们在路易十四在位时期毁掉的皇港的石头向他们扔投。

正当这场诉讼进行之际，有识之士全都激动振奋起来。对耶稣会这个团体的夙怨旧恨再度被高高激起，以致在就他们的破产一事对他们进行判决之前，高等法院的合议庭已经命令他们把他们的章程、法规带往法院文件收发室。是肖弗兰修道院长率先检举揭发他们的修会是国家的敌人。这个举动使这位修道院长因此为祖国立下一个千秋万载永不磨灭的巨大功勋。

耶稣会教士施展阴谋诡计，争取到国王本人在他的御前会议上为自己保留对他们的章程法规的审理权。国王的确发表声明，下令把这些章程、法规带到他处。8 月 6 日，高等法院登记了国王的这项声明，但同一天高等法院的合议庭让体刑执行人焚毁耶稣会教士神学家的鸿篇巨制二十五厚卷。高等法院把这个修会的章程、法规的一份送呈国王。与此同时，该院命令耶稣会教士三天内带来另一份，并禁止他们自 1761 年 10 月 1 日起接纳初学修士以及公开宣讲日课。他们对此置若罔闻。必须由国王亲自于 1762 年 4 月 1 日命令他们关闭日课课堂。这时他们才老老实实、听命服从了。

在这个耶稣会教士自己掀起的风暴持续期间，不仅颇多教士，而且还有高等法院的若干法官通过公开著作让他们遭到万人憎恶，千夫唾弃。修道院长肖弗兰就是最突出的，加速了他们的灭亡的人。

耶稣会教士对以上种种作出回答。但是，他们的书籍产生的效果，并不大于当他们气焰万丈，不可一世时出版的对他们的挖苦讽刺作品。王国的各个高等法院先后宣布耶稣会的修会与王国法律相悖。1762 年 8 月 6 日，巴黎高等法院命令他们："永久放弃他们的会社的名称、服装、誓愿、他们的会社的规章制度；在一月内撤走了初修院、社团和发愿修行院；禁止他们两人以上聚集。高等法院还禁止他们在任何时期以任何方式重建组织，违者以大逆不道罪论处。”

1764年2月20日，高等法院作出另一项决定，规定愿留居法国的耶稣会教士均须宣誓弃绝耶稣会修会。

随后的3月9日，高等法院发布决定流放所有未宣誓弃绝耶稣会修会者。最后，国王于1764年11月发布一项敕令，向各地高等法院和举国上下发出的呼声让步，宣布永远解散耶稣会这个社团。

自此以后，法国作出的这个在西班牙、德西西里、帕尔玛、马耳他等地都被模仿、被超越的伟大范例，让人看到被认为千难万险、荆棘载途的事往往做起来轻而易举。人们深信，摧毁历届教皇所有越权僭夺侵占之物，和消除那些被视为教皇的首要仆从的修会会士同样易如反掌。最后，方济各会修士冈加内利成为教皇后，颁布一道教皇谕令（1773年），将耶稣会彻底摧毁。在两百年来坚持认为教皇权力无边、无所不能之后，耶稣会教士不得不逐渐认识到他甚至不能解散一个僧侣团队。

# 第六十九章　高等法院使国王和国家一部分人感到不满它对德·拉巴尔和拉利将军的判决

当时谁会想到不久以后巴黎高等法院就遭受到与耶稣会教士的命运相同的命运呢？多年以来它令国王忍无可忍。它没有对德·拉巴尔骑士和对拉利将军施加酷刑而赢得公众的好感。



这个机构对国王的敕令的持续顶抗，比它对几个公民所施的暴行，更令政府大为不快。它诚然站在民众一边，但它妨碍国家行政运作。它似乎始终意欲在最高权力的废墟之上树立自己的权威。

它的确同王国其他高等法院团结一致，并意欲同它们合为一体，它是这个团体的首要成员。这个团体的所有成员都称为属于高等法院等级。巴黎高等法院为第一等级。每个等级都对敕令进行谏诤，而不对之进行登记。这些机构中甚至有些对从国王处派往它们那里敦促登记的外省高级骑士进行起诉。有几个等级发出命令逮捕这些官员。如果这些法令付诸实施，将产生极其奇特怪异的后果：在这些王家地产上收缴钱款；这些钱款被用于支付司法费用。这样一来，国王就用他自己的地产来支付那些对他抗命不从，反对执行他的命令的重要成员的人颁布的决定。

这种令人吃惊的纲纪废弛的无政府状态绝不能存在。或者王权重振，或者高等法院占优，二者必居其一。

局势如此危急，需要一位敢闯敢干的宰相。这个宰相终于被找到。王国的司法管理必须改弦更张。这种管理的确有了改变。

国王以试着重建巴黎高等法院之举作为行动之始。他把这个机构的成员召来参加在凡尔赛举行的有王侯、贵卿、王室高级官员与会的御前审判会。（1770 年 9 月 7 日）会上国王禁止巴黎高等法院成员使用团结、不可分割性和等级等词语。国王还禁止该法院：

向其他高等法院递送除法令规定的诉状之外的其他诉状；

除在上述法令规定的情况外停止履行职责；

集体辞职；

发布延迟登记的决定，违者全部废除。

高等法院成员在上述庄严的敕令发布后，仍然停止履行职责。国王派人向他们送去敕令书。他们仍拒不服从。国王再次派人向他们送去敕令书。他们再次拒不服从。国王最后被逼得走投无路，忍无可忍，于是作出最后一次尝试，于 1 月 22 日（1771 年）凌晨 4 时向他们派去火枪手。火枪手带给每个法官一份需要签名的文书。这份文书只含有一道要他们声明服从或者拒绝服从的命令，好几名法官意欲领会解读国王的旨意。火枪手对他们说，他们奉命避免评论；必须写下是或否。

四十名法官签了是，其余的则避不回应，推卸不签。签是的人偕同同僚次日来到高等法院，请求同僚原谅他们接受了国王的命令，接着签了否。全部法官都遭到流放。

审判同 1753 年一样仍由国务参赞以及诉状审理庭庭长负责

执行。但这并非长久之计，只是临时措施。不久以后，就从混乱局面中取得有效的整顿处理。

首先，国王采取措施符合民众心愿。多年以来民众就因两件使人吃尽了苦的事而怨声载道。其中之一使人倾家荡产。其中之二既卑鄙可耻，又耗资巨大。

前一个苦情是：巴黎高等法院管辖范围过大，迫使有的公民为打官司长途跋涉，自一百五十里之外前来，在这个机关前面耗尽钱财，数额之高甚至超过自己的财产。后一个苦情是：司法部门买官卖官。这种卖官鬻爵导致征收高额诉讼费用。

为革除上述两种弊端，1771 年 2 月 23 日设置了六个以高等委员会为名称的新高等法院，并颁布案件审判免费的命令。这些委员会设置在阿拉斯、布洛瓦、夏隆、克莱蒙、里昂、普瓦提埃等地。其后又添设另外一些，以取代几所外省的已被撤销的高等法院。



特别需要在巴黎组建一所新高等法院。此院所需费用将由国王支付，不得买卖法官职位，不得向诉讼人索取任何费用。此院 4 月 13 日成立。国王弗朗索瓦一世和首相迪普拉不幸使其玷污法国声誉的卖官鬻爵的奇耻大辱，终于被路易十五和第二个名叫莫佩乌的首相洗刷干净。所有高等法院的改革都已完成。人们希望见到法律原则和裁判惯例得到改革。但这个愿望成了泡影。

1774 年路易十五死后，产生了一个新政府。他的继承人路易十六重建了他的高等法院，进行若干必要的改革。这些改革使降旨进行这些改革的国王、制定这些改革的首相和遵从这些改革的高等法院获得荣誉。法国看见了一个弊绝风清、物阜民康的朝代的曙光。

**图书在版编目(CIP)数据**

巴黎高等法院史/(法)伏尔泰著;吴模信译.—北京:商务印书馆,2017
(汉译世界学术名著丛书:120年纪念版:珍藏本)
ISBN 978-7-100-14926-6

Ⅰ.①巴… Ⅱ.①伏… ②吴… Ⅲ.①法院—法制史—法国 Ⅳ.①D956.562

中国版本图书馆CIP数据核字(2017)第162084号



汉译世界学术名著丛书
(120年纪念版·珍藏本)
**巴黎高等法院史**
〔法〕伏尔泰 著
吴模信 译

商 务 印 书 馆 出 版
(北京王府井大街36号 邮政编码100710)
商 务 印 书 馆 发 行
北京中科印刷有限公司印刷
ISBN 978-7-100-14926-6

2017年12月第1版　　开本710×1000 1/16
2017年12月北京第1次印刷　　印张20½
定价:98.00元